3·1운동 100년, 덕성 100년

1920
2020

3·1운동 100년, 덕성 100년

근화와 차미리사

덕성100년사 편찬위원회 편

민연

서문

구슬이 서 말이라도
꿰어야 보배

    2020년은 우리 덕성학원이 100주년을 맞는 해이다. 100년이라는 시간은 얼마나 긴 것일까? 2019년은 3·1운동 100주년이 되는 해이다. 이와 비교해본다면 시간의 무게를 조금이나마 체감할 수 있을까?

    2014년에 창학 94주년을 맞아 덕성여자대학교 신문사에서는 '우리 대학의 장점, 만족스러운 점'을 묻는 설문을 진행했다. 학생들은 "아름다운 캠퍼스"와 "좋은 교육 프로그램"에 이어 "오래되고 자랑스러운 역사"를 세 번째로 꼽았다. 학생들은 우리 대학에 깃든 독립운동가 차미리사(車美理士, 1879-1955)의 이념과 곧 창학 100주년을 맞이할 오랜 역사를 자랑스럽게 생각하고 있었다. 하지만 같은 설문에서 "덕성여자대학교가 조선여자교육회의 여자 야학이 설립된 1920년 4월 19일을 창학일로 하여 올해로 창학 94주년을 맞는다"라는 사실을 아는 학생들은 32퍼센트에 그쳤다. 학생 10명 가운데 7명은 덕성학원이 '언제' '어떤' 정신으로 설립되었는지 잘 모르고 있는 셈이다. 학생들은 차미리사가 덕성학원을 세운 사실에는 자부심을 갖고 있었지만, 구체적으로 '무엇'을 '왜' 자랑스러워해야 하는지에 대해서는 잘 몰랐다.

이 설문에는 "우리 대학의 단점, 불만스러운 점은 무엇입니까?"라는 질문도 있었는데, "미흡한 대학 홍보"기 1위를 치지했다. 학생들은 "대학의 본래 이미지와 홍보 이미지가 조화롭지 않다"라고 답했다. 이와 관련하여 학생 자유게시판에 올라온 '100년의 덕성이 묻혀간다'라는 글이 눈길을 끈다.

> 곧 우리 학교 100년입니다. 이렇게 길고 뜻깊은 역사를 가진 학교임에도 불구하고 우리 학교는 잘 알려지지 않았습니다. 나이가 많은 분들만 아시지요. 제 친구들은 제가 학교 이름을 이야기하면 '전문대야?' '지방대야?' 하고 묻기까지 합니다(지방대학교나 전문대학교를 비하하는 뜻이 아닙니다. 우리 학교를 그만큼 모른다는 의미입니다). 저 또한 서울여자대학교, 동덕여자대학교, 성신여자대학교, 숙명여자대학교, 이화여자대학교 이 다섯 개 여대는 알고 있었지만 덕성여자대학교는 수시 원서를 넣을 때 처음 알게 되었고, 모집 요강이나 홍보 글 어디에서도 차미리사 선생님에 대한 내용이나 우리 학교가 1919년 3·1운동의 이념을 바탕으로 만들어진 학교라는 내용이 없었기 때문에 우리 학교의 역사적 의미를 전혀 몰랐습니다. (…) 학교와는 관련 없는 새싹 같은 것으로

학교를 홍보하고, 그나마 학교 홍보 자체에도 소극적인 홍보처의 활동을 보며 매우 실망했습니다. —SE**********, 2017년 12월 20일

　오늘날 3·1운동 하면 가장 먼저 떠올리는 인물은 '조선의 잔다르크'라 불리는 유관순이다. 유관순은 3·1운동 당시는 물론 일제강점기 내내 대중에게 생소한 '미지'의 인물이었다. 그러나 지금은 3·1운동을 계획·주도한 것으로 알려진 민족대표 33인을 뛰어넘어 3·1운동의 대표적인 표상이 되었다. 3·1운동 직후 조선여자교육회를 설립하여 여성해방과 남녀평등 운동을 벌인 독립운동가 차미리사를 기억하는 사람이 거의 없는 것과는 크게 대조적이다.

　차미리사는 1912년 미국에서 귀국한 후 배화학당 사감이자 교사로 재직하고 있었다. 1919년 정의와 인도를 지도 이념으로 삼은 3·1운동이 일어나자 민족적 각성이 촉진되면서 당시 사회 전반에 '개조'의 기운이 충만했다. 차미리사는 이 기운을 이어 본격적으로 여성교육을 실시하고자 야학을 열었다. 1919년 9월의 일이었다.

　차미리사는 낮에는 배화학당 사감으로 근무하고 밤에는 코 흘리는 종종머리 여자아이, 소박데기 젊은 부인들을 모아놓고 자정까지 가르쳤다. 또한 3·1운동이 발발한 해가 저물기 전인 음력 섣달 그믐날(양력으로는 1920년 2월 19일) 3·1운동의 정신을 계승하여 조선여자교육회를 발기했다. 이것이 오늘날 덕성학원의 뿌리이다.

　차미리사가 설립한 조선여자교육회는 1920년 4월 19일 서울 종로구 도렴동에 있는 종다리[宗橋] 예배당에서 부인야학강습소를 열었

다. 이후 부인야학강습소는 서울 종로구 청진동에 보금자리를 마련하고 근화여학교로 성장했다. 덕성여자대학교는 여성 독립운동가가 3·1운동의 정신을 계승하여 설립한 유일무이한 민족사학인 것이다. 3·1운동 100주년을 맞이하여 3·1운동의 정신을 바탕으로 출범한 민족사학 덕성의 역사를 널리 알리고자 이 책을 출간한다. 이는 덕성 100년사를 기록하는 과정의 일환이기도 하다.

이 책에 참여해주신 여러 필자분들께 감사의 말씀을 드린다. 외부 필진이 많이 참여한 것은 3·1운동 정신을 계승해 출발한 덕성 100년의 역사가 남다른 의미를 지닌다는 점에 공감하였기 때문일 것이다. 아울러 이 책의 간행에 덕성학원의 물심양면 도움이 있었음을 밝혀둔다. 끝으로 이 책이 나오기까지 수고해주신 모든 분들께 깊은 감사를 드린다.

2019년 2월

덕성100년사 편찬위원회 위원장

한상권

차례

서문 구슬이 서 말이라도 꿰어야 보배   4

책을 읽기 전에 민족사학 덕성 100년을 말한다   14

1부
3·1운동과 조선여자교육회의 탄생

들어가며: 민국 100년, 덕성 100년을 맞아 여성 독립운동을 다시 생각한다   24

1. 한국 근대 여성해방운동이 지향한 것은   33
2. 조선여자교육회와 여성교육운동   39
— 특집 **전국의 가정부인들을 찾아서**   47
3. 1920년대 여성 담론과 차미리사의 여성교육론   49
— 특집 **신여성의 등장**   62
4. 조선여자교육회의 여성 회원들   64

2부
야학강습소에서 근화여학교로

들어가며: 정규교육기관으로 승격된 근화여학교   78

1. 근화여학교의 성장과 함께한 사람들   85
2. 갑신정변이 준 선물, 안국동 근화여학교 터   102
3. 근화여학교를 다닌 학생들은 누구?   116
4. 조선 최초의 여자 사진과   126
5. 근화여학교 교훈에 담긴 의미   139
  — 특집 **근화의 교표와 교가**   146
6. 엄마는 근화여학교로, 아이는 근화유치원으로   149
7. 계몽운동의 수단이 된 차미리사의 음악사상   161
8. 근화연극제와 연극활동   168
9. 근화가 지은 옷, 근화가 수놓은 미래   180
  — 특집 **전조선 여학교 연합 '빠사' 대회**   186
10. 광주학생운동과 근화의 학생들   189

3부
실업교육기관으로 성장한 근화, 덕성여자실업학교

들어가며 : 실업학교로 새롭게 출발한 덕성여자실업학교	202
1. 여자실업학교의 현황과 근화의 실업교육 정신	207
— 특집 1930년대 언론에 비친 근화	217
2. 근화 학생들이 공부했던 교과서	219
— 특집 푸른 제복의 학생들, 근화에서 덕성까지 교복의 변천	227
3. 졸업 후의 진로는	229
4. 문자보급운동에 참여한 근화여자실업학교 학생들	236
— 특집 일제강점기 학생운동과 근화, 3·1운동에서 농촌계몽운동까지	245
5. 태평양전쟁과 덕성여자실업학교의 소개(疏開)	247
— 특집 인터뷰를 통해 본 전시체제기의 학교생활	255
6. 군국의 어머니, 반도 여성의 책무를 외친 여성교육자들	257
— 특집 전시체제기의 입학시험 문제	268

4부
해방 이후의 덕성학원

들어가며: 차미리사의 활동과 그녀에 대한 기억   272

1. 해방 이후 차미리사의 정치·사회 활동   276
— 특집 **남북협상을 지지하는 108인의 성명서**   283
2. '도깨비집' 운현궁 양관에서 시작된 덕성여자대학교의 첫걸음   285
3. 차미리사가 사후 반세기 만에 독립유공자가 된 까닭은   293
— 특집 **덕성의 기념일**   299
4. 한국사 교과서 속의 차미리사와 조선여자교육회   301

이 책에 참여한 필자들   310

참고문헌   313

북촌과 근화여학교

근화여학교는 서울 안국동(지금의 북촌)에 뿌리를 내리고 덕성학원으로 성장해 나갔다. 안국동 교사(낙천사)는 갑신정변을 주도했던 5인방 중 한 명인 서광범의 집터였다. 서광범은 학부대신으로 재직 중에 소학교를 설립하여 근대 초등교육의 기초를 다진 인물이다. 또한 구한말에는 이곳에 관립덕어학교(독일어학교), 관립안동보통학교 및 여러 사립학교가 자리를 잡았다. 북촌의 중심이었던 안국동은 '근대교육의 현장'이었던 셈이다. 왼쪽 약도는 근화여학교가 안국동으로 옮길 당시, 낙천사를 중심으로 북촌의 주변 시설들을 나타낸 것이다. 근화여학교 바로 위에 있던 감고당은 후일 덕성여자고등학교에 편입되었고, 보성전문학교 터에는 덕성여자중학교가 자리를 잡았다. 이곳을 거쳐 간 여러 교육기관들의 정신을 잇는 것은 이 터의 최종 계승자가 된 덕성학원의 몫이다.

책을 읽기 전에

민족사학
덕성 100년을 말한다

3·1운동과 대한민국 수립

2019년은 대한민국 수립 100주년이 되는 해이다. 이는 1919년에 발발한 3·1운동을 기준으로 기산하기 때문이다. 반만년의 유구한 역사와 전통을 자랑하는 우리 민족이, 수많은 기념비적인 사건이 있음에도 불구하고, 굳이 3·1운동을 기준으로 역사를 나누는 이유는 1919년 이후로 우리의 역사가 근본적으로 달라졌기 때문이다. 3·1운동의 역사적 의의는 다음의 세 가지라 하겠다.

첫째, 3·1운동을 기점으로 우리나라는 완전히 새로운 모습으로 변모하였다. 3·1운동이 있기 전 공동묘지 같았던 조선사회가 만세시위 이후 신천지가 되었다. 우선 정치 형태가 나라의 주인이 임금이던 전제군주정에서 백성이 주인이 된 민주공화정으로 바뀌었다. 그리고 조선의 역사가 국권을 빼앗긴 '아픔의 역사', 즉 통사(痛史)에서 주권을 되찾는 '피의 역사', 즉 혈사(血史)로 바뀌었다.

둘째, 3·1운동이 분수령이 되어 인류가 추구해야 할 보편적 가치가 가시적으로 나타나기 시작했다. 3·1운동 이후 정의와 인도, 자유와 평등 같은 가치가 시대의 이념으로 등장했다. 「기미독립선언서」에서 "금일 우리들의 이 행동은 정의와 인도를 위하는 민족적 요구"라고 선언한 것이나, 만해 한용운(韓龍雲)이 조선 독립의 이유로 "자유는 만유(萬有)의 생명"이라고 천명했던 것도 이러한 시대정신의 표현이었다. 개인의 인격과 자유, 평등이 1920년대 문화운동의 기본 이념이 된 것이다.

셋째, 사회세력들이 자신을 자각하고 자아실현이라는 공동 이상을 표출하는 계기가 되었다. 민족적 해방을 요구하는 민중의 이상, 계급적 해방을 요구하는 노동자의 이상, 성적 해방을 요구하는 여성의 이상이 바로 그것이다. 민중은 민족적 자각을 통해 국권회복운동을, 노동자는 계급적 자각을 통해 노동권과 생존권 확보 운동을, 여성은 성적 자각을 통해 여성해방운동을 시작했다. 그리고 이들은 '투쟁'을 통해 각종 억압으로부터 해방되고자 하였다. 이러한 움직임에 대해, 3·1운동에 직접 참여했던 청년 김산(金山)은 "그 사람들은 자유를 구걸하지 않았다. 그들은 치열한 투쟁이라는 권리를 행사하여 자유를 쟁취하였다"라고 당시의 시대 분위기를 전했다.

3·1운동 정신을 계승해 설립한 덕성학원

2020년 창학 100주년을 맞이하는 덕성학원의 연원은 3·1운동이다. 3·1운동은 대한민국의 출발일 뿐만 아니라 덕성의 뿌리이기도 한 것이다. 우리나라에는 400개가량의 대학이 있으며 덕성보다 역사가 오래된 학교도 여럿 있다. 하지만 3·1운동의 정신을 계승해 출범한 교육기관은 덕성이 유일하다.

1912년 미국에서 귀국한 후 배화학당 사감 겸 교사로 재직하던 차미리사는 3·1운동이 발발하자 본격적으로 여성들을 가르치기로 결심하고 서울 종로구 도렴동에 있는 종다리 예배당을 빌려 야학을 시작했다. 그리고 거족적 민족운동인 3·1운동이 일어난 그해가 저물기 전인 음력 섣달 그믐날, 양력으로는 1920년 2월 19일 조선여자교육회를 발기했다. 당시 언론은 이 소식을 다음과 같이 보도했다.

> 우리 조선 사람에게 많은 느낌과 인상을 준 기미년이 끝나가는 섣달 그믐날 망년회 석상에서 김미리사, 김선 두 여사와 몇 사람의 발기로 그 이튿날인 1920년 1월 1일(음력) 새로운 희망 속에 뜻있게 창립된 조선여자교육회!
>
> —『조선일보』1925년 12월 18일자

여성해방의 제일보로 여성교육을 내세우며 창립한 조선여자교육회는 3·1운동 정신을 계승하여 순전히 여성의 힘으로 세운 여성교육기관이었다. 조선여자교육회는 지식, 금전, 권력, 어느 것 하나 가지지 못한 한 여성이 "남녀평등은 교육평등으로 이루어야 한다"는 일념 하나로 세운 자립적·자생적·자각적인 여성교육기관이었다. 이 때문에 당시 언론은 조선여자교육회를 식민지 암흑시대를 비추는 "조선의 한줄기 광명"이며, "조선의 자랑이고 감격"이라고 평가했다.

가정부인을 대상으로 한 여성교육

차미리사의 교육이념은 배움의 기회로부터 소외된 이들에게 교육의 혜택이 우선적으로 돌아가야 한다는 대중교육론이었다. "현단계 조선 사람에게는 고등교육보다는 보통교육이 더 필요하다"라는 것이 그녀의 지론이었다. 교육운동을 통해 여성의 인격해방을 이루려 한 차미리사는 조선 여성의 90퍼센트 이상을 차지하는 가정부인들에 주목했다. 그리고 1920년 4월 19일 조선여자교육회 산하에 부인야학강습소를 열어 가정부인들을 대상으로 교육을 시작했다. 조선에는 교육이 필요하되 여성교육이 필요하며, 여성교육 중에서도 교육 적령기를 넘긴 가정부인을 교육시키는 것이 무엇보다 시급하다고 생각했기 때문이다. 이러한 생각은 당시 대표적인 교육운동단체였던 조선교육회가 표방한 엘리트 중심의 고등교육론과는 반대되는 입장이었다.

조선교육회는 1923년 들어 민립대학설립운동을 적극 추진했다.

민립대학설립운동은 교육 부문의 실력양성운동으로, 경제 부문의 조선물산장려운동과 함께 민족주의 계열에서 추진하던 2대 실력양성운동이었다. 그러나 민립대학설립운동은 얼마 가지 못하고 1925년에 사실상 중단되는데, 그 이유는 일제의 탄압도 있었지만 대다수 민중의 절실한 요구를 간과하여 대중적 지지를 얻지 못했기 때문이었다.

이와 달리 차미리사는 식민지 조선의 실정에서는 대다수의 문맹 대중들을 깨우치는 대중적인 교육기관을 설립하는 것이 중요하다는 입장을 분명히 했다. 그녀가 높은 문맹률과 사회적, 경제적으로 압박을 당하고 있는 가정부인들의 참담한 교육 현실에 눈을 돌린 것도 이 때문이었다. 대다수가 문맹인 가정부인들을 가르치기 위해 설립한 부인야학강습소는 3·1운동 이후 등장한 최초의 여성교육기관이었다. 덕성여자대학교는 조선 여성의 힘으로 여성교육을 시작한 4월 19일을 개교기념일로 지정해 기리고 있다.

조선 사람의 사랑과 땀과 피의 결정체, 근화학원

차미리사는 1921년 순전히 여성으로만 구성된 전국순회강연단을 조직하여 4개월에 걸쳐 67개 고을, 1만여 리를 순회하면서 가정부인들을 대상으로 낡은 관습과 낡은 사상 타파, 생활 개조, 여성교육, 여성해방, 남녀평등, 신문화와 신사상 등을 고취하는 계몽활동을 펼쳤다. 조선여자교육회의 전국순회강연 활동은 1920년대 초 문화운동을 대표하는 것이었다. 언론에서는 조선여자교육회의 전국순회 강연 활동을 "조선의 감격" "여자해방의 신 운동" "조선 문화사상의 제일 기록"이라며 앞다투어 보도했다.

차미리사는 전국순회강연회에서 모은 성금으로 청진동에 사옥을 마련하고, 민족교육의 맥락을 잇는다는 의미를 담아 1923년 부인야학강습소의 이름을 근화학원으로 정했다. 여성들이 주체가 되어 교육운동을 벌인 결과로 세워진 근화학원은 "조선 사람의 뜨거운 사랑과 땀과 피의 결정체"였다. 사회교육기관이던 근화학원은 1925년 8월 29일 정규교육기관인 근화여학교로 승격했다.

근화여학교는 교훈을 "살되 네 생명을 살아라. 생각하되 네 생각으로 하여라. 알되 네가 깨달아 알아라"로 정하고, 학생들에게 삶의 주체성과 자율성, 사고의 창조성, 지식의 실천성 등을 불어넣고자 했다. 근화여학교의 교훈은 개인의 인격과 자유를 강조하는 1920년대 시대정신을 압축적으로 표현한 것이다. 이는 3·1운동을 계기로 여성들이 남성의 부속물이나 덧붙이가 아니라 사회의 주인공으로 부상해가던 역사적 흐름과 맥이 닿아 있는 교육이념이다.

덕성학원 설립자 차미리사는 조국의 독립과 여성들의 권익 신장을 위해 노력한 민족의 지도자요, 여성교육의 선구자였다. 또한 조국의 자주독립을 쟁취하는 수단으로써 여성교육의 소중함을 누구보다 먼저 자각하고 실천한 선각자였다. 차미리사가 1920년 설립한 조선여자교육회 부인야학강습소를 뿌리로 하는 덕성학원은, 근화학원(1923) → 근화여학교(1925) → 재단법인 근화학원(1934) → 근화여자실업학교(1935) → 덕성여자실업학교(1938) → 덕성고등여학교(1945) → 덕성여자중학교(1946) → 덕성여자대학교(1950) → 덕성여자중학교와 덕성여자고등학교 분리(1951) → 운현유치원(1965) → 운현초등학교(1986)로 꾸준히 발전해 오늘에 이르고 있다.

이 책은 3·1운동 100주년을 맞아, 3·1운동 정신을 뿌리로 하는 덕성학원의 역사를 한국사의 흐름 속에서 조망하였다.

1부에서는 3·1운동 정신을 계승해 출범한 조선여자교육회와 부인야학강습소 설립의 의미를 한국 근대여성사의 맥락에서 살펴보았다. 특히 여성교육의 중요성을 설파했던 전국순회강연회가 많은 지역 주민들과 여성들의 관심하에서 진행되었음을 밝혔다.

2부에서는 1925년 이후 근화여학교의 학생들, 교지(校地), 후원자 등에 대해 살펴보았다. 사진과 설치, 양복과 수업 등이 여성들을 위한 맞춤형 실업교육이었음을 강조하였다. 또한 근화여학교 학생들이 연극제와 광주학생 동조시위운동에 참여하여 사회문제와 민족 현실에 많은 관심을 기울였음을 드러냈다.

3부에서는 근화여학교가 근화여자실업학교로 변모한 시기부터 일제가 패망한 시기까지를 다루었다. 근화여자실업학교의 교육과정, 교과서, 취업 등을 살펴보았고, 당시 사회운동으로 떠올랐던 농촌계몽운동과 문자보급운동에 적극 참여했음을 밝혔다. 또한 전시체제기에 학교 이름이 바뀌고 운영자 교체가 있었는데, 이는 일제의 황국신민화 교육의 일단이었음을 드러냈다.

4부에서는 해방 이후 운현궁 양관 매입과 덕성여자초급대학의 설립이 덕성학원의 역사에서 중요한 전환점이었음을 설명하였다. 동시에 해방 공간에서 차미리사의 정치활동이 지닌 민족운동사적 의미를 드러냈다. 또한 2000년대 이후 덕성 구성원들의 노력에 의해 차미리사의 재발견과 함께 독립유공자 서훈이 이루어지는데, 이는 덕성학원 민주화운동의 산물이었음을 밝혔다.

한상권 덕성100년사 편찬위원회 위원장

1부

3·1운동과
조선여자교육회의
탄생

들어가며

민국 100년, 덕성 100년을 맞아 여성 독립운동을 다시 생각한다

1919년, 민주공화국 대한민국의 역사가 시작되다

2019년은 3·1운동이 일어난 지, 그리고 대한민국임시정부(이하 임시정부) 출범을 계기로 민주공화국 대한민국이 출범한 지 100년이 되는 해이다. 현행 헌법 전문에는 "우리 대한국민은 3·1운동으로 건립된 대한민국임시정부의 법통"을 계승했다고 적혀 있다. 현재 헌법 전문에 들어 있는 역사적 사건은 3·1운동, 임시정부 수립, 4·19 셋 밖에 없다. 그만큼 1919년의 3·1운동과 임시정부 수립*은 대한민국의

---

* 물론 3·1운동과 대한민국임시정부라는 구절은 독립운동 전체라는 더 넓은 의미에서 해석되어야 한다. 대한민국 헌법의 최종 유권해석 기관인 헌법재판소도 이미 헌법 전문의 이러한 표현을 "대한민국이 일제에 항거한 독립운동가의 공헌과 희생을 바탕으로 이룩된 것임을 선언한 것"으로 해석되어야 한다고 결정한 바 있다(2005. 6. 30. 2004헌마859 헌법재판소 결정).

역사에서 매우 중요한 의미를 갖는다.

두 사건이 지닌 역사적 의미는 다양하지만, 그 가운데서도 두 가지가 특히 중요하다. 하나는 민국, 곧 민주공화국의 시대가 열렸다는 것이다. 이를 상징적으로 보여주는 것이 1919년 4월 11일 중국 상하이에서 출범한 임시정부의 첫 헌법인 대한민국임시헌장의 제1조 "대한민국은 민주공화제로 함"이라는 구절과 1919년 9월 역시 상하이에서 출범한 통합 임시정부의 헌법인 대한민국임시정부헌법의 제1조 "대한민국은 대한인민으로 조직한다", 제2조 "대한민국의 주권은 대한인민 전체에 있다"라는 구절이다.

임시정부 출범에서 비롯된 민주공화국 대한민국은 처음부터 국민주권주의를 표방했다. 대다수의 독립운동 세력이 독립 이후의 정치체제가 국민주권을 바탕으로 한 민국이어야 한다는 생각을 공유하고 있었다. 독립운동의 '독립'은 일제 식민통치로부터의 '완전한 자주독립'뿐만 아니라 '민주공화국 건설'까지 포함하는 것이었다. 1944년 임시정부가 마지막으로 헌법을 개정하면서 대한민국임시헌장에 대한민국의 기본정신을 "자유, 평등 및 진보"로 규정한 것이야말로 민주공화국 대한민국의 지향점을 함축적으로 보여준다.

다른 하나는 첫 번째 의미와 관련해 민주공화국의 주체인 국민이 국민주권 시대를 열 만큼 성숙하고 있었음을 보여주었다는 것이다. 3·1운동 당시, 이전까지만 해도 크게 주목을 받지 못하던 여성이 노동자, 농민, 청소년과 함께 각 지역의 만세시위를 주도했다. 그리고 이들은 다시 3·1운동 이후 벌어진 다양한 독립운동에도 적극적으로

3·1운동에 참여한 여성들
전통사회에서 억압 받던 여성들 역시 3·1운동에 함께 참여해 만세시위를 벌였다.

한국광복군 성립 전례식 기념사진
1940년 9월 한국광복군 성립을 기념하며 찍은 사진으로 2열과 3열의 오른쪽에 여성 광복군 4명의 모습이 보인다.

광복군 훈련 장면
광복군의 훈련 모습을 담은 사진으로 총을 들고 만세를 하는 군인이 여성임을 어렵지 않게 파악할 수 있다.

참여했다.

3·1운동과 관련해 잘 알려진 사진이 있다. 26쪽 위에 실린 사진의 주인공은 전통사회에서 억압 받던 여성들이다. 여성도 당당히 거리에서 만세시위를 벌이는 시대가 열렸음을 이 한 장의 사진이 충분히 보여준다.

이 사진은 시간을 훌쩍 건너뛰어 1940년대 한국광복군(이하 광복군) 사진 두 장으로 이어진다. 26쪽 아래 왼쪽의 사진은 1940년 9월에 있었던 광복군 성립 전례식 기념사진이다. 2열과 3열의 오른쪽에 군복을 입은 여성 광복군 4명의 모습이 분명하게 보인다. 오른쪽의 사진은 광복군의 훈련 장면이다. 이 사진에 대한 자세한 설명은 없다. 그런데 훈련을 마치고 총을 높이 든 채 만세를 부르는 군인들 가운데 가장 두드러져 보이는 인물이 여성이라는 데 이의를 제기할 사람은 없을 것이다. 이 두 장의 사진에서 드러나듯이 1940년대에는 이미 여성이 남성과 함께 총을 들고 일제에 맞서 싸우는 새로운 세상이 열리고 있었다.

독립운동은 남성의 전유물이 아니었다

3·1운동과 함께 헌법 전문에 거론된 임시정부는 3·1운동의 과정이자 결과였다. 임시정부 기관지 『독립신문』은 여성 특히 여학생들이 3·1운동에 광범위하게 참여한 사실을 지속적으로 보도했다. 조금은 과장된 듯 보이지만 "대한독립을 위한 첫 피는 대한 여자에게

서 흘렀다"라는 제목의 기사도 보인다. 그만큼 독립운동에서 여성이 차지하는 몫이 커졌음을 잘 보여준다고 할 수 있다.

2018년 11월까지 일제강점기에 독립운동을 한 공적이 인정되어 대한민국 정부로부터 포상을 받은 독립운동가는 총 1만 5180명(외국인 70명 포함)이다. 이 가운데 여성 독립운동가는 325명으로 전체 포상자 가운데 2퍼센트가 조금 넘는 수준이다.* 안타까운 일이다. 이는 독립운동 단체에 이름을 걸고 활동했거나 옥고를 치른 독립운동가를 중심으로 독립유공자 포상을 실시한 데 따른 결과이다. 그러다 보니 아무래도 남성 독립운동가가 포상 대상이 될 수밖에 없었다.

그러나 포상을 받은 여성의 숫자가 적다고 해서 독립운동이 남성에 의해서만 이루어졌다고 생각한다면 큰 착각이다. 인류의 반은 남성, 반은 여성이라고 하지 않는가. 독립운동도 예외는 아니다. 우리 민족의 반을 차지하는 여성의 참여 없는 독립운동은 그야말로 반쪽짜리 독립운동일 수밖에 없다. 여성 역시 남성 못지않게 적극적으로 독립운동에 참여했다. 독립운동의 일선에서 활동하면서 이름을 남긴 경우도 있고 여성이라는 이유로 이름도 남기지 못한 채 독립운동에 기여한 경우도 있다. 숫자로 따지면 후자가 훨씬 더 많았을 것이다.

그런데도 우리는 여성들의 독립운동에 대해 아는 것이 별로 없다. 더 정확하게는 무지에 가까운 것이 현실이다. 왜 그럴까? 남성 중심

---

* 덕성학원의 설립자인 차미리사는 조선여자교육회와 근우회 활동의 공적으로 2002년 건국훈장 애족장을 받았다.

으로 역사를 보는 데 익숙하기 때문이다.* 학교의 역사교육부터 그렇다. 최근 들어 많이 바뀌었다고는 하지만 초·중·고등학교의 모든 한국사 교과서에 등장하는 수많은 독립운동가 가운데 여성은 거의 눈에 뜨이지 않는다. 여성 독립운동가라고는 기껏해야 유관순의 이름만 유난히 강조된다.

우리는 독립운동을 남성 중심으로 이해하는 데 너무나 익숙하다. 예컨대 이름을 아는 독립운동가 10명을 말해보라는 질문을 받으면 떠오르는 사람이 너무 많아 누구를 말해야 할지 고민할 것이다. 질문을 바꾸어 여성 독립운동가 10명을 말해보라고 하면 반대의 의미에서 고민이 될 것이다. 유관순 외에는 활동상은 고사하고 이름이라도 아는 여성 독립운동가가 없기 때문이다. 실제로 많은 사람이 여성 독립운동가 하면 유관순만을 떠올린다. 일제의 고문에도 굴하지 않고 감옥에서 계속 만세를 부른 유관순의 의지는 칭송받아 마땅하다. 그렇지만 유관순보다 더 결연하게 더 지속적으로 일제에 맞서 싸운 여성 독립운동가도 많이 있었다. 그런데도 우리는 유관순의 이름을 기억하는 것만으로 일제강점기 여성 독립운동의 역사에 마침표를 찍으려 한다. 유관순이 곧 여성 독립운동의 모든 것은 결코 아니다.

독립운동은 남성의 전유물이 아니었다. 여성도 남성과 마찬가지로 나라를 잃은 슬픔에 비분강개했고 잃어버린 조국을 되찾기 위해

---

* 서양 역사학에서는 이미 남성의 역사를 의미하는 '히스토리(history)'를 여성의 역사를 의미하는 '허스토리(herstory)'로 바꾸거나 같이 써야 한다는 움직임까지 나타난 바 있다.

자신이 할 수 있는 모든 것을 하려는 굳은 의지를 갖고 있었다. 더 나아가 민족차별이 다른 모든 차별의 뿌리가 되고 있던 상황에서 민족해방이야말로 여성해방의 지름길이라고 생각한 여성도 많았다. 그랬기 때문에 여성들 역시 남성과 함께 같은 걸음으로 민족해방을 위한 활동의 일선에 나설 수 있었던 것이다.

여성 독립운동의 역사, 덕성의 역사

2018년 8월 대한민국역사문화원은 여성 독립운동가 202명을 새롭게 발굴해 발표했다. 그동안 제대로 인정받지 못한 여성 독립운동가들을 새롭게 조명하기 시작한 것이다. 같은 해에 광복절을 기념하여 정부에서는 독립운동가 177명을 독립유공자로 포상했는데, 여기에 대한민국역사문화원에서 새롭게 발표한 여성 독립운동가 26명도 포함되었다. 1962년 독립유공자 포상이 시작된 이래 이처럼 많은 수의 여성 독립운동가를 한꺼번에 독립유공자로 인정한 것은 처음 있는 일이었다. 그만큼 여성 독립운동을 바라보는 시각이 바뀌었음을 알 수 있다. 새로운 여성 독립유공자 26명 가운데 배화학당 여학생들이 1920년에 일으킨 3·1운동 1주년 기념 독립만세 사건 관련자 6명이 포함되었다는 사실이 특히 눈길을 끈다.

대한민국은 1919년 출범했다. 그리고 한 해 뒤인 1920년에 차미리사에 의해 '여성의 각성을 통한 민족의 실력양성'을 도모하는 조선여자교육회가 설립됨으로써 덕성의 역사가 시작되었다. 덕성의 역사와 민주공화국의 역사가 나란히 100년을 맞는 것은 의미심장하다. 국민주권주의의 발전은 여성이 근대적 주체로 자리를 잡아가는 과정과 함께였다. 민주공화국 100년을 맞아 여성 독립운동의 역사, 덕성의 역사를 함께 되돌아보아야 하는 이유도 바로 여기에 있다.

한국 근대여성사를 희생의 역사로 바라보는 시각이 있다. 일제강점기에 일제에 의해 또는 일제가 온존시킨 반봉건적 사회제도에 의해 여성들이 많은 억압과 차별을 받았다는 사실 자체를 부정할 수는 없다. 그러나 적지 않은 여성들이 여성으로서의 주체적 자각을 바탕으로 독립운동에 참여한 것도 사실이다. 독립운동에 참여한 여성들을 적극적으로 조명함으로써 여성을 희생자로만 파악하는 시각을 극복할 필요가 있다.

세상이 많이 바뀌었다고는 하지만 당시는 아직 남존여비 사상이 완전히 극복되지 않은 시대였기 때문에 여성이 남성과 동등하게 독립운동을 벌이는 데는 크고 작은 어려움이 있었다. 그러나 시간이 지날수록 이런 어려움을 극복하려는 움직임 또한 활발해졌고, 직접 자신의 이름을 내걸고 독립운동을 벌이는 여성들이 늘어갔다. 제대로 기록되지 않아서, 그리고 기록되지 못했기 때문에 우리가 올바로 기억하지 못해서 그렇지, 나라의 독립과 민족의 해방을 위해 자신의 모든 것을 바친 여성 독립운동가는 우리가 알고 있는 것보다 훨씬 많을 뿐만 아니라 그들이 독립운동사에 미친 영향 역시 결코 작지 않았다.

지금까지 크게 주목받지 못하던 여성 독립운동가의 존재를 확인하고 국민에게 알리는 것은 매우 중요한 일이다. 3·1운동과 임시정부 수립 100주년을 계기로 여성 독립운동에 대한 인식의 전환이 이루어져야 한다. 그리고 더 많은 여성 독립운동가가 독립유공자로 인정받아야 한다. 아니 더 근본적으로 근대 이후 우리 사회에서 여성이 수행한 역할에 대한 재평가가 이루어져야 한다. 민국 100년과 그에 뒤이을 덕성 100년은 이러한 생각을 다시 확인하는 계기가 될 때 비로소 제 빛을 낼 수 있을 것이다.

이준식 독립기념관 관장

한국 근대 여성해방운동이 지향한 것은

제1세대 신여성들

한국 근대 여성해방운동에서 차미리사는 하란사(河蘭史), 박에스더, 윤정원(尹貞媛) 등과 함께 이른바 제1세대 신여성에 속한다. 구한말인 1870~1880년대에 태어난 이들은 여성을 위한 고등교육기관이 없었던 상황에서 일본이나 미국에서 근대교육을 받고, 1890~1910년대에 한국으로 돌아와 사회활동을 시작했다. 부유한 집안에서 태어나 일본으로 유학한 윤정원을 논외로 한다면 1870년대에 태어난 차미리사, 하란사, 박에스더 세 여성은 하층의 가난한 집안에서 여성으로서의 차별을 경험하며 자랐다. 자신의 이름을 그대로 가지고 있었던 윤정원을 제외한 나머지 3명은 관행과는 달리 남편의 성을 따랐고

(오랫동안 차미리사가 김미리사로 불린 이유이다), 근대 서구 문명과 기독교의 영향을 배경으로 서양식 이름을 사용했다.

1900년대에 사회활동을 시작한 제1세대 신여성들은 한국의 여성해방운동에서 선구자 역할을 했으며, 이러한 전통은 그 딸 세대에 해당하는 1920년대 신여성들에게 계승되었다. 여성주의의 의식과 이념 및 실천은 두 시기의 여성 모두에게서 찾아볼 수 있는 공동의 지반이었지만, 그럼에도 불구하고 두 시기 여성해방운동의 지향이 달랐다는 점을 인식하는 것은 중요하다. 전통시대의 여성과는 달리 근대의 시작을 함께한 제1세대 신여성들은 여성에게도 남성과 동등한 교육 기회를 제공할 것, 여성 역시 경제적 독립을 위해 직업을 갖고 사회생활을 할 것 등을 주장했지만, 1920년대의 제2세대 신여성과는 달리 자유연애나 성해방과 같은 여성해방의 쟁점을 공론화하지는 않았다.

근대사회로의 이행 초기였던 19세기 한국에서 여성들의 근대에 대한 추구는 교육과 지식에 대한 요구에 집중되는 경향이 있었다. 이는 근대 이행기의 보편적인 현상으로, 이 시기 대부분의 유럽 국가들 역시 페미니즘의 가장 중요한 요구 사항 중 하나는 교육과 지식의 획득이었다. 정치와 사회의 지위로부터 배제된 페미니스트들이 현실에 복수할 수 있는 유일한 길을 교육에서 찾았던 것은 서구에서와 마찬가지로 한국에서도 필연적이었던 것이다.

한국 신여성들의 자기주장은 여성의 교육과 지식의 획득을 전제로 한 상태에서 한 단계 더 나아가 민족의 독립에 기여해야 한다는 형태로 구현되었다. 그리고 그것은 궁극적으로 근대 국민국가에 여성을 통합하고자 하는 남성 계몽주의자들의 근대 기획이라는 거대서사(grand narrative)로 포섭되었다. 그렇다고 이러한 근대화 프로젝트에서 여성이 수동적인 역할만 한 것은 아니었다. 이 거대한 물결에 피동으로 휩쓸렸다기보다는 민족과 국가의 대의에 적극적으로 호응하고 동조함으로써 이를 계기로 스스로의 의식을 고양하고 남녀평등을 주장할 수 있는 단초를 마련했다고 볼 수 있다.

이 시기의 여성은 민족과 국가에 헌신함으로써 자기의식과 여성해방으로 통하는 길을 열었으며, 국권 수호와 민족에 대한 대의를 통해 남성에 대한 여성의 대자(對自) 의식을 처음으로 획득해 나갔다. 이처럼 근대성이 설정한 한계에도 불구하고 여성들은 근대교육을 통해 획득한 자기의식을 기반으로 근대를 넘어서서 그 이후를 전망할 수 있는 여성주의의 비전과 대안을 지속적으로 추구해갔다.

차미리사의 목표와 지향

차미리사는 어렸을 때 아들이 아니라는 이유로 '섭섭이'라고 불렸다고 한다. 그만큼 가부장의 유습이 강하게 지배하던 사회에서 아들을 바라던 부모의 기대를 저버린 딸로서의 차별을 감내하며 자랐다. 그런 그녀가 당시로서는 매우 늦은 나이인 23세에 여성으로서는 꿈꾸기도 어려웠던 해외 유학을 결심하고 미국에 가서 공부한 것은 신여성의 여성해방운동이라는 맥락에서 이해된다. 차미리사의 열망이었던 교육과 지식에 대한 추구는 동시대의 여성해방운동가들과 마찬가지로 민족의 대의에 헌신하기 위해서였다. 8년이라는 오랜 기간 동안 미국에서 공부했음에도 귀국 이후 배화학당에서 8년 동안 교사로 재직하다가 1920년에 배화학당를 떠나 조선여자교육회를 창설하고 부인야학강습소를 개설한 것은 조선식의 여성 민족교육에 대한 차미리사의 열정과 비전을 잘 보여준다.

여성해방운동의 일환으로 차미리사가 가지고 있던 여성교육의 목표와 지향은 남녀의 동등한 권리와 기회의 균등에 있었다. 그녀는 여성들이 좁은 울타리를 벗어나 가정 바깥의 일, 세계정세에 대해서도 알기를 희망한다고 언급하면서, 조선 여성이 미국 여성과 같이 사회에서 평등한 기회를 가져야 한다고 주장했다. 그러나 여기에는 조건이 있었다. 우리 고유의 겸손과 순결을 지키는 교육이어야 한다는 것이다. '고유의 겸손과 순결'에 대한 강조는 담배공장이나 정미소에서 하는 힘든 육체노동과는 달리 재봉이 "본래 여성에게 적합한 직업"이라는 생각과 맥을 함께한다. 교육과 사회활동의 측면에서 여성에게 평등한 기회를 부여해야 한다고 주장한다는 점에서는 자유주의의 지향을 보이면서도 여성다움을 강조하는 대목에서는 보수주의의 혐의가 보인다고 할 수 있다.

제2세대 신여성의 등장, 그리고 제1세대 신여성의 한계

1920년대에 접어들면서 제2세대 신여성들이 등장하게 되었고 그들이 내세운 개인의 사생활로서의 성과 사랑, 여성해방을 기치로 한 주장에 대해 차미리사는 "우리는 해방이니 동등이니 자유니 하는 언사를 쓸데없이 부르짖지 않는다"라고 하면서, 여성들이 실생활에서 실천해야 할 덕목을 강조했다. 해방과 자유를 쓸데없이 부르짖지 않는다는 표현에는 이들 딸 세대 신여성에 대한 불편한 심기를 드러냄과 동시에 그에 대한 비판이 다분히 배어 있다. 차미리사는 여성교육의 목적이 남성이 주는 해방과 자유를 피동으로 받는 것이 아니라 여성 스스로가 "인격을 완성하여 자기 손으로 해방과 자유를 차지"할 수 있는 실력을 기르는 데 있다고 주장했다. 이는 "아내와 모친 된 책임의 중대함"에 대한 자각, 즉 '현모양처'라는 여성의 역할에 대한 자각으로 연결된다.

이와 아울러 차미리사에게 여성교육은 또 다른 의미를 지닌 것이었다. "요사이 걸핏하면 이혼이니 무엇이니 하여 가정에 풍파가 끊일 날이 없는 것은 모두 여성교육을 진심으로 요구하는 현상"이라는 것이다. 전통적인 여성의 역할이나 이혼 후의 경제적 어려움에 대한 걱정보다는 사랑을 중요시 여겨야 한다며 이혼의 자유를 옹호한 제2세대 신여성들의 주장을 비난하는 차미리사의 입장이 잘 드러나 있다.

이처럼 차미리사는 자유연애나 자유결혼, 이혼의 자유보다는 여성의 인격 자각과 경제적 독립, 현모양처 역할을 더 중시했다. 이 점에서 차미리사는 여성해방의 주요 의의를 전자에 설정한 1920년대 딸 세대 신여성들과는 다른 의견을 가지고 있었다. 예를 들면 1920

년대 이후 여성해방운동에서 주요한 논쟁의 대상이 된 정조 문제에서 차미리사는 전통의 옹호자를 자처했다. 전통적인 여성상을 "고상과 순결"로 표상하면서, "정조는 여성의 면류관"이라며 여성의 정조와 순결을 강조한다. 조선 여성의 정조관은 "세계에 참 비할 곳이 없는 것"으로, "자기의 정조라 하면 재산보다도 생명보다도 더 귀중하게 여겼다"는 점에서 "우리는 이 자랑거리를 영구히 보존하여 남에게 수치가 되지 않도록 해야" 한다고 언급하기도 했다.

여기에서 보듯이 차미리사는 여성으로서의 자기의식의 확립이나 경제적 독립과 같은 주제들에 대해서는 자유주의의 태도를 견지했지만, 성이나 사랑과 같은 쟁점에 대해서는 보수주의로 기우는 경향이 있었다. 이는 한국의 제1세대 신여성들이 추구하던 여성해방운동의 의의를 보여줌과 동시에 그들이 지닌 한계를 드러낸다. 그것은 차미리사를 비롯한 여성해방운동의 선구자들이 극복하지 못한 한계라기보다는 시대에 의해 지어진 조건이자 역사에 의해 배태된 규정이었다.

김경일　한국학중앙연구원 사회과학부 교수

조선여자교육회와
여성교육운동

2장

더욱 활발해진 계몽운동

한국 근대 여성교육의 선구자인 차미리사는 3·1운동 이후 더욱 활발한 여성교육운동을 벌였다. 차미리사와 그의 제자인 김선(金善), 유각경(兪珏卿), 허정숙(許貞淑), 권애라(權愛羅), 방신영(方信榮) 등은 1920년 조선여자교육회를 조직했다. 조선여자교육회는 전국을 순회하며 강연을 벌였고, 야학을 만들어 여성들을 가르쳤다. 이런 강연과 야학은 3·1운동 이후 벌어진 민족운동의 주요한 방식으로, 이 시기의 시대정신을 가장 잘 보여주는 활동이었다. 강연과 야학은 전국 각지에서 모든 계층과 연령의 사람들을 대상으로 맹렬히 전개되었다. 3·1운동을 통해 '민족'과 '민중'의 실체를 확인하고 그 역사적 가능성을 보았던 사람들은, 새로운 시대의 선도적인 지식과 사상이 개인과 민족의 의식을 계몽시켜 민족의 독립, 번영과 사회의 진보를 이룰 수 있다고 믿었다. 조선여자교육회의 강연은 지식에 대한 열정과 욕망을 사회적으로 확산시키려는 활동이었고, 야학은 소외된 여성들에게 직접 지식을 전달하는 교육이었다.

조선여자교육회의 강연

조선여자교육회의 부회장이었던 김선은 이 시기의 대표적인 명연사였다. 3·1운동에 참여했던 김선은 이후 조선여자기독교청년회와 근우회(槿友會) 본부 집행위원으로 활동한, 여성운동계의 중심인물이었다. 1921년 김선은 도쿄 유학 중 귀국하여 유영준(劉英俊), 박순천(朴順天) 등과 함께 전국순회강연을 열었다.

1921년 8월 31일 함흥천도교회에서 1000여 명의 남녀가 운집한 가운데 강연회가 열렸다. 이날 김선은 '인생의 절대 가치'라는 제목으로 강연을 시작했다. 그녀는 인생의 가치란 개인이 잘 사는 것을 넘어 사회와 인류의 진보를 추구하는 데 있으며, 정의와 인도가 가장 핵심적인 가치라고 주장했다. 정의와 인도의 시대에는 약자가 해방되어야 한다. 곧 김선의 주장은 드러내놓고 말하지는 않았지만 약소민족이 독립해야 한다는 함의를 담고 있었다. 현장에 있던 일제 경찰이 김선의 발언이 선동적이라고 주의를 주었다. 그러나 김선은 아랑곳하지 않고 강자가 약자를 돕는 것이야말로 현대 사조라고 소리를 높였고, 경찰은 강연을 중지시키고 김선을 경찰서로 연행했다. 이렇게 강연을 중지당하고 연행되는 일은 다반사였고, 심지어 폭행을 당하는 일도 있었다. 전주에서 열린 강연에서 김선은 경찰서에 불려가 뺨을 맞고 발길질까지 당했다. 여자가 건방지다는 것이 이유였다. 폭행을 당한 김선이 넘어지면서 유리창이 깨지는 위험한 순간을 겪기도 했다.

조선여자교육회의 강연은 '계몽'이라는 시대정신을 반영했다. 특히 이들은 억압된 여성들이 한 명의 인간으로서 인정받기 위해 새 지식과 새 사상이 필요하다고 생각했다. 1920년 4월 12일 조선여자교육회 강연에서 이숙정(李淑貞)은 "새로운 시대에 따라 새로운 자세가 필요한 이때에 우리는 마땅히 우리의 인격을 고치는 동시에 사상과 행동을 고쳐" 나감으로써 여성들이 "노예적 지위에서 벗어나 인격적 지위로 올라"갈 수 있다고 주장했다. 인격과 사상, 행동의 개조를 위해 필요한 것은 당연히 교육이었다.

교육의 핵심은 지식이었다. 그들은 지식은 "인격을 대표하며 그 사람의 가치를 보는 것"이고 "지식이 있으면 사람 된 자격을 가질 수 있"지만 지식이 없다면 "사람 된 본의"를 잃는다고 생각했다. "남양(南洋) 지방에 사는 사람 중 몇 부분"은 "지식이 없어 확실한 의식을 표출하지 못하여 야만이라는 명칭"을 얻었다고 했다. 지식이 없으면 야만이며, 그러므로 "지식은 우리의 생명"이었다.

'무식한 아내'를 위한 부인야학강습소

　조선여자교육회는 부인야학강습소를 설치하여 여성들에게 '생명'과 같은 새로운 지식을 보급하려 했다. 3·1운동 이후 계몽의 물결이 몰아치고 있었지만, 지식에 접근할 기회는 동등하지 않았다. 많은 사람들이 여성의 자각과 여성교육의 중요성을 역설했지만 실제 여성들이 교육받을 수 있는 기회는 극히 적었다. 오히려 새로운 시대의 변화 속에 여성들은 새로운 희생자가 되었다. 이 무렵 근대교육을 받은 신청년들은 신지식과 근대 사조의 주인공이 되었지만, 그들의 "무식한 부인"들은 버림을 받았다. 청년들이 "교육을 받고 세상 물정을 아는 신여성과 가정을 이룬 후 재미있는 세월을 보내려는 생각"으로 "이미 자기와 결혼하여 자식까지 낳은 죄 없는 아내"에게 "이혼을 강하게 요구"하는 사례가 비일비재했던 것이다.
　지식, 사상, 교육을 장악한 '청년'의 대척점에는 '무식한 아내' '무식한 부인'들이 있었다. 교육받은 이상적인 신여성을 앞세워 자유연애니 영적인 결합이니 운운하는 남편들을 보며 그녀들이 "무식한 것이 죄"라고 생각하는 것은 어쩌면 당연했다. 가만히 앉아 소박을 당할 수밖에 없었던 여성들은 새 지식이 가진 힘 앞에 한없이 무기력했다. 그럴수록 그녀들은 절실하게 지식을 갈구하고 지식을 통해 구원받고자 했으나 어디에 그 구원이 있는지 알지 못했다.
　청년의 부인들만이 아니라, 야학에 모여든 여성들은 지식과 교육을 차지하고 있던 '청년'의 주변에 있는 사람이었다. 남동생의 누

신문에 실린 조선여자교육회의 집무 광경
'경성에서 활동하는 여자 단체 조선여자교육회'를 소개하는 신문 기사이다. 이 기사의 오른쪽 면에 실린 가정평론, '남자 재혼으로 일어나는 여성의 비애'라는 글도 눈에 띈다. (『조선일보』 1925년 12월 18일자)

나로, 오빠의 여동생으로, 남편의 아내로, 아들의 어머니로, 남성의 주변부가 될 수밖에 없었던 여성들은 지식이 더욱 절실했다. 그러나 배움의 길은 쉽지 않았고, 지식이 여성 개개인을 바로 구원해주지도 못했다. 본가의 경제적 지원을 받지 못한 여학생이, 후원을 하겠다던 남성에게 배신당해 몰락하는 일은 그리 드물지 않았다. 그럼에도 불구하고 더 많은 여성들이 교육의 기회를 찾아 나섰고 여성의 권익 신장과 여성해방을 위한 운동도 점점 활발해졌다.

『여자시론』 발행

　조선여자교육회는 기관지 『여자시론(女子時論)』을 발행했다. 『여자시론』은 원래 일본 요코하마에서 유학하던 여자 유학생들이 주축이 되어 창간했다. 그러나 실제 창간호의 편집과 원고 집필은 1910년대 『태서문예신보』 기자였던 최영택(崔永澤)이 담당했다. 창간호의 원고 중 「권두사(卷頭辭)」「누님들아! 울지를 말아라」「결혼(結婚)의 목적(目的)은 무엇이냐」「수양(修養)의 거울」「여걸(女傑)의 생애(生涯)」 등을 모두 최영택이 썼다고 한다. 또 『여자시론』 창간호에 등장하는 필명 필자들은 거의 남성들이었고 그들의 글은 남성의 시각에서 여성의 지위와 임무를 규정할 뿐이었다. 어떤 필자는 "남자는 사회에 대한 책임이 중하고 여자는 가정에 대한 책임이 중하다"라는 식으로 여성의 역할을 가정과 자녀 교육에 국한했다. 심지어 새로운 교육을 받은 "신여자"를 일시적으로 사람의 이목을 끌어보려는 사람으로 매도하고 맹자의 어머니를 본받아야 한다는 글도 실려 있었다.

　조선여자교육회가 『여자시론』을 인수하여 기관지로 삼으면서 2호부터는 논조와 필진이 모두 달라졌다. 현재 전하는 것은 『여자시론』 3호인데, 허정숙, 홍백후(洪帛厚), 박숙원, 방신영, 이은(李銀), 조숙경(趙淑景), 김연숙, 문현자(文賢子), 백경애(白敬愛), 김영복 등 대부분이 여성 필자들이다. 편집진은 4호부터는 부득이한 경우가 아니라면 남자의 글은 일체 받지 않겠다는 방침까지 밝히고 있다. 『여자시론』 3호에는 「현금(現今) 조선부인의 책임」이라는 글이 실려 있다. 뒷

조선 유일의 우리글로 만든 여성 잡지 『여자시론』
1920년 11월 『매일신보』에 실린 『여자시론』 5호 광고로, '여자들아 일하라' '여자사회의 급무' '어린아이의 정신교육' 등의 글 제목을 확인할 수 있다.

날 사회주의 여성운동을 주도한 허정숙이 쓴 글이다. 여기서는 사회주의적인 여성해방론을 찾을 수는 없지만, 이 글에서 그녀는 가정과 사회에서 여성의 역할을 강조하고 그러기 위해서는 여성이 더 큰 자유를 누려야 한다고 주장했다. 가정에서도 여성들이 남성들보다 책임이 더 크다는 점을 분명히 인식해야 하고, 자녀들을 가르칠 때도 자유를 주어야 제대로 키울 수 있다고 역설했다. 홍백후는 「사랑」이라는 글에서 남성들 역시 여성과 마찬가지로 정조의 의무가 있다고 주장했다. 이 몇 편의 글만 보아도 창간호의 남성 필자들보다 훨씬 진보적이고 자유분방한 생각들이 담겨 있다는 것을 확인할 수 있다.

조선여자교육회 그 이후

3·1운동 이후 민족운동이 활발해지면서 이념적 성향도 나눠지기 시작했다. 이것을 분열로만 보는 것은 지나치게 단순한 시각이다. 1920년대 민족운동 세력은 사회주의와 민족주의로 나뉘어졌지만, 다시 신간회로 결집하여 민족통일전선을 결성할 수 있었다. 함께 일제에 대항해 싸우기 위해서라도 생각과 지향이 다른 것은 명확히 해야 했다.

조선여자교육회의 창립과 초창기 활동을 함께 했던 사람들도 시간이 지나면서 점차 분리되었다. 차미리사, 김선, 홍백후 등 기독교 여성운동 계열은 남녀 모두 '정조'를 지켜야 함을 강조했고, 허정숙과 권애라 등은 사회주의에 참여하고 여성의 성적해방을 주장하는 급진적 연애와 결혼의 상징이 되었다. 기독교와 사회주의 두 계열의 여성운동은 쟁점에 따라 첨예하게 대립하기도 했지만, 근우회의 조직과 활동에는 모두 함께 참여했다. 민족과 여성의 해방이라는 공동 목표와 함께, 조선여자교육회 등 공통된 경험과 기억을 함께했기 때문에 가능한 일이었다.

이기훈 연세대학교 사학과 교수

특집 전국의 가정부인들을 찾아서

1920년 조선여자교육회를 창립한 이래 여러 차례의 강연회와 토론회를 통해 여성교육에 대한 대중의 열기를 확인한 차미리사는 1921년 순회강연단을 조직하여 전국의 가정부인들을 직접 찾아 나섰다. 조선 13도의 주요 지역을 순회하면서 강연을 통해 문화보급, 여성해방, 가정개량 등을 선전함으로써 조선의 여성들을 깨우쳐주고, 사회의 뜨거운 도움을 얻어 청진동 회관 구입에 필요한 비용을 조달하려는 목적도 있었다.

조선여자교육회 전조선 순회강연단의 순회강연 경로

조선여자교육회의 순회강연단이 1921년 7월 9일부터 9월 29일까지 84일간 강연회를 연 경로를 표시한 지도이다. 언론에 보도된 49개 고을과 방문했을 것으로 추정되는 12개 고을을 합하여 표시했다.

청중 수
■ 2,000명 이상
● 1,000~2,000명
○ 1,000명 미만

출처: 『차미리사 평전』 168쪽

전조선 순회강연단은 음악단 3명과 연사 3명 등 총 6명으로 구성되었다. 단장 차미리사를 중심으로 이은, 백옥복(白玉福), 허정자(許貞子, 이후 허정숙으로 개명), 김순복(金順福), 김은수(金恩洙) 등 20세 전후의 젊은 여성들이 단원으로 참여했다. 순회강연단은 순전히 여성들만으로 조직된 여성해방의 선전대였던 것이다.

순회강연단은 7월 9일 서울을 떠나 9월 29일 남대문으로 돌아올 때까지 무려 84일 동안 67개 고을, 1만여 리를 순회하면서 강연했다. 전국순회강연은 고을 주민들의 열렬한 호응과 지원을 얻었다. 전국적으로 뜨거운 지원이 이어졌으며, 이 강연을 들은 뒤에 배움을 위해 서울로 올라온 여성들도 수없이 많았다.

남대문을 떠나는 여자강연단 일행
전조선 순회강연단 6명이 남대문을 떠나기 전에 찍은 사진과 함께 순회강연단의 출발 소식과 그 의의를 소개하고 있다. (『매일신보』 1921년 7월 9일자)

3

1920년대 여성 담론과
차미리사의 여성교육론

더하여

'사회'를 요릿집 이름으로 아는 무지한 '소박데기'

아내에게는 남편의 말이 너무 어려웠다. 고만 묵묵히 입을 다물었다. 눈에 보이지 않는 무슨 벽이 자기와 남편 사이에 깔리는 듯하였다. 남편의 말이 길어질 때마다 아내는 이런 쓰디쓴 경험을 맛보았다. 이윽고 남편은 기막힌 듯이 웃는다. "내게 술을 권하는 것은 화증도 아니고 하이칼라도 아니요. 이 사회란 것이 내게 술을 권한다오. 팔자가 좋아서 조선에 태어났지, 딴 나라에 났다면 술이나 얻어먹을 수 있나…." 사회란 무엇인가? 아내는 또 알 수가 없었다. 어찌하였든 딴 나라에는 없고 조선에만 있는 요릿집 이름이어니 한다. 남편은 어이없이 아내의 얼굴을 바라보더니 그다음 순간에는 말할 수 없는 고뇌의 그림자가 그의 눈을 거쳐 간다. "그르지, 내가 그르지. 너 같은 숙맥더러 그런 말을 하는 내가 그르지. 너한테 조금이라도 위로를 얻으려는 내가 그르지. 후후…."

이 글은 현진건(玄鎭健)이 1921년 『개벽』 11호에 발표한 소설 「술 권하는 사회」의 한 장면이다. 이 소설에서 아내는 결혼한 지 7, 8년이 되었지만 도쿄에 공부하러 간 남편을 홀로 기다린다. 공부라는 것을 돈 나오는 도깨비 방망이라고 생각하면서 말이다. 그러나 일본에서 돌아온 남편은 식민지 조선의 현실에 적응하지 못하고 방황한다. 어느 날 새벽 2시에 만취해 귀가하는 남편에게 아내는 술 좀 그만 먹으라고 투정한다. 남편은 무엇이 자신에게 술을 먹이는지 아내에게 물어본다. 아내는 하이칼라와 화병이라고 답하지만, 남편은 둘 다 아니라고 한다. 남편은 조선사회가 자신에게 술을 권한다고 말하지만 아내는 사회라는 단어를 이해하지 못하고 그저 요릿집 이름 정도로만 생각한다. 남편은 "아아! 답답해!" 하면서 집을 나서고 아내는 "그 몹쓸 사회는 왜 술을 권하는고!"라며 절망한다.

지식인 남편은 봉건적 사고를 지닌 무지한 아내를 이해시키는 데도 실패하고 사회에도 적응하지 못한다. 아내는 그러한 남편의 고통을 분담하려고 가난도 참고 견디지만, "사회가 술을 권한다"라는 남편의 말에 '사회'를 요릿집 이름으로 아는 무지한 여인이다. "그 몹쓸 사회는 왜 술을 권하는고!"라는 아내의 말은 그녀의 절망과 지적 수준을 드러내며, 남편이 아내를 버리고 나가는 이유를 압축적으로 표현한다.

무지한 상태로 봉건적 구습에 갇혀 있던 여성들은 자신을 가족공동체의 한 구성분자로 인식했을 뿐, 독립된 인격체나 사회의 당당한 구성원으로서 존재하지 못했다. 여성들은 삶의 대부분을 가정과 남편, 자식들을 위해 희생하며 살았고, 그들의 활동 범위는 집안을 벗어나기 어려웠다. 가부장적 가족제도는 여성이 스스로의 능력과 노력으로 자신의 길을 개척해 나갈 기회를 차단했고, 그 결과 식민지 조선의 여성들은 사회와 단절된 채 소설 속 '아내'처럼 무지하고 소통 불가한 상태로 남편에게 버림받는 '소박데기'로 전락해갔다.

여성해방론의 대두

여성을 가부장제의 억압으로부터 해방시켜 남성과 동등한 인격적 지위에 올라갈 수 있도록 개조해야 한다는 여성해방론이 대두한 것은 시대의 필연적인 추세였다. 3·1운동을 전후로 확산된 사회 개조, 세계 개조론의 시대정신은 이러한 변화를 추동했다. 남존여비의 세계를 남녀평등의 세계로 개조하자는 외침이 여기저기에서 터져 나오는 가운데 소외되었던 여성을 위한 교육운동이 활성화되고 여성교육기관이 건립되기 시작했다.

이러한 사회적 분위기 속에서 1921년 『동아일보』는 '신진 여류(新進女流)의 기염(氣焰)'이란 타이틀로 당시 활발한 사회활동을 벌이고 있던 여성 명사들의 칼럼을 연재했다. 여기에는 조선여자교육회 회장 차미리사를 비롯해 이화학당 교사 김활란, 화가 나혜석(羅蕙錫)과 『신여자』의 주필 김원주(金元周) 등 쟁쟁한 여성 인사들이 망라되었다. 이들은 여성도 인격을 지닌 주체적 인간으로 거듭나야 하며 이를 위해서는 여성 자신의 자각이 가장 절실하다는 인식을 공유하고 있었다. 또한 가부장제 아래 억눌려 왔던 여성을 해방시키고 사회적 지위를 향상시킬 수 있는 여러 가지 방안을 제시했다.

조선여자교육회 회장 차미리사를 필두로 김활란·최설경(崔雪卿)·김선 등은 남녀평등을 전제로 여성에게도 교육의 기회를 확대할 것을 주창했다. 박경희(朴景嬉)는 여학생에게 기숙사 시설을 충분히 제공하여 안정적인 교육환경을 조성할 것을 제안했으며, 유현숙(劉賢淑)은 불우 여성에 대한 사회사업을 제창했다. 경성의학전문학교 2회 졸업생인 의사 안수경은 미신을 앞세워 치료의 적기를 놓치는 우매함을 비판하고 여성이 앞장서서 미신을 타파할 것과 위생관념을 고취할 것을 역설했고, 이경화·박순실은 어린아이의 양육을 책임진 어머니가 어려서부터 아이들에게 남녀가 평등하다는 생각을 키워 주고 교육의 기회에서 아들과 딸을 차별하지 말 것을 주장했다.

김영은 여성도 경제관념을 가져야 한다고 강조했으며, 이원임은 단조롭고 무미건조한 집안일이 여성을 가정의 노예로 만들고 있다는 진단 아래 복잡하고 분주한 살림살이를 보다 효율적이고 위생적인 방향으로 개선해 나가자고 제안했다. 이화학당 교사 임배세(林培世)와 화가 나혜석은 각각 음악과 미술을 통해 여성의 교양과 자질을 함양해 나가자고 주장했고, 잡지 『신여자』의 주필 김원주는 당시

강단에 선 김원주

경성여자청년회 주최로 열린 '자유결혼 문제 강연'에서 김원주가 강연을 하고 있다. 자유연애와 결혼에 대한 당시 사람들의 관심을 반영하듯 청중이 꽉 들어차 있는 것을 확인할 수 있다. (『동아일보』 1921년 2월 24일자)

사회적 쟁점으로 떠오르던 연애 문제에 대해, 연애는 가장 자유로운 것이므로 남이 옳다 그르다 함부로 말할 수 없는 문제이며 만일 남녀의 사랑이 진정한 마음에서 우러나온 것이라면 부모의 뜻에 따라 떠밀려 한 결혼이 장애가 될 수 없다는 대담한 논의를 폈다.

신현모양처론·성해방론·여성교육론

조선 여성의 자유와 평등 그리고 해방을 위해 이들 여성 명사들은 당시로서는 가장 절실하면서도 가장 시대를 앞서가는 의견들을 쏟아냈다. 그 방향은 크게 세 가지로 나누어볼 수 있다. 전통적 의식주의 개조와 과학적인 육아, 여성의 취미교양, 동반자적 부부관계 등의 개념을 바탕으로 한 신(新)현모양처론, 여성에게만 정조를 강요하는 사회적 억압에 저항하는 성(性)해방론, 교육을 통해 여성 역시 주체적이고 자율적인 삶이 가능해질 수 있다는 여성교육론이 그것이다.

먼저 안수경·이원임 등이 주장한 신현모양처론은 집안의 대를 이을 아들 생산, 가사, 시부모 봉양, 제사 준비 등 봉건사회의 며느리 역할에 머물렀던 여성을 자녀 교육자(어머니), 내조자(아내), 가정 책임자(주부)라는 주체적인 역할로 새롭게 정의하는 담론이다. 이들에 의해 가사노동은 '하인의 일'에서 '주부의 일'로 규정되었고, '단란한 가정'을 위한 '효율(과학)'적 활동으로 재조명되었다. 그러나 이들의 주장은 여성의 역할을 여전히 가정에 국한시켜 현모양처를 양성하는 데 중점을 두었다는 한계를 지녔다.

성해방론의 대표적 주창자는 나혜석과 김원주였다. 잘 알려져 있듯이 나혜석은 조선 여성 최초의 서양화 유학생이자 봉건적 정조 관념을 해체하며 급진적 여성해방의 논리를 펴나간 신여성이었다. 결혼제도와 무관한 사랑과 성을 추구했던 문인 김원주는 1927년 이른바 '신(新)정조론'을 발표하여 여성에게만 강요되는 육체의 정조를 부정하고 정신의 정조가 중요함을 강조했다. 매순간 대상에게 충실한 것, 그것이 정조라고 새롭게 정의함으로써 정조 관념의 외연을 바꾼 것이다. 나혜석은 여기에서 한걸음 더 나아가 "정조는 자유다.

나혜석의 작품 「자화상」, 1928년경
조선 여성 최초의 서양화 유학생이자 급진적 여성해방의 대표 주자였던 나혜석이 그린 자화상이다.
ⓒ수원시립아이파크미술관

밥을 먹고 싶을 때 밥을 먹고 떡을 먹고 싶을 때 떡을 먹듯이 정조를 지키고 안 지키고는 오로지 내 선택이다"라고 하며, 정조의 '문란'이든 '고수'든, 그것은 어디까지나 제도나 관습에 구애되지 않는 개인의 자유로운 선택이어야 한다고 주장했다.

'왜 남성에게는 요구하지 않는 정조를 여성에게만 요구하여 여성을 속박하는가?'라는 문제에 관한 이들의 도발적 답변은 당시 뜨거운 논란을 야기했다. 남성들의 이중성과 허위의식을 폭로한 거침없는 행보는 당시 사회로서는 받아들이기 어려운 급진적인 주장이었다. 결국 그들의 주장은 사회적 현실을 망각한 이기적 개인주의로 비판을 받았다. 이들은 "먼 훗날 나의 피와 외침이 이 땅에 뿌려져 우리 후손 여성들은 좀더 인간다운 삶을 살면서 내 이름을 기억할 것"이라고 외치며 봉건의 구습에 온몸으로 부딪쳐 자유를 추구했다. 하지만 현실에서 이들의 삶은 당대의 온갖 조롱과 멸시 속에 파국을 맞았다.

세 번째는 차미리사, 김활란 등이 주창한 여성교육론이다. 앞서 소개한 신현모양처론과 성해방론은 주체적이고 자율적인 여성의 삶을 모색한다는 당대의 시대정신을 충분히 담지한 여성운동이었다. 그러나 또 하나의 시대적 과제, 즉 식민지 현실을 성찰하고 여성해방과 민족해방의 상호 결합을 고민하는 데까지는 미치지 못했다. 이에 비해 여성교육론자들은 여성교육이 식민지 현실을 극복할 방안이 될 수 있다고 보고 그 정체성을 진지하게 고민했다. 처음에 이들은 여성의 권익 신장과 국권회복이라는 두 가지 관점에서 여성교육의 필요성을 제기했다. 그러나 이러한 여성교육론자들 가운데에서도 김활란처럼 사회진화론과 오리엔탈리즘의 시각을 내면화하여 결국 조선을 부정하기에 이르렀던 친일 인사가 없지 않았다. 여성의 지식 수준을 향상시켜 조선의 문명 교화를 일으켜야 한다고 주장했던 김활란은 자신이 극복하고자 했던 제국주의를 욕망하는 자기모순에 빠진 채 점차 제국의 충실한 '신민'으로 전락해갔다. 물론 여성교육운동이 곧 독립의 길이라는 신념을 끝까지 지키며 평생을 민족의 독립과 통일을 위해 헌신한 인사도 있었다. 차미리사가 그 대표적 인물이다.

일천만 여자에게 새 생명을 주고자 하노라

차미리사는 나라의 독립과 자유를 지키는 데에는 남녀의 구분이 있을 수 없으며 이혈보국(以血報國), 즉 피를 흘리는 전쟁을 무릅쓰고서라도 국민 모두가 국권회복에 매진해야 한다고 강조했다. 그녀는 식민지 현실을 자각하지 못한 채 서양문화를 적극적으로 받아들여 유행을 선도했던 이른바 '모던 걸'의 허세와 위선을 비판하며, 식민지 조선의 현실에 맞는 여성교육이 이루어져야 한다고 주장했다. 여성교육은 남녀평등을 위해서뿐만 아니라 조선의 독립을 위해서도 반드시 필요한 일이라고 생각했기 때문이다.

차미리사는 『동아일보』에 쓴 칼럼에서 '일천만 여자에게 새 생명을 주고자 하노라'라며 교육을 통해 조선의 여성에게 새 생명을 주겠다는 포부를 밝혔다. 그러한 그녀가 교육 대상으로 주목한 여성들은 전체 여성의 약 90퍼센트를 차지하고 있는 구식 가정부인들이었다. 시집살이에 시달리는 이들, 무식하다고 남편에게 구박 받고 소박맞은 이들, 일찍이 교육을 받지 못한 설움에 간절하게 공부를 하고 싶어 하는 이들 등 '그저 고통 받던 여성들'에게 차미리사는 "장옷을 벗고 긴 치마를 잘라버리고 첩첩이 닫힌 속에서 뛰쳐나오너라!"라고 외쳤다.

  3·1운동 직후 사회 전반적으로 고조되는 향학열에 힘입어 여성들도 높은 교육열을 보였으나 여성교육 시설은 터무니없이 부족하고 학교교육의 기회는 여전히 한정되어 있었다. 당시에는 가정부인이나 학령기에 학교에 가지 못한 사람이 배울 만한 교육기관이 없었고 학교에서도 나이를 이유로 입학을 제한하고 있었다. 이에 차미리사는 조선 여성의 교육은 조선 여성의 손으로 일구어야 한다는 신념으로 1919년 9월 종다리 예배당을 빌려 야학을 열었고 이어 1920년 조선여자교육회 산하에 부인야학강습소를 세운 후 1923년 근화학원이라 이름하였으며, 1925년 근화학원을 정규학교인 근화여학교로 승격시켰다. 야학에서 출발한 근화여학교는 조선 여성이 여성의 힘으로 여성을 위해 세운 최초의 교육기관이었으며, 학교의 경영도 강연회·연극회·바자회 등을 열어 조선 사람들의 후원금을 받아 유지해 나가며 철저히 자력갱생의 길을 걸었다.

  차미리사는 배움의 기회로부터 소외된 이들에게 교육의 혜택이 우선적으로 돌아가야 한다는 대중교육론을 자신의 교육철학으로

30대 후반의 차미리사

미국에서 유학했던 차미리사는 신여성의 대표 주자였지만 서양문화를 맹종하기보다는 조선의 식민지 현실을 직시한 여성교육이 이루어져야 한다고 보았던 여성교육론자였다. 이 사진은 전국순회 강연을 떠나기 전에 찍은 사진으로 차미리사는 구두에 코트를 입고, 보닛(bonnet)을 썼으며 핸드백과 양산을 들고 있는 등 완전히 서양풍으로 치장했다. 양산이 유행하게 된 것은 장옷이 사라지면서부터였다. 당시 여성들은 거추장스러운 장옷을 내던졌지만, 여전히 얼굴을 다 드러내놓고 거리를 오갈 수 없어 장옷 대신 양산으로 얼굴을 가렸다.

삼았다. "학사 박사도 필요하고 미국 졸업생, 영국 기타 외국 졸업생도 다 필요치 않은 바는 아니지만 특히 우리 조선에 있어서는 그런 고상한 교육보다도 보통교육이 널리 보급되어 무슨 일을 하든지 조선 사람 자력으로 하는 것이 필요하다고 생각한다"라고 한 차미리사의 말에서도 알 수 있듯이, 식민지 조선의 실정에서는 소수 엘리트 계층을 대상으로 하는 고등교육보다는 되도록 교육의 기회를 넓혀 일반 대중에게도 혜택이 돌아가게 하는 보통교육이 더 시급하다는 것이 그녀의 지론이었다. 그녀가 가정부인들의 참담한 교육 현실에 눈을 돌린 것도 이 때문이었다.

보통교육과 함께 차미리사가 역점을 두었던 교육은 직업을 얻는 데 실질적 도움을 줄 수 있는 실업교육이었다. 그녀는 경제적 무능 상태에 놓여 있었던 여성들이 스스로 자신의 운명을 개척해 나갈 수 있도록 일인일기(一人一技)의 실업교육이 여성교육의 중심이 되어야 한다고 주장했다. "나의 포부는 조선의 전문학교나 대학교를 설립하여 학사, 박사를 양성하자는 것도 아니오, 그렇다고 안방구석에서 남자의 노리개 노릇할 소위 현모양처를 기르고자 함도 아니라, 실지로 생활상에 필요한 기술을 가르쳐 여자로 하여금 상당한 직업을 가지게 함에 있습니다"라는 차미리사의 말은, "여자의 해방은 여자가 자신의 직업을 가지고 자기의 생활을 스스로 지배할 수 있을 때 비로소 가능"하다는 그녀의 평소 소신에서 나온 것이었다. 차미리사가 근화여학교 내에 양복과, 사진과 등을 설치해 여성의 사회활동을 뒷받침했던 것도 이러한 신념을 실천에 옮긴 결과였다.

시대의 흐름을 선도한 여성들

지금까지 살펴보았듯이 20세기에 들어와 봉건적 가부장제의 지배와 전제로부터 벗어나 근대 지식과 교양을 익힌 새로운 유형의 여성들이 시대의 흐름을 선도하며 활발한 사회활동을 벌였다. 1921년 『동아일보』의 칼럼 '신진 여류의 기염'란에 글을 기고한 일군의 여성들은 그 대표 주자들로, 이들은 신현모양처론, 성해방론, 여성교육론 등의 다양한 여성 담론을 통해 남녀평등과 여성의 사회적 지위 향상을 논하였다. 그러나 봉건적 가부장제의 인습과 제도가 여전하고 일제의 지배와 민족적 저항이 착종된 강점기를 살아가며 그들 중 일부는 부정적 평가와 일방적 매도 속에 파국을 맞았고, 또 일부는 제국주의에 동화되어 갔다. 그래도 차미리사처럼 또 일부는 끝까지 저항하며 신념에 대한 초심을 잃지 않았다. 다양한 여성 담론 속에 차미리사는 교육을 통해 여성의 자각 및 자립 능력을 배양시켜야 한다는 여성교육론을 앞장서서 주창했다. 소수 엘리트가 아닌, 문맹 상태에서 억압과 속박 속에 고통 받던 조선의 대다수 부녀들에게 폭넓은 교육의 기회를 제공하여 그들에게 자유, 평등이라는 새 생명을 주고 이로써 민족의 독립을 맞으려 일생을 헌신했던 이가 바로 차미리사였다.

김정신　연세대학교 연구교수

특집 신여성의 등장

우리나라에서 신여성은 1920년대 이후 눈에 띄게 등장한다. 신여성은 한국에만 있었던 현상은 아니다. 이미 19세기 말부터 20세기 초 신여성의 등장은 세계적인 추세였다. 1890년대 대중잡지를 통해 부각되었던 '신여성'이란 용어는 1894년 미국의 문필가 세라 그랜드(Sarah Grand)가 처음 사용했으며, 곧바로 영국 문필가들 사이에서도 널리 쓰였다. 신여성이란 박애주의 성격의 사회봉사에 적극 동참하고, 자신의 소득원을 가질 뿐 아니라 경우에 따라 진보적 견해를 나타내는 젊은 여성을 가리켰다. 외형상 신여성들은 '깁슨 걸(gibson girl)'과 '플래퍼(flapper)' 스타일로 구분할 수 있다. 깁슨 걸이 제1차 세계대전 이전의 제1세대 신여성 스타일이었다면, 전쟁 이후 등장한 플래퍼는 짧은 단발의 파격적이고 자유로운 태도를 지닌 여성 스타일이다.

단발머리를 한 고명자, 주세죽, 허정숙(왼쪽부터)
단발머리를 한 세 여자가 개울물에 발을 담그고 있다. 이 세 여인은 고명자, 주세죽, 허정숙으로 당시 사람들에게는 굉장히 파격적인 모습이었다. 그만큼 단발은 시대를 앞서가는 과감한 행동으로 평가되었다.
(『이정박헌영전집』 9)

신여성의 등장은 서양이나 한국이나 여성운동가들과 긴밀한 관계를 지닌다. 교육을 받고 의식적으로 깨어 있는 여성들이 구습의 모순을 지적하고 여성의 권리를 외치던 시기에 신여성이 등장했기 때문이다. 특히 19세기 말은 서양의 여성운동가들이 참정권을 얻기 위해 왕성한 활동을 하던 때로, 사회에 대항해 싸웠던 여성들은 의식뿐만 아니라 외형면에서도 집안에 갇혀 있던 여성과는 달랐다. 의상과 머리 모양은 신여성을 구분하는 시각적 기준이 되었다.

한국의 경우, 3·1운동을 계기로 민족적 자각 속에 여성들의 사회활동이 전개되면서 신여성들이 주목을 받았다. 한국 여성의 중등학교 진학률이 1912년 0.004퍼센트, 1921년 0.013퍼센트에 불과한 때 외국에서 유학을 하거나 한국에서 교편을 잡을 정도의 교육을 받은 신여성들은 민족해방과 여성권익을 위해 여성운동을 펼쳐갔다. 고등교육의 혜택을 누린 신여성들의 외형적 모습은 보통 여성들과 달랐다. 이들이 받아들인 서구식 복식이나 머리 모양은 파격을 추구했다기보다는 간편하고 기능적인 스타일을 선호한 것이라고 보는 편이 타당하다. 단발은 한국에서 신여성을 구분하는 외형의 하나였다. 신여성이라고 모두 단발을 감행한 시절이 아니던 1920년대에 단발은 사회주의 계열의 간부들 사이에서 먼저 시작되었다. 허정숙, 주세죽(朱世竹), 심은숙(沈恩淑), 조원숙(趙元淑) 등은 과감히 단발하면서 유명세를 탔다. 이들에게 "비녀쪽은 남녀의 성관계를 노골화한 구시대의 유산이요, 시간을 낭비시키는 적(敵)"으로 비쳐졌다고 최은희는 전한다. 여성의 단발에 대한 거부감은 1930년대에 서양영화가 보급되면서 점차 줄어들었다. 영화에 등장하는 배우의 패션이 한국 여성의 외양에 영향을 주었고, 덕분에 여성미용을 위한 전문 미용실이 자리를 잡을 수 있었다.

조선여자교육회의
여성 회원들

여성교육의 태동

1920년 2월 19일 경성 시내에서 이름을 떨치던 몇 명의 여성들이 단체를 만들기로 결의한다. 이날은 3·1운동이 발발한 해의 음력 섣달 그믐날이었다. 3·1운동으로 형성된 독립을 향한 열정과 민족적 각성을 촉구하는 분위기 속에 그해가 가기 전, 뜻 맞는 여성들이 모임을 가진 것이다. 여기에 모인 여성들에게는 목적이 있었다. 이들은 무엇보다 조선 가정부인들의 무식함에 애통해하며 공부할 기회를 잃고 가정에 몸이 매인 여성들을 위해 교육을 보급하고자 했다. 이를 위해 창립한 단체가 조선여자교육회이다. 조선여자교육회 회장은 차미리사였다. 부회장은 김선, 총무는 방신영이 맡았다. 그리고 사회부, 경리부, 교육부, 편집부 네 개의 부로 나누어 각각 부장을 정했다. 조선여자교육회는 처음에 10여 명의 회원으로 구성된 단체였지만, 회원이 증가하면서 1년 후에는 무려 100여 명에 이르는 여성 조직이 된다. 1922년 1월 24일에는 정식단체로 인가받아 조선여자교육협회로 명칭을 변경한다.

조선여자교육회가 한국의 여성교육을 외친 최초의 여성 조직은 아니다. 한국 최초의 여성단체는 1898년 개화기 여성의 권리를 주장한 '찬양회(贊襄會)'이다. 여성의 권익을 찾기 위해 가장 시급한 것이 교육이라고 보았던 찬양회는 여성계몽사업과 관립여학교 설립운동을 했다. 비록 관립여학교 설립이라는 결실을 얻지는 못했지만, 찬양회는 자체적으로 여성교육기관인 순성여학교(順成女學校)를 만들게 된다.

찬양회 이후에도 여성단체는 계속 등장했다. 1905년 을사늑약을 계기로 국권회복운동을 전개하는 과정에서 여성단체들이 출현했지만, 여성단체 등장의 분수령은 3·1운동이었다고 할 수 있다. 3·1운동의 전개 과정에서 대한민국애국부인회, 대한애국부인회 등 단체들이 결성되었다. 그리고 1920년대 접어들면서 여성 조직들은 그동안의 운동 경험을 바탕으로 각기 자신들의 입장에서 민족해방의 문제를 바라보고 사상적으로 무장해갔다.

3·1운동 이후의 여성단체들은 크게 둘로 구분된다. 하나는 남성과의 인격적인 평등을 전제로 교육을 통해 여성들도 능력을 발휘하도록 하자는 입장이다. 이런 입장의 단체들은 민족주의적이며, 개

량적이고 점진적인 여성해방을 추구했다. 이와 달리 혁명적·급진적 방법의 여성해방론을 주장하는 여성단체들도 있었다. 자본주의 이념을 부정하고 사회주의 사상을 수용해 여성해방을 무산계급의 해방운동으로 보려는 입장이다. 조선여자교육회는 전자에 속한다. 조선여자교육회는 국권회복과 여성권익의 신장이라는 관점에서 여성교육의 필요성을 제기하며 만들어진 단체였다. 1920년에 조직된 조선여자교육회는 1922년 조선여자청년회, 1923년 반도여자청년회와 함께 3·1운동 이후 여성 계몽교육을 선도한 경성의 대표적 단체로 손꼽힌다.

이 당시 여성의 교육이 생소했던 것은 아니다. 이미 1895년 공포된 개화기 소학교령을 통해 남녀 아동에게 취학의 기회가 주어졌고, 다른 한편 한국에 들어온 선교사들이 부인과 소녀들을 개종시키고자 학교를 설립해 교육을 제공하고 있었기 때문이다. 예를 들어 이화학당(1886), 정신여학교(1887), 정의여학교(1894), 배화여학교(1898) 등은 기독교 선교사들이 설립한 학교들로 그 수는 1900년 이전에 9개에 달했고, 1908년에는 29개에 달할 만큼 급증한다. 그러나 소학교나 선교사가 세운 학교에 다닌 여학생은 극소수였다. 대부분의 여성들은 학교교육과 거리가 멀었으며, 문맹률은 1930년대만 해도 90퍼센트를 넘었다.

'가정에서 귀먹고, 눈멀고 벙어리 된 자매들을 그 비참한 운명에서 구하고자' 했던 조선여자교육회에서는 부인야학강습소를 운영했다. 여성 대중을 계몽하고 교육하는 데 그 목적을 두었던 여러 여성단체들이 추진했던 사업 방식의 대표적인 활동이 야학과 강연회였기 때문에, 조선여자교육회의 야학 운영이 특별한 것은 아니었다. 여자 야학 만해도 1910년 이후 1930년에 이르기까지 약 635개에 달했고, 이 가운데 591개가 1920년대에 세워졌다. 그럼에도 조선여자교육회의 부인야학강습소가 의미 있는 이유는 야학이 성공적으로 운영되면서 그 명맥을 여학교로 이어갈 수 있었다는 데 있다.

조선여자교육회의 주축 멤버

조선여자교육회에서 활동한 여성들은 신여성이라 불리던 사람들이다. 신여성은 일정한 교육을 받아 근대문명을 접했던 계몽된 여성들로, 기존 여성들과는 달리 지식 면에서 그리고 겉으로 드러나는 모습에서 새로운 여성상을 보여주었다. 이들은 '구여성'과 반대되는 '신여성(new women)' 혹은 '모던 걸(modern girl)'이라 불렸다.

조선여자교육회를 결성했던 여성들은 선교사가 세운 학교를 졸업했거나, 선교사의 주선으로 미국과 일본 등지로 유학을 다녀왔거나, 혹은 기독교계 학교에서 교사로 재직한 경험이 있는 당대 손꼽히는 엘리트들이었다. 회장인 차미리사는 상동교회에서 근대문명을 접하고, 선교사의 소개로 중국 쑤저우(蘇州)에 있는 남감리교 계통의 버지니아 여학교(Virginia School)와 미국 미주리(Missouri)에 있는 스캐리트 성경학원(The Scarritt Bible and Training School)에서 수학했고, 귀국해서는 배화학당에 재직했다. 부회장 김선은 고베(神戸) 신학교 출신이며,

총무 방신영은 정신여학교를 졸업하고 교편을 잡았던 인물이다.

조선여자교육회 임원진이었던 차미리사, 김선, 방신영 외에 사회부, 경리부, 교육부, 편집부를 맡은 임원과 회원 명단은 확인하기 어렵다. 그러나 남아 있는 자료를 통해 조선여자교육회에서 진행한 여러 활동에 적극적으로 참여한 여성들이 있었음을 알 수 있다. 이를테면 조선여자교육회 행사에 인기 연사로 등장하는 유각경, 강연의 흥을 돕고 조선여자교육회에서 발행한 잡지에 글을 썼던 허정숙, 그밖에도 전국순회강연단에 이름을 올린 여러 청년 여성들이 있다. 이들은 '제1세대 근대여성' 혹은 '신여성의 선구자' 등으로 분류되는 회장 차미리사와 세대가 달랐지만, 이들 모두 식민지 시기 시대 인식을 공유하고 민족해방을 위해 여성운동에 앞장섰던 신여성들이었다. 잘나가는 신여성들이 조선여자교육회에 관여하고 있다는 점은 주변의 관심을 받기에 충분했다.

여성계몽을 위한 다양한 활동들

조선여자교육회는 여성계몽과 새로운 지식 교류를 위해 강연회와 토론회를 자주 열었다. 가끔 특별 강연회를 개최해 남녀를 불문하고 방청을 허락하기도 했다.

온전히 여성 스스로 여성을 위한 강연회가 처음 열린 때는 1920년 4월 12일이었다. 종다리 예배당에서 열린 조선여자교육회 주최의 이 강연회에는 총무 방신영과 이화학당 대학과 졸업 예정 학생인 홍애시덕(洪愛施德), 배화학당 교사 이숙정이 연사로 나왔고, 백경애의 바이올린 독주가 있었다. 1920년 6월 11일에는 종로 중앙청년회관에서 특별 대강연회가 열렸다. 원래는 6월 5일에 예정되어 있던 강연이었는데 당일 남녀 방청객들이 몰려들어 강연장이 아수라장이 되자 6월 11일로 연기된 것이었다. 이날 열린 대강연회에는 신양무의 연주 후, 유각경과 홍은희(洪恩喜), 권애라가 연사로 나왔다. 연사들이 하나같이 강조한 점은 여성교육이었다. 여성교육을 표방하는 조선여자교육회 주최 강연이니 당연했다. 그러나 강연자들의 무대 매너는 각기 달랐다. 방신영은 얌전하고 차분한 태도로 수줍은 듯 머리를 갸웃하면서 모기만 한 소리로 연설했다. 반면 뱅글뱅글 웃으며 관객을 둘러보는 여유를 가진 유각경은 '조선 여자의 급선무'는 교육이라고 주장하며 열정적인 무대를 보여주었다. 유각경에 뒤지지 않은 연사는 '잘 삽시다'라는 주제로 쾌활하고 웅장하게 연설했던 권애라였다.

　조선여자교육회에서는 정기적으로 토론회도 열었다. 토론회 역시 강연만큼이나 청중들의 환호를 받았다. 한 주제를 갖고 의견이 다른 여성 토론자들이 벌인 열띤 논쟁은 '꽃 같은 처녀의 불 같은 혀'를 보는 듯했다. 1920년 5월 1일에 승동교회에서 열린 여자 토론회에 조선여자교육회 부회장 김선, 배화학당 교사 이숙정을 비롯해 동아부인상회의 정송자, 개성 호수돈여학교 학생 이봉근(李鳳根)이 토론자로 나섰다. 이 토론회장은 여학생은 물론 아이를 품에 안은 어머니, 할머니 등 150여 명의 여성 청중으로 성황을 이루었다.

여성교육을 진흥시키고 여성의 각성을 촉구하기 위해 조선여자교육회는 잡지를 발행했다. 『여자시론』은 순전히 한글로 구성된 기관지였다. 1920년 1월 창간된 『여자시론』을 조선여자교육회가 인수하여 2호부터 발행했는데, 기관지로서 『여자시론』의 생명은 짧았다. 5호까지 발간되고 6호 발간을 앞둔 1921년 발매 금지를 당했기 때문이다. 단 몇 호만 발행된 『여자시론』에 자주 등장하는 필자는 허정숙이다. 「현금 조선부인의 책임」이란 글(3호)을 비롯해 「여자계에 재난이 나타남」(4호), 「여자들아 일하라」(5호)가 허정숙의 글로 확인된다. 이외에 유각경의 강연 내용을 글로 옮긴 것으로 보이는 「여자사회의 급무」(5호)가 실려 있다.

조선여자교육회가 여성교육을 강조하며 운영한 부인야학강습소는 1920년 4월 19일에 종다리 예배당에서 시작되었다. 부인야학강습소의 학생은 18명으로 시작했으나 1년 후에는 170여 명이 공부할 정도로 야학은 성공적이었다. 야학의 성과는 창립 1주년 행사에서 확인되었다. 1921년 5월 19일 밤 중앙기독교청년회관에서 열린 기념회에는 40세가 넘은 부인이 갓 깨우친 한글로 교과서를 읽었고, 30세가량의 부인은 영어책을 읽어 내려갔다. 집안에 갇혀 있던 부인네들의 변화된 모습은 500여 명의 남녀 방청자들에게 감동을 전하기에 충분했다. 이들과 달리 풍부한 지식들을 거침없이 쏟아내던 김활란의 강연과 기념회장에 울려 퍼진 송애경과 허정숙의 피아노 연주, 그리고 이화학당 교사 임배세의 독창 등도 1주년 행사의 볼거리였다

부인야학강습소가 성공할 수 있었던 데에는 조선여자교육회의

임원을 비롯한 회원들의 헌신적인 노력이 있었다. 야학 운영에 필요한 교사들은 재능기부로 충원되었다. 교사들은 상당한 교육을 받은 기독교계 여성들로, 낮에는 가정이나 직장에서 일하고 저녁에는 야학에서 자원봉사를 했다. 무보수임에도 '시간에 늦는 선생은 없었다'고 한다. 교사들 중에는 전국순회강연단에 참여해 조선의 구가정에 신문화를 보급하고 여성해방을 외친 이들도 있었다.

차미리사를 단장으로 한 순회강연단에는 이은, 백옥복, 김순복, 김은수, 허정숙 등이 있었다. 1921년 여름방학을 이용해 지방을 도는 조선여자교육회의 전국순회강연단 활동은 당시 학우회 강연단, 고학생 강연단처럼 여름 휴가를 이용해 학교교육을 받지 못한 남녀노소에게 계몽을 꾀한 문화운동의 하나로 손꼽힌다. 그러나 무엇보다 조선여자교육회의 순회강연단은 순전히 여성들로 이루어진 조직이었다는 점에서 주목받을 만했다. 1921년 7월 5일 1회 서울 강연회를 마치고 7월 9일 서울역을 출발, 개성을 시작으로 9월 29일까지 열차와 배, 자동차를 타고 67곳을 다녔으니, 대담한 여성들이 아닐 수 없다.

그 대담함은 조선여자교육회의 학생 회원들도 마찬가지였다. 이들은 여학생들로만 구성된 순회공연단을 꾸려 지방을 돌며 공연했다. 차미리사, 윤근(尹槿) 외에 공연단 단원에는 조원숙, 김복진, 한애란, 김효신, 김태원, 이운순, 나정옥, 이리다(李利多)가 있었다. 조선여자교육회의 건축비를 마련하기 위해 1923년 11월 19일부터 12월 25일까지 40여 곳을 돌아 무용, 음악, 연극 등을 공연하면서 이들이 모은 기부금은 약 5000원에 달했다. 당시로서는 집 한 채를 살 수 있을

조선여자교육협회 연극단 일행
1923년 11월에 떠난 연극단은 순전히 조선여자교육회의 여학생들로만 이루어진 연극단이었다. 이들은 건축비를 마련하기 위해 지방 순회공연을 떠났다. 공연은 매회 성황을 이루었고 이들이 모은 기부금은 5000원에 달했다. (『동아일보』 1923년 11월 7일자)

정도의 큰 금액이었다.

초기 회원들의 더 넓어진 사회활동

조선여자교육회는 사회적 이슈에도 적극적으로 동참했다. 1922년 개최될 워싱턴 군축회의에서 우리 임시정부 대표가 발언할 기회를 얻으려는 움직임이 있을 때였다. 이를 위해 한국의 여러 단체들이 청원서에 서명했는데, 조선여자교육회에서는 차미리사와 백옥복이 대표로 서명했다.

조선여자교육회의 활동은 안팎으로 잘 굴러가며 사회적 관심을 받았다. 그러나 1925년에 이르면 창립 때에 비해 사회적 이목이 줄어든다. 조선여자교육회의 교육사업은 야학에서 근화여학교로 발전해갔지만, 단체 자체는 유야무야로 흩어져 회원들이 자주 모이지 못하는 형편이 되었기 때문이다. 왜 그랬을까? 조선여자교육회 회원들 간의 마찰이 있었던 것일까? 아니면 단체를 이끌어갈 원동력이 부족해서였을까? 그 답은 조선여자교육회를 만들었던 초기 여성 회원들의 열정적인 사회활동에서 찾아볼 수 있다.

1920년대에는 여러 여성단체들이 설립되던 시기였다. 조선여자교육회를 비롯해 1922년 조선여자기독교청년회연합회(YWCA), 1923년 조선여자기독교절제회, 1924년 조선여성동우회, 1925년 경성여자청년동맹과 경성여자청년회, 1926년 중앙여자청년동맹 등 민족주의 계열부터 사회주의 계열의 단체까지 여러 여성 조직이 등장했다. 이 단체들은 서로 다른 사상적 기반에 서 있으면서도 1927년에는 3·1운동 정신으로 대동단결을 꾀하는 근우회를 결성하기에 이른다. 이러한 여성단체를 결성하여 사회운동을 전개하던 주요 여성들 중에는 이미 조선여자교육회에서 활동 경험을 갖고 있던 사람들이 있었다. 이들이 여러 단체로 분산되어 활동하다보니 자연스레 조선여자교육회 자체의 모임은 줄어들 수밖에 없었던 것이다.

예를 들어보자. 1922년 3월 조선여자교육회에서 모임을 갖고 조직된 YWCA는 차미리사, 김선, 방신영, 유각경이 발의해 만들어졌다. 조선여자기독교절제회에서는 유각경, 김선, 홍애시덕이 활동했다. 한국 최초의 순수한 여성해방운동을 목표로 한 조선여성동우회에는 허정숙, 조원숙이 있었다. 그리고 이들은 1927년 근우회에서 다시 모였다. 1927년 4월 16일 조선일보사 2층에서 열린 여자 유학생 친목회 자리에서 발기된 근우회는 다음 달인 5월 27일 창립했다. 발기인으로 참여한 최은희에 따르면, 당시 '근우회'라는 이름은 유각경이 제의했다고 한다. 약 41명의 근우회 발기인 가운데 조선여자교육회에서 활동했던 인물을 찾아보면, 유각경을 비롯해 차미리사, 김선, 방신영, 김순복, 조원숙, 허정숙, 홍애시덕 등이 있다.

이외에도 1920년대 눈에 띄는 활동을 한 인물들이 있다. 조선여자교육회에서 주최한 강연회의 연사였던 권애라는 1922년 소련에서 개최된 극동인민대표대회에 참여한 52명의 한국 참가자 중 한 명이었다. 조선여자교육회에서 무상으로 진행하던 야학 교실이 문을 닫고 여학교로 발전하고 있을 무렵인 1927년 방신영은 정동주일학교에 부인직업소를 설치해 무상으로 가정부인에게 경제적 독립의 길을 제공하고 있었다.

이와 같이 다양한 영역에서 활동하던 여성들은 신여성으로서 사회의 주목을 받았다. 조선여자교육회의 부회장 김선은 연단에 올랐다 하면 말 잘하고 쾌활한 성격으로 인기를 끌었다. 청년들에게는 '입 큰 처녀'라는 뜻의 '대구(大口) 처녀'로도 불렸던 김선은 고등공업학교 이원식(李元植)과의 강렬한 연애사건으로 회자되었다. 결혼 후에도 김선은 아이를 업고 근우회 회관에 드나드는 열정을 보였다고 한다.

한편 조선여자교육회의 학생으로 순회연극단원이던 조원숙은 조선여성동우회에 들어가 투사가 되었다. 그녀는 단칼에 머리카락을 자른 단발여인으로도 유명했다. 조원숙은 유학생 양명(梁明)과 결혼 후 사회주의자 검거 열풍에 쫓기는 신세가 되어 어린아이를 안고 남편의 고향인 통영으로 내려가 시집살이를 했다. 이런 조원숙의 모습은 긴치마에 고무신을 신은 영락없는 시골 아낙으로, 신여성의 외형은 찾을 수 없었다. 결혼 후 잊혀가던 김선과 조원숙의 소식을 다시 접하게 된 때는 1930년대 초였다. 이때 근우회는 해체될 위기에 있었고, 일본의 탄압으로 여성들의 조직적 운동은 한계에 봉착해 해외로 나가거나 친일 관제 단체활동으로 변질되기 시작했다.

여성해방을 넘어 민족해방의 일선으로

식민지 시기 조선여자교육회에서 활동한 여성들은 해방 후 무엇을 하고 있었을까? 10년이면 강산이 변한다고 한다. 조선여자교육회를 설립한 해로부터 강산이 두 번이나 바뀔 만큼의 세월이 흘러 해방을 맞이한 후 조선여자교육회의 회장 차미리사는 한국애국부인회, 독립촉성중앙부인단, 민주주의민족전선 등에 이름을 올리게 된다. 김선은 대한여자국민당의 부위원장으로 활동한다. 조선여자교육회 총무였던 방신영은 조선 요리학계의 권위자로서 이화여자대학교 교수로 재직했다. 유각경은 한국애국부인회와 독립촉성중앙부인단, 독립촉성애국부인회 등에서 활동한다.

반면 중국에서 항일운동을 벌이고 있던 허정숙의 해방 후의 모습은 조선로동당 중앙위원회에서 포착된다. 조원숙은 사회주의 계열에서 활동하는 건국부녀동맹의 집행위원으로 경찰의 감시를 받았다. 조선여자교육회에서 활동하던 여성들은 사반세기 후 여성계몽과 여성해방을 뛰어넘어 정치 영역에서 각자의 역량을 발휘하고 있었다. 식민지 시기 구습과 무지에 대항하여 여성의 권익을 위해 활동했던 한국의 신여성들은 3·1운동의 정신을 이어 민족의 해방을 위해 싸워야 했다. 이제 해방 후 이들의 행방을 보면, 냉전이라는 세계정세 속에서 또 다시 굴곡을 겪게 될 것임을 추측할 수 있다.

한해정 덕성여자대학교 사학과 강사

2부

야학강습소에서
근화여학교로

들어가며

정규교육기관으로 승격된 근화여학교

근화학원의 전환점이 된 안국동

근화여학교는 1920년 조선여자교육회 산하 부인야학강습소에서 출발했다. 이 야학강습소는 1923년 주·야학을 겸비한 근화학원을 거쳐, 1925년에는 어엿한 여학교로 승격한다. 근화여학교라는 명칭은 1935년 근화여자실업학교로 전환할 때까지 유지하는데, 야학 이후 학교 명칭의 변화는 학교를 이끌어가는 차미리사의 끊임없는 도전을 그대로 보여준다.

도렴동 종다리 예배당 한 편에서 시작한 조선여자교육회 야학은 자기 손으로 편지 한 장 쓸 줄 모르는 아낙네들의 갑갑함을 풀어주기 위한 목적으로 열렸다. 15~40세 여성을 대상으로 한 수업은 일주

일에 나흘, 아낙네들이 하루를 마감하는 저녁에 두 시간씩 진행되었다. 학생에게 필요한 책과 붓, 먹은 무료로 나눠주었고, 토요일 밤에는 음악회를 열었으니 인기가 없을 리 없다. 1920년 4월 19일 10여 명의 학생으로 시작한 야학은 한 달 새에 120여 명으로 늘어났고, 멀리 용산에서도 밤길을 오가는 학생이 있을 정도로 그 인기가 폭발적이었다.

야학이 인기가 올라갈수록 생기는 문제는 경제적 어려움이었다. 이 문제를 해결하기 위해 조선여자교육회 회장 차미리사는 사회에 후원을 호소했다. 그 방법은 단순히 손을 벌리는 것이 아니고, 강연회를 열어 기부금을 받는 것이었다. 차미리사는 서울에서 다양한 주제로 일회성 강연회를 여는 것은 물론이고 여성 순회강연단을 꾸려 전국 각지를 돌았는데 그로부터 얻은 후원은 성공적이었다. 덕분에 조선여자교육회는 1921년 서울 종로구 청진동에 자체 회관을 갖게 되면서 더 이상 예배당을 빌릴 필요가 없었다. 1922년에는 왕실의 왕세자비가 금일봉을 하사하기도 했다. 이에 너무도 황송하여 차미리사가 감사함을 이기지 못했다고 전해진다. 왕실에서 준 금일봉과 전국 각지에서 모은 후원금을 기반으로 1923년에는 이름 없던 야학강습소에 '근화학원'이란 이름을 붙이고 야학뿐 아니라 주학(晝學) 과정의 학생을 모집하기에 이른다.

1920년대에 조선여자교육회처럼 후원금을 모집하는 단체들은 많았다. 자선단체나 공익단체들이 늘어나 잘사는 조선인에게서 누가 가장 많은 돈을 뜯어내는지 서로 경쟁하던 때가 이 시기였다. 단체

발기인 가운데는 정직하지 못한 사람들이 제법 많아, "조선인은 기부했다가 쓸데없이 돈만 축내고 마는 꼴을 당하려 하지 않는다"라고 윤치호(尹致昊)는 자신의 일기(1921년 5월 5일)에서 한탄하기도 했다. 이런 입장의 윤치호가 근화여학교와 근화여자실업학교에 든든한 후원자였다는 점, 그리고 훗날 자신의 늦둥이 아들을 근화학원 산하 유치원에 보냈던 점은 학교 운영자인 차미리사에 대한 신뢰가 있었음을 말해준다.

근화학원이 1924년 12월 19일 지금의 덕성여자고등학교가 자리한 안국동으로 이전한 것은 든든한 후원자가 나섰기 때문에 가능했다. 심훈(沈熏)의 형이자 언론인으로 알려진 심우섭(沈友燮)이 안국동 37번지에 세운 낙천사(樂天舍)라는 학생 기숙사를 제공했던 것이다. 심우섭의 친구이자 의사인 김상용(金尙用)도 거금을 쾌척하면서 근화학원은 안국동으로 넓혀갈 수 있었다. 안국동 이전은 학교 역사에 새로운 전환점이 되었다. 주·야학을 겸비한 근화학원은 이때까지의 제도를 혁신하여 1925년 8월 29일 각종(各種)의 근화여학교로 인가받을 수 있었다. 보통과 외에 고등과가 개설되어 300여 명의 학생을 수용하는 주학 전용의 여학교가 되자, 차미리사는 고등보통학교로 인가받을 포부를 갖는다.

다양해지는 여성교육

조선여자교육회에서 야학을 열었을 때 염두에 두었던 목표는 학교 다닐 나이를 넘긴 부인들에게 교육의 기회를 주는 것이었다. 초기 야학에서는 성경, 조선말, 산술, 영어, 일어, 도화 등을 배웠지만 1922년에 상업과를 두면서 학생들은 보통학교 졸업 수준의 상업 지식을 배울 수 있었다. 그리고 근화학원이란 이름을 갖게 되면서 이 상업과를 수학한 학생들은 1924년 첫 졸업증서를 받게 된다. 상업과 외에 여성의 직업교육을 위해 만든 양복과가 있었으며, 안국동으로 이사한 후에는 6개월 속성 과정의 사진과와 기예과가 개설되었다. 이 같은 특별과 설치는 차미리사의 여성의 권익 향상에 대한 생각이 반영된 것이다. 그녀는 여성이 직업을 가져 경제력을 키우고 자립하는 것이야말로 여권 향상을 위한 주요 방법 중 하나라고 보았다. 남

가정부녀의 배울 곳, 안국동 근화학원
1924년 12월 근화학원은 낙천사로 이전한다. 이 기사는 1925년 근화여학교로 인가받기 전, 안국동으로 옮긴 근화학원을 소개하면서 조선여자교육회의 그간의 이력과 안국동으로 옮긴 이후 확장된 수업 과정들을 자세히 소개하고 있다. (『동아일보』 1925년 3월 20일자)

성이 주는 해방과 자유가 아니라 여성이 교육을 통해 인격을 완성하여 스스로 해방과 자유를 얻어야 한다는 차미리사의 생각이 엿보이는 부분이다.

한편 근화학원에는 음악과와 영어과처럼 당시 일반 여성에게는 호사스러워 보이는 학과들도 있었다. 음악과와 영어과는 근화여학교가 되면서 더욱 확장되었고, 독일어, 러시아어, 일본어 등을 가르치는 외국어강습소 개설을 계획하기도 했다. 이러한 시도들은 여성들을 위한 전문적인 교육을 추구하려는 의도로 비쳐진다. 음악과의 경우 배화여학교 고등과와 이화여자고등보통학교를 졸업한 학생들이 입학했다. 이들은 1926년 3월 음악과 제1회 졸업생이 되었다. 하지만 아쉽게도 영어과와 음악과는 길게 존속하지 못해 영어과는 1920년대 후반까지, 음악과는 1930년대 초까지만 유지되었다. 근화여학교에는 실력 있는 교사들이 있었는데, 교사들 가운데 1932년 음악과에 초빙된 숙명여자고등보통학교 출신의 도쿄 유학생 유수만(劉壽萬)은 음악과가 폐지된 후에도 덕성여자실업학교 시절까지 교사로서 인연을 이어갔다.

근화여학교의 본과 과정은 보통과와 고등과였다. 보통과 6년, 고등과 4년 과정이던 당시 학제와 달리, 근화여학교에서는 이 과정을 속성으로 마칠 수 있었다. 속성 과정임에도 근화여학교에 입학생이 꾸준히 들어온 까닭은 1920년대 여성교육에 대한 열망이 높아져간 데서 찾을 수 있다. 경성으로 모여드는 수많은 학생들은 입학시험에 떨어지면 1년을 기다릴 수밖에 없었다. 교육 수요에 비해 학교 수는 턱없이 부족했고, 이로 인해 입학난은 점점 커져갔다. 근화여학교는 보통과는 만 10세, 고등과는 만 12세 이상의 여성으로 일정 시험만 통과하면 미혼·기혼을 불문하고 입학할 수 있었다. 속성으로 가르친다고 대충은 없었다. 오히려 속성이었기 때문에 과정을 마치기 위한 학생들의 노력과 교사들의 열정은 더욱 빛났다. 1935년 2월 근화여자실업학교로 변경될 때까지 배출된 졸업생 수는 500여 명으로, 보통과 360명 고등과 141명이었다. 보통과 졸업생 다수가 고등과로 진학했고, 고등과 졸업생들은 결혼하거나 상급학교로 진학했다. 1927년 3월 5일 『조선일보』 기사에 의하면, 고등과 1회 졸업생 12명 가운데 절반은 가정으로 돌아갔고, 나머지는 유치원사범학교, 의학전문학교, 고등여학교로 진학했다.

근화여학교 학생들의 교내·외 활동

근화여학교에는 '근화학우회(槿花學友會)'라는 학생 조직이 있었다. 근화학우회는 근화여학교로 인가받기 전인 1923년부터 이어져온 조직이었다. 근화학우회에서는 연극 공연과 음악회를 열어 기금을 모아 학교 운영에 보태기도 했다. 차미리사는 이런 근화학우회를 '근화의 생명'이라고 높이 평가했다. 근화학우회는 학내 문제뿐 아니라 학교 밖으로 눈을 돌려 여성들에게 부업이 될 만한 기술을 알려주는 편물 강습을 열기도 했고, 구제가 필요한 이들을 위해 의복을 만들어 동정금을 모으기도 했다.

근화여학교 학생들은 사회문제에도 적극적으로 발언했다. 그것은 학생운동에서 확인할 수 있다. 광주학생운동을 기점으로 전국적으로 시위가 확대되던 1930년 1월 근화여학교 300여 명이 만세시위를 벌인 사건이 있다. 한편 교사를 권고사직한 문제로 불거진 학교의 경영방침에 대항한 동맹휴학은 자기 목소리를 낼 줄 아는 능동적인 학생들의 모습을 보여준다.

근화여자실업학교로 전환

근화여학교로 승격된 후 고등보통학교 인가를 받으려 했던 차미리사는 계획을 바꿔 1932년 실업학교 전환을 꾀한다. 『신동아』에 소개된 것처럼, '글자나 배워서 무엇 하느냐? 글자가 밥을 주고, 책이 집을 주는 것은 아니다. 생활 안정을 위한 실제적 교육이 아니면 조선을 위한 참된 가르침이 아니다'라는 차미리사의 깨달음이 있었던 것이다. 이때부터 준비한 실업학교 전환은 마침내 1935년 근화여자실업학교 인가로 이어졌다. 그리고 일제의 탄압 속에 '근화'라는 학교명이 불온하다는 이유로 교명을 바꿀 처지에 놓이게 되자, 근화여자실업학교는 1938년 10월 14일 '덕성'으로 교명을 바꾸어 덕성여자실업학교가 된다.

한해정 덕성여자대학교 사학과 강사

1 근화여학교의 성장과 함께한 사람들

더기서이

빈손으로 시작한 학교

사업을 하려면 꼭 필요한 것이 무엇일까? 비영리단체든 아니든 설립 자본은 필수 요건이다. 그런데 근화여학교 설립자이자 교장인 차미리사는 처음부터 빈손이었다. 차미리사를 두고 그처럼 '돈 구걸 잘하는 이는 전 조선을 통하여 없을 것이다'라고 할 정도로 그녀가 자본금 하나 없이 교육사업을 시작했다는 것은 널리 알려져 있다. 하지만 차미리사에게는 교육을 통해 여성들에게 자립의 힘을 주겠다는 경영철학과 끈질긴 의지가 있었다. 1939년 차미리사가 환갑을 맞이한 10월 3일 윤치호는 일기에 차미리사에 대해 다음과 같이 적었다.

(…) 풍부한 상식과 불굴의 의지가 있었기에 학교를 시작할 수 있었고, 아무리 강한 여자라도 좌절할 법한 난관들 앞에서 학교를 지켜낼 수 있었다.

차미리사의 남다른 의지가 학교를 경영할 수 있었던 중요한 이유 가운데 하나임은 분명하다. 그렇다고 식민지 시기 학교를 의지만으로 운영했다고 설명하기에는 뭔가 부족해보인다. 빈손으로 시작한 학교 운영에서 부딪칠 수 있는 난관들을 헤쳐 나가는 데 그녀에게 용기를 잃지 않게 한 힘이 있었다. 그것은 차미리사 곁에서 그녀를 도운 수많은 사람들의 지원이었다. 배화여학교 사감을 그만두고 교육사업에 뛰어든 1920년부터 1955년 사망할 때까지 그녀에게는 수많은 지지자들이 있었다. 만일 이들이 차미리사 곁에 없거나 그녀를 지지하지 않았다면 그녀의 불굴의 의지는 빛을 발할 수 없었을 것이다. 차미리사의 불굴의 의지는 그녀가 쌓아간 폭넓은 인맥과 함께 발휘되었다 해도 과언이 아니다.

근화여자실업학교 인가 기념 축하연

1935년 3월 5일 중앙기독교청년회(YMCA) 회관에서는 근화여학교를 재단법인으로 만들어 실업학교로 인가받게 된 차미리사를 위한 축하회가 마련되었다. 시내 7개 여성단체 친목회에서 발기하여 열린 이 축하회에 500~600명이 모였다고 하니 차미리사의 인맥이 보통이 아님을 알 수 있다.

축하회 발기를 위한 준비위원에는 조선여자교육회 시절부터 인기 강연자로 차미리사를 도왔던 유각경이 있었다. YWCA 회장을 역임했던 차사백(車士伯)도 발기위원이었다. 차사백은 중앙유치원 교사와 부교장을 지냈기 때문에 근화유치원을 경영하던 차미리사와 친분을 쌓았을 것으로 추측된다. 이 축하회에서 차미리사의 내력을 소개한 이는 손정규(孫貞圭)였다. 그녀는 경성여자고등보통학교 교사로, 후에 차미리사의 후계자 자리를 제안받기도 했다. 차미리사의 후계자로 언급된 이는 손정규 말고도 그 자리에 또 있었다. 사회를 맡았던 박인덕(朴仁德)이다. 야망이 컸던 박인덕은 근화여자실업학교에 많은 관심을 갖고 있던 인물이었다. 이날 축하회에서 주요 역할을 맡은 이들은 YWCA, 혹은 근우회와 관련이 있다는 공통점을 갖는다. 차미리사가 이 두 단체의 발기인으로 참여했기 때문에 그녀와 알고 지냈던 이들이 축하회에서 주요 역할을 했음은 이해할 만하다.

차미리사가 친분을 쌓은 사람들은 여성에 국한되지 않는다. 차미리사는 성별, 나이를 불문하고 다양한 사람들과 교류했다. 재단법인 인가 축하회에는 근화유치원 어린이들도 참석했다. 유치원 어린이들은 차미리사와 관련된 축하회, 강연회 등에 자주 등장해 재롱을 보여주었다. 이날 축사를 맡은 이는 동덕여자고등보통학교 설립자 조동식(趙東植)이었다. 그는 1955년 차미리사가 서거했을 때 장의 위원장을 맡기도 했는데 그만큼 차미리사와 인연이 깊은 인물이다.

차미리사가 뜻 맞는 여성들과 만든 조선여자교육회에서 부인야학강습소를 운영하기 시작한 때는 1920년 4월 19일이다. 이때의 야학이 근화학원, 근화여학교를 거쳐, 오늘의 덕성여자중학교·덕성여자고등학교·덕성여자대학교에 이르는 여러 교육기관을 거느린 덕성학원으로 발전했으니, 이 야학은 덕성학원의 뿌리인 셈이다. 야학이 인가받은 학교로 발전하기까지 교육사업에 헌신한 차미리사의 인적 네트워크는 크게 교육 공간 제공자, 개인 기부자, 실무자, 학생, 학생 보호자 이렇게 다섯 집단으로 분류할 수 있다.

교육 공간 제공자

우선 교육 공간과 관련한 차미리사의 인맥을 알아보자. 처음에 야학이 열린 곳은 서울 종로구 도렴동 종다리[宗橋]교회 종탑 예배당이다. 그 후 수강생이 급증하자 종로구 염정동 새문안교회의 지하실로 공간을 옮겼다. 왜 교회에서 야학이 열렸을까? 조선여자교육회 회장인 차미리사를 비롯해 그녀와 함께 단체를 이끌던 인물 대부분이 기독교인으로 기독교 관련 교육기관에서 공부한 사람들이었다. 차미리사는 남감리교 계통 신학교에서 교육받고 배화학당에서 재직한 바 있다. 조선여자교육회 관계자들이 기독교인이라는 점에서, 그리고 이 당시 교회들의 사회적 참여 형태를 고려했을 때, 교회 공간을 빌어 야학을 여는 일은 새삼스러워 보이지 않는다.

종다리교회와 새문안교회는 각각 감리교의 양주삼(梁柱三) 목사와 장로교의 차재명(車載明) 목사가 담임하던 교회였다. 감리교 상동교회를 다니며 독실한 신자가 된 차미리사가 1901년 유학의 꿈을 안고 중국으로 가는 배에서 만난 이가 양주삼이다. 이들의 인연은 미국에서도 이어진다. 차미리사가 미국으로 유학 후, 샌프란시스코에서 한국부인회를 창립하고 활동할 무렵인 1908년 그녀는 양주삼을 다시 만났다. 이런 인연은 양주삼이 1919년 종다리교회 담임목사로 부임

1910년대 벽돌로 지어진 종다리교회의 모습
차미리사가 처음 연 야학은 서울 종로구 도렴동에 세워진 종다리교회 종탑 예배당에서 시작되었다.

한 후에도 이어져 종다리교회로부터 야학 교실을 얻을 수 있었던 것이다.

야학강습소를 개소한지 한 달 만에 학생 수가 120여 명으로 늘면서 조선여자교육회는 새로운 공간을 찾아야 했다. 이때 새문안교회에 빈 지하실이 있다는 소식을 듣고 장로에게 부탁하여 교실을 옮기게 된다. 새문안교회는 장로파 교회라서 감리교인이던 차미리사와의 관계를 따져보는 것은 어렵다. 하지만 조선여자교육회에서 활동한 여성 동지들이 기독교인들이었고, 미국인 선교사 호러스 그랜트 언더우드(Horace Grant Underwood)가 세운 새문안교회에서 그동안 해온 활동 역시 조선여자교육회의 활동과 결이 다르지 않다는 점에서 새문안교회로부터 야학 교실을 빌리는 일이 그리 어려운 일은 아니었으리라 짐작할 수 있다. 이렇게 형성된 새문안교회와의 인연은 조선여자교육회 활동은 물론 근화여학교까지 확장된다. 새문안교회의 손꼽히는 음악가이자 경성보육학교 설립자며 교장으로 알려진 독고선(獨孤璇)은 근화여학교와 관련된 대표적 인물이다. 그는 근화여학교에서 음악과를 맡은 교사였고, 1924년부터는 부교장이 되어 차미리사를 보필했다. 또한 1934년 근화학원이 재단법인을 갖추게 되었을 때 독고선은 김용규(金容圭), 이인(李仁), 장병량(張秉良)과 함께 재단이사를 맡게 된다. 새문안교회는 독고선 외에도 유명한 음악가들이 활동했던 교회이다. 그 가운데 부부 음악가로 이름을 날린 김원복(金元福)이 있다. 김원복은 소녀 시절이던 1920년부터 조선여자교육회 주관 강연회에 단골로 등장했다. 1933년에 열린 근화납량음악대회에서는 남편인 홍성유(洪性裕)와 함께 음악을 담당하기도 했다. 한편 새문안 교회의 차재명 목사는 차미리사가 중매한 커플(김상용, 정순애)을 위해 주례를 맡았다.

1921년 6월 조선여자교육회는 남의 교회에 얹혀 운영하던 야학 교실을 서울 종로구 청진동 217번지로 이전한다. 청진동에 35칸 가옥을 마련하면서 야학 교실도 확장할 수 있었다. 가옥을 마련하는 데 있어 집주인이던 임재덕(林在德)의 지원은 중요했다. 그가 조선여자교육회 활동에 감동하여 집을 헐값에 넘겨주었기 때문이다. 또한 1924년 12월에는 학교를 확장하여 서울 종로구 안국동 37번지로 이전했다. 이때에는 심우섭이 약 496제곱미터(150평)에 달하는 낙천사를 제공했다. 교육사업에 있어 학교 공간 마련은 중요한 요소이다. 야학 교실을 청진동 가옥으로 이전하면서 1923년에 '근화학원'이란 이름을 달 수 있었고, 다시 안국동으로 교사를 이전한 후 1925년 8월 29일 학교 인가를 받아 '근화여학교'로 승격될 수 있었기 때문이다.

개인 기부자

개인이 제공한 건축물 못지않게 차미리사의 교육사업에 있어 빼놓을 수 없는 중요한 요소는 기부이다. 무엇보다 조선여자교육회 회원들의 회비와 재능기부는 학교 운영의 마중물 역할을 했다. 회원들은 경성에서 토론회와 강연회에 참여했고, 그것도 모자라 강연단을 꾸려 전국을 누비며 여성들의 자각을 촉구했다. 유각경은 강연회의 인기 연사였다. 그녀의 부친이자 경기도 참여관인 유성준(俞星濬)은 딸의 강연을 보고 조선여자교육회에 50원을 기부했다. 강연의 주요 연사이자 음악을 맡아 강연의 흥을 도왔던 허정숙의 부친 허헌(許憲) 역시 조선여자교육회가 1주년을 맞이할 때 140원이라는 거금을 냈다(당시 140원은 1921년 종로공설시장 상품 쌀 가격에 따르면 다섯 가마니 반에 해당한다). 허헌은 또한 청진동 회관을 갖게 되었을 때 축사를 했을 만큼 조선여자교육회 활동에 애정을 보냈다. 조선여자교육회의 회원뿐 아니라 그들의 가족들까지 든든한 후원자가 되면서 차미리사의 인맥은 가지에 가지를 치며 더욱 확장되었다.

조선여자교육회와 차미리사의 교육사업에 대한 지지는 경성에 국한되지 않고 전국 곳곳에 퍼졌다. 예수교회, 이발조합, 동아부인상회 같은 단체에서 기부금을 보냈고, 왕실의 왕세자비가 금일봉을 하사하기도 했다. 장택상(張澤相), 김상용처럼 거금을 제공한 사람, 무명의 소액기부자, 그리고 금전이 없어 자기가 입고 있던 옷을 벗어 기부한 학생에 이르기까지 각계각층의 다양한 기부자들이 있었다.

차미리사가 이끄는 조선여자교육회 활동을 지지한 사람들을 추적하다보면 흥미로운 인연들을 발견하게 된다. 1921년 차미리사가 이끈 순회강연단이 평양과 해주에 들렀을 때 강연단을 영접한 한 소녀가 있었다. 그 소녀는 바로 한국 최초의 여성 기자로 알려진 최은희(崔恩喜)이다. 이후 최은희는 차미리사가 발기했던 근우회의 멤버로 참여했고, 차미리사의 행보에 종종 함께하기도 했다. 그녀는 여러 작품을 집필했는데 그중 1957년 발행한 『씨뿌리는 여인』이 차미리사의 생애를 다룬 저서라는 점은 그녀와 차미리사의 관계가 얼마나 각별했는지 보여준다.

학교 실무자

차미리사의 교육사업에는 남성 지지자들이 꽤 있었다. 이들 가운데는 후원자였다가 학교 실무자로 자리한 경우가 있다. 윤근의 경우가 그렇다. 조선여자교육회 순회공연단이 1921년 10월 공연을 마치고 무사히 돌아왔을 때 이를 기념하는 위로회를 개최했는데 이때 함

『씨뿌리는 여인』 표지와 한국 최초의 여성 기자 최은희
차미리사의 생애를 다룬 저서 『씨뿌리는 여인』은 최은희와 차미리사의 관계가 얼마나 특별했는지를 잘 보여준다.

께한 사람으로 허정숙의 부친 허헌, 조선여자교육회 강연회에서 유럽과 미국을 돌며 얻은 경험담을 들려주었던 노정일(盧正一), 그리고 윤근이 있었다. 윤근은 1923년에 차미리사를 단장으로 한 순회공연단 단원으로 참여해 직접 공연을 지휘했다. 그 후에도 근화여학교에서 1931년 2월 사직할 때까지 지리와 역사 교사로 재직했다.

반면 교사로 재직하다가 후원자로 바뀐 경우도 있다. 신봉조(辛鳳祚)가 그렇다. 그는 조선여자교육회 산하 야학에서 3년간 학생들을 가르쳤다. 야학에서 교사 겸 직원으로 갖은 일을 도맡아 했던 신봉조는 후에 근화여학교 후원회 평의원으로 활동했다. 신봉조가 어떤 인연으로 야학에서 교육 봉사를 했는지는 알 수 없다. 다만 신봉조와 차미리사의 관계 사이에 1921년 청진동 교사(校舍)를 마련하는 데 지대한 기여를 한 임재덕이 있었을 것이라 추측할 수 있다. 신봉조가 배재학당 시절에 임재덕의 집에 가정교사로 있었기 때문이다. 이때는 신봉조가 조선여자교육회 야학 교사로 봉사하기 전인 것으로 미루어, 신봉조와 임재덕의 관계가 이후 조선여자교육회 회장인 차미리사에게로 이어져 청진동 가옥을 제공하기에 이르지 않았을까 조심스레 짐작해본다.

근화의 학생들

학교 운영자에게 중요한 사람은 역시 학생들이다. 학생들을 사회의 인재로 만드는 과정에서 맺어지는 관계는 그 무엇보다 소중하다.

근화여학교에는 근화학우회라는 학생 조직이 있었다. 1923년 이 학생 조직이 만들어졌을 때 조선여자교육협회(조선여자교육회는 1922년 1월 24일 인가를 받아 조선여자교육협회로 이름을 변경했다)에서 운영하던 근화학원의 학생 수는 300여 명이었다. 근화학우회는 위원장을 포함한 임원들을 선출하고 서기, 회계, 문예부, 음악부, 외교부, 재봉부, 운동부를 구성했다. 또한 연극과 음악회를 개최하여 근화 학생들의 기량을 뽐내는 한편, 거기서 마련한 기금으로 학교의 살림 밑천을 제공했다. 차미리사가 자본금 없이 기부금으로 학교를 운영하다 보니 근화여학교로 승격되는 과정에서 채무가 당연히 따라붙을 수밖에 없었다. 채무를 갚아가며 학교의 틀을 갖춰야만 했던 학교 운영자에게 기금을 마련해준 근화학우회는 '근화의 생명'과 같았다.

1923년에는 근화의 학우들로만 구성된 순회공연단이 꾸려졌다. 순회공연단은 1923년 11월부터 약 40일간 남쪽 지방을 돌면서 공연을 했는데 그 목적은 학교 건물을 짓기 위한 자금 마련이었다. 건축 비용이 부족하자 학생들이 공연을 통해 기부금을 모으려 했던 것이다. 추운 날씨에 공연을 위해 얇은 무대복을 입었던 학생들 중에는 조원숙과 이리다가 있었다. 학교를 위해 애썼던 순회공연단원 조원숙과 이리다가 학교를 제대로 졸업했는지는 알 수 없다. 조원숙은 퇴학당한 것으로 보이며, 이리다 역시 남아 있는 졸업생 명단에는 없다. 훗날 조선여성동우회처럼 사회주의 사상을 수용하거나 급진적 운동계열에서 활동했던 이들은 당국의 감시를 받고 있던 인물이라는 점만 확인된다.

근화무도반
근화학생들의 바자회와 음악무용회는 많은 사람들의 찬사를 받았다. 이렇게 학생들의 활동으로 번 돈은 학교를 세우는 데 보탬이 되었다. 근화의 학생들은 차미리사에게 '근화의 생명'과 같았다.
(『조선일보』 1924년 12월 5일자)

근화학우회는 학내 관련 일뿐만 아니라 학교 밖에도 관심을 돌려 강습회를 통해 가정부인들에게 부업이 될 만한 행사를 개최했다. 한편 사회운동에도 관심을 기울였다. 일례로 1929년 광주학생운동에 이어 서울에서 1930년 1월 일어난 만세시위 참여를 들 수 있다. 이들 중에는 구속됐거나 퇴학 혹은 정학 처분을 받아야 하는 학생들이 있었다. 이때 검거된 학생 가운데 김숙현(金淑賢)과 최성반(崔聖磐)은 다행히도 무사히 졸업했다. 졸업 후 최성반은 도쿄로 유학, 단발과 양장을 한 신여성이 되었고, 김숙현은 도쿄에서 무용을 배우는 신세대의 기대주가 되었다. 이들이 근화여학교 출신으로 차미리사와 어떤 인연을 이어갔는지는 알 수 없다. 하지만 이들처럼 사회적으로 주목받는 여성들이 근화여학교에서 배출되고 있었으니 학생들이야말로 학교 경영자 차미리사에게는 최고의 인적 자산이었음이 분명하다.

학생의 보호자들

학생들과 마찬가지로 학부모들 역시 학교 경영자에게 중요한 인적 자산이었다. 속성교육기관으로 고등과 보통과, 음악과, 사진과, 어학과 등 5개 과를 둔 근화여학교를 후원하기 위해 학부모들은 1926년 3월 24일 후원회를 발기했다. 학부모 후원회는 교실을 늘이고 자격 있는 교사들을 충원할 수 있던 힘이었다. 학부모들의 원조에 힘입어 1928년 봄에는 교사 4명을 증원하고 교실은 10개로 늘어나 여학교의 모습을 갖출 수 있었다. 또한 학부모들은 학교에 문제가 있을 때마다 학부모회를 소집하여 갈등을 풀어나가는 기지도 발휘했다. 1930년과 1931년 교사 해임 문제를 계기로 동맹휴학 사건이 일어났을 때, 퇴학 처분으로 맞서는 학교와 학생들 사이를 중재하며 원만한 해결을 위해 노력했던 단체가 학부모회였다. 자식 잘되는 일이라면 손발 걷어붙이고 나서는 부모의 마음은 예나 지금이나 마찬가지인 듯하다.

차미리사의 학교 운영에 도움을 준 사람들 가운데는 학부모라고 보기는 어려운, 그러나 학생과 관련된 또 다른 부류의 사람들이 있었다. 바로 학생의 배우자들이다. 부녀자들은 배우자가 학부모 역할을 대신하는 경우도 있었다. 차미리사의 교육사업에 1000원이라는 거금을 기부한 장택상에게는 소실(小室)이 있었는데, 바로 근화학원을 다녔던 이류앵이었다. 장택상이 1000원을 기부한 시기는 정확하지 않다. 1923년 3월 기사에 소개된 것으로 보아 그 이전으로 보인다. 식민지 시기 귀하던 쌀값은 계속 올라 1922년 11월경 쌀 한 가마니 값은 30원 정도였다. 쌀값을 기준으로 보면, 당시 장택상이 낸 기부금 1000원은 어마어마한 금액이다. 근화학원이 안국동으로 이전할 때 1만 원을 기부한 통영 해동의원 원장 김상용은 근화학원 음악부를 다니던 정순애의 남편이다. 김상용과 정순애 커플의 결혼은 차미리사의 중매로 화제가 되었는데, 1925년 결혼식 주례를 맡은 이는 야학 시절부터 알고 지낸 새문안교회의 차재명 목사였다.

직업이 목사였던 차재명에게 결혼식 주례를 보는 일이나 망자를 위해 예배를 올리는 일은 특별한 것이 아니다. 차재명 목사는 1935년 윤치호의 어머니가 돌아가신 후 기일에 추도 예배를 주관하기도 했다. 최초의 남감리교인으로 종다리교회를 다니던 윤치호가 장로파 새문안교회 목사인 차재명에게 추도 예배를 청했다는 점이 의아할 수도 있다. 그러나 윤치호가 1920년에 쓴 일기에 차재명의 집을 방문한 일이 적혀 있는 것으로 보아 이들은 이미 오랜 친분을 유지한 사이였던 것 같다. 게다가 기독교인으로서 윤치호가 한국사회에서 가진 위치를 고려할 때 둘의 관계가 그리 놀라운 일은 아니다.

윤치호와 차미리사의 특별한 인연

이제 윤치호와 근화여학교 경영자이자 교장인 차미리사의 관계로 이야기를 돌려보자. 차미리사는 윤치호의 일기에 여러 번 등장한다. 이 둘은 가족끼리도 서로 알고 오고갈 정도로 친했다. 차미리사에게 윤치호는 가족끼리 알고 지내는 사이를 넘어 학교 운영에 없어서는 안 될 만큼 중요한 인물로 보인다. 우선 윤치호는 물질적으로 차미리사에게 큰 도움을 주었다. 작게는 3원에서, 몇십 원 정도가 보통인 후원금에 비해 그는 매번 꽤 큰 금액을 내놓았다. 1921년 조선여자교육회 1주년 때 윤치호가 축사를 하고 낸 후원금은 200원이었다. 1921년 10월 순회강연 보고회 때 낸 후원금은 100원으로 이 액수는 다른 후원자들이 낸 금액에 비하면 굉장히 많은 편이었다. 윤치호가 수표 또는 현금으로 어려운 재정을 도왔기 때문에 그를 이사장이라고 부를 정도였다. 실제로 윤치호는 차미리사가 운영하는 학교의 이사를 맡기도 했다. 1934년 근화여학교가 재단법인으로 인가받았을 때 재단 설립자로서 그는 차미리사, 김용규, 이인, 독고선, 장병량과 함께 이사진을 꾸렸다. 그러나 이들과 윤치호의 위상은 좀 달랐다.

윤치호는 차미리사의 지근거리에 있으면서 여러 일을 함께했다. 차미리사가 병으로 입원 중일 때는 졸업식에서 졸업장을 수여하는 교장의 직무를 대신 맡았고, 아들 윤정선(尹珽善)이 근화유치원에 다닐 때는 학부모로서 기부금을 내고 수업 운영에 관심을 기울였다.

또한 그는 차미리사가 학교 일에 관해 믿고 논의할 수 있는 카운슬러였다. 차미리사는 후임자를 고르는 일이나 조선총독부 학무국(學務局)으로부터 교장직 사퇴 압박을 받았을 때도 윤치호와 의논했다. 이처럼 윤치호는 개인 후원자이자, 학부모이자, 교장 대리와 이사로서 학교 일에 깊숙이 관여했던 실무적인 사업 파트너였다. 이런 관계에서 윤치호의 사촌 형인 윤치오(尹致旿)의 장녀 윤시선이 근화의 교사로 있게 된 경유도 짐작해볼 수 있다.

차미리사가 미국 유학 후 귀국하여 남감리교 선교사가 운영하는 배화학당에 재직했던 당시 한국 최초의 남감리교인이었던 윤치호에게 배화학당의 일을 의논했다는 기록으로 미루어, 윤치호와 차미리사의 인연은 1920년 이전부터라고 볼 수 있다. 차미리사가 교육 사업에 열중하기 시작하면서 인연을 맺은 사람들 대부분이 윤치호의 인맥 속에 자리하고 있다는 점은 흥미롭다. 윤치호의 발이 얼마나 넓었는지를 보여주는 단적인 예는 1934년 11월 15일 윤치호의 고희연에서 확인된다. 유지(有志) 70명이 발기하여 마련한 이 축하연에 내·외국인 560여 명이 참석했다. 이 축하연에 참석한 차미리사는 유각경과 함께 윤치호에게 축하선물을 전달했다.

차미리사에게 가장 중요한 사람들

지금까지 살펴본 내용을 바탕으로 볼 때, 학교 경영자 차미리사를 위해 가장 중요한 인물이 누구였는지 묻는다면 많은 이들이 윤치호라고 대답할지도 모르겠다. 그러나 윤치호 같은 인물들은 학교 운영에 있어 생각이 맞을 때는 중요한 동지가 될 수 있지만 삶의 이념에 있어 서로 다른 길을 걷는다면 끝까지 동지가 될 수는 없을 것이다. 과거에 친구였다고 해서 지금도 친구라고 할 수 없는 것처럼 말이다. 오늘날 윤치호와 그의 인맥 속에 놓인 다수의 사람들이 친일반민족행위자로 평가받는 반면, 차미리사는 독립운동가로 평가받는다. 이는 차미리사와 윤치호의 관계를 정의할 때 반드시 살펴야 할 지점이라고 할 수 있다.

그렇다면 학교 경영자에게 가장 중요한 사람은 누구였을까? 차미리사가 학교 경영자로서 자신의 길을 되돌아본다면, 학생들이 무엇보다 중요하다고 말했을 것 같다. 그동안 차미리사의 학교를 거쳐 간 학생들은 졸업생으로서 학교의 이름을 빛내주고 학교 경영자의 이름을 아로새겨주었다. 차미리사 서거 후 덕성여자중·고등학교와 동창회에서는 그녀를 추도해왔다. 추도를 넘어 차미리사를 기억하기 위한 활동을 통해 1963년 광복절에 문화포상으로 그녀의 이름을 알렸으며, 또한 2002년에는 항일민족계몽운동을 펼친 차미리사를 재발견, 건국훈장 애족장을 받는 데 이바지했다. 학교 경영자로서 차미리사의 사회적·인적 관계망 속에 학생은 영원한 동반자이자 학교 존립에 없어서는 안 될 핵심 존재이다.

한해정 덕성여자대학교 사학과 강사

2 갑신정변이 준 선물, 안국동 근화여학교 터

덕성사0

근화여학교의 안국동 이전

1919년 3·1운동 후 부인야학강습소를 시작으로 설립된 조선여자교육회는 초기 종다리 예배당과 새문안교회 등을 빌려 전전하다가 1921년 10월 비로소 청진동 217번지에 회관을 마련할 수 있었다. 이어 부인야학강습소의 이름을 근화학원이라 하였다. 1923년 3월이었다. 그리고 이듬해 12월 덕성학원의 모태가 되는 안국동, 지금의 덕성여자고등학교가 위치한 곳으로 이전했다.

청진동에서 안국동으로 옮겨가기 전인 1923년 3월 근화학원의 학생 수는 야학부 130여 명이었고, 그해 학생 모집계획은 주간부 200명, 야학부 180여 명으로 도합 380여 명에 이르렀다. 기껏해야 대지

1929년 경성부 지형 명세도(위)와
현재 국토지리정보원 영상지도에서 본 안국동 37번지와 26번지 일대(아래)

약 393제곱미터(119평)에 몇 채의 가옥뿐인 청진동 회관에 그 많은 학생들을 수용하기는 곤란했다. 이전이 불가피했다. 원동(지금의 서울 종로구 원서동) 소재 약 860제곱미터(260여 평)의 국유지에다 2만 원의 금액을 들여 교사와 기숙사 및 조선여자교육협회 회관 등을 짓고 보통학교 교육과정을 두려는 구상도 했다. 그러나 이해 일어난 간토대지진의 여파와 함께 당초 예상했던 기부금 모집도 여의치 않아 이 계획은 실행되지 못했다. 1924년 학생 수는 급격히 늘어나 320명에 이를 정도였기 때문에 학교 이전 이유는 더욱 분명해졌다. 근화여학교는 1924년 12월 안국동 37번지 낙천사로 이전하게 된다.

낙천사 매입

낙천사는 소설 「상록수」로 널리 알려진 심훈의 큰형인 심우섭이 경영하던 기숙사로 이곳에 지방 출신의 고등보통학교 학생들을 수용했다. 낙천사는 1년간의 준비와 건축을 거쳐 1923년 8월에 준공되었다. 국유지(조선총독부 소유)였던 안국동 37번지의 대지 약 3329제곱미터(1007평) 가운데 약 992제곱미터(300평)를 대부받고 여러 사람들의 후원을 얻어 3만 원의 건축비를 들여 지은 2층 목조 건축물이었다. 여기에는 침실 30개, 식당 및 집회실, 치료실, 목욕실, 도서실을 구비했으며 당시 1, 2류 여관보다 좋은 시설을 갖추었다. 한 달 기숙사비는 13~14원이었다.

3·1운동 이후 높아가는 교육열을 반영하듯 수천 명의 지방 학생

들이 경성(서울)으로 유학을 왔다. 그러나 학교에서 운영하는 기숙사는 부족했고, 하숙이나 자취를 할 경우 거처와 음식이 불편한 데다 교육환경이 좋지 않았기 때문에 사설 기숙사에 대한 수요가 몹시 높았다. 하지만 낙천사 운영은 생각대로 되지 않았다. 심우섭은 좋은 운영자가 나와 건축비 등의 부채만 감당한다면 경영권을 넘기기로 했다. 개인이 돈을 차입해 낙천사를 건축한 결과 재정적 압박이 상당했던 것으로 보인다. 심우섭은 결국 낙천사를 조선여자교육협회에 매도했다.

낙천사 매입과 근화여학교의 이전은 적지 않은 사람들의 후원이 있어 가능했다. 일단 심우섭 자신이 3만 원의 채무 가운데 5000원을 상환했고, 그의 친구인 의사 김상용은 조선여자교육협회에 1만 원을 기부하여 조선여자교육협회로서는 1만 5000원만 감당하면 되었다.

낙천사 건물은 1941년까지 근화여학교(1925~), 근화여자실업학교(1935~), 덕성여자실업학교(1938~)의 교사로 사용되어 졸업식 사진마다 배경으로 등장했다. 또한 낙천사와 별도로 60~70명을 수용할 기숙사도 갖추었다. 1925년 3월 보통과와 고등과, 음악과, 영어과 등의 전문부와 재봉과를 두어 재학생의 수가 320명에 이르렀고, 교사는 모두 11명이었다. 이를 바탕으로 1925년 7월 근화여학교는 정식 학교로 인가를 받을 수 있었다.

지방에 대한 편견을 배척하려 했던 심우섭의 생각이 낙천사를 설립한 근본 이유라 한다면 이를 인수한 근화여학교가 배움에서 소외된 여성들을 대상으로 가르치고 지방 출신 여학생을 기숙사에 수용한 것도 심우섭이 꿈꾸던 낙천사 정신의 계승이라 할까. 근화여학교는 낙천사와 별도로 여자 기숙사를 설치했다. 면회실, 오락실, 식당 등 방이 10개쯤 되며 1928년 기숙사 학생은 15명이었다. 이들의 생활은 아침 6시 기상, 7시 30분에 아침식사를 했고, 방과 후에는 오후 6시에 저녁식사를 한 뒤 밤 10시에 취침했다.

근화여학교의 교사로 사용된 낙천사의 모습
2층 한옥 건축물인 낙천사는 역사적 의미뿐 아니라 건축사적으로도 큰 흥미를 불러일으키는 건물이다. 낙천사 건물은 근화여학교, 근화여자실업학교, 덕성여자실업학교의 교사로 사용되어 졸업식 사진마다 배경으로 등장했다.

관립덕어학교와 관립안동소학교

당시의 기록들을 보면 여러 곳에서 근화여학교가 옮겨간 낙천사 터가 과거 관립덕어학교의 유지(遺址)라고 되어 있다. 관립덕어학교는 외국어학교로 구한말에 영어, 일본어, 프랑스어, 러시아어, 중국어 교육기관 등과 함께 설립된 독일어 교육기관이었다. 관립덕어학교는 외국어학교 가운데 가장 늦은 1898년 9월에 설립되었고, 1900년 당시 학생 수는 25명으로 6개 외국어학교 중 학생 수가 가장 적었다. 설립 초기에는 안국동 37번지에 있다가 1906년 각 외국어학교가 관립한성외국어학교로 통합되는 과정에 이전해갔다.

1907년 말 고종 양위 후 통감부(統監府)는 고종을 덕수궁에 그대로 모시는 것이 아니라 안국동 별궁으로 이어(移御)할 구상을 하고 있었다. 이를 위해 안국동 별궁을 대대적으로 수리하는 한편, 그 뒤편에 위치한 관립덕어학교 터뿐만 아니라 지금의 덕성여자고등학교 운동장 북쪽에 위치해 있던 안국동 26번지의 감고당까지도 수용하여 빈터에 500~600여 칸을 신축하려 했다. 그러나 이 구상은 곧 중단되었다. 만약 고종이 안국동 별궁으로 이어했다면 후일 근화여학교가 이 자리로 옮겨올 가능성은 거의 없었다고 하겠다.

안국동 37번지에는 관립덕어학교와 함께 관립안동소학교(1906년 보통학교령에 따라 관립안동보통학교로 개칭)도 있었다. 이 학교는 1907년 서울 종로구 수송동으로 이전해 한성사범학교 부속보통학교로 지정되면서 관립안동보통학교라는 이름은 역사에서 사라졌다. 안국동 37

번지에는 관립덕어학교와 관립안동소학교가 10여 년간 존속하면서 여러 칸의 한옥을 나누어 차지하고 있었다. 두 교육기관이 적지 않은 기간 함께 존속했지만 사람들에게 전혀 기억되지 않는 이유는 다른 학교와 달리 중간에 철폐되었기 때문이다. 당연하겠지만 장소에 대한 기억은 그 터를 차지하고 있는 후손들의 몫이다.

관립덕어학교와 관립안동소학교가 옮겨가고 고종의 안국동 별궁 이어가 중단되자 구한말 교육구국운동의 일환으로 설립된 각종 사립학교와 계몽운동 단체가 이곳에 자리를 잡았다. 관립안동보통학교 자리에는 사립 광동학교, 명신의숙, 돈명의숙 등이, 관립덕어학교 자리에는 장학사(獎學社), 중흥의숙, 창동의숙, 대한흥업회 등이 있었다.

이 가운데 사립 광동학교가 주목할 만하다. 광동학교는 북촌의 대표적인 여성교육자인 신소당(申簫堂)이 설립 운영했다. 신소당은 의정부 참정 김규홍(金奎弘)의 부인으로 국채보상운동 당시 운동을 주도하며 북촌 양반 대가집 여성들의 참여를 이끌어낸 인물이기도 하다. 그녀는 남편이 사망한 이듬해인 1906년 자신의 집(지금의 서울 종로구 송현동 덕성여자중학교)에 광동학교를 개설하고 큰 아들 김진혁은 교사로 재직하며 아이들을 가르쳤다. 광동학교는 가난한 아이들을 위한 기관으로 모든 운영비용을 그녀가 부담했고 학생 수는 50명 정도였다. 그녀는 학생들이 늘어 교실이 좁아지자 사립 광동학교를 1907년에 관립안동보통학교 터로 옮겼다. 광동학교는 재정 문제로 1909년 안동김씨 문중에 넘어가기 전까지 유지되었다.

이처럼 구한말에는 관립학교와 사립학교가 안국동 37번지에 흔적을 남겼다. 특히 경제적으로 어려웠던 아동을 대상으로 한 교육기관을 자임했던 광동학교의 지향은 후일 야학강습소로 시작한 근화여학교가 나이 많고 가정생활에 구속되어 학교에 갈 기회를 놓친 여성들을 교육 대상으로 삼았던 것과 무관하지 않을 것이다.

그 이전의 기억, 갑신정변과 서광범

안국동 터와 관련하여 또 하나 주목할 점은 바로 안국동 37번지가 국유지가 된 배경이다. 많은 기록들에서 이곳은 갑신정변을 주도한 5인방 가운데 한 명인 서광범(徐光範)의 집터라 하였다.

> 지금은 세상인심이 모질어서 그런 것을 꺼리지 않을 뿐만 아니라 도리어 그런 집은 싸다고 골라다니는 사람들도 있습니다만은 내가 처음 복덕방에 나와 놀기 시작할 임시까지도 흉가(凶家), 복가(福家)까지 골랐답니다. 어린애가 장난하다가 우물에 빠져죽은 집 같은 것도 흉가라고 몇 해를 두고 할려 해도 작자가 나서지 않은 일까지 있었답니다. 우선 지금까지도 오히려 터전만 남아 있는 안국동 근화여학교 앞 나무장된 터전에 있던 집도 흉가로 유명했었습니다. 그래서 마침내 헐어버리고 말었던 것이지요. ―『동아일보』 1926년 1월 2일자

갑신정변 실패 후 국가에 몰수된 서광범의 집터는 '역적'이 나온 곳인 만큼 흉가로 인식되었다. 서광범의 집안은 증조부 서용보(徐龍

輔)가 정조 때 영의정을 지냈을 정도로 명문가문이었다. 서광범의 아버지 서상익(徐相翊) 역시 갑신정변 직전까지 이조참판을 지냈다. 서광범은 과거 합격 후 규장각, 홍문관, 세자시강원 등의 엘리트 코스를 거쳤다. 1882년 김옥균(金玉均)과 박영효(朴泳孝)를 수행해 일본을 시찰하고 돌아왔고, 이듬해에는 보빙사 민영익(閔泳翊)의 종사관으로 미국과 유럽 각국을 돌아보았다. 이때 해외시찰을 경험한 인사들이 갑신정변을 주도했다. 갑신정변 실패 후 서광범은 일본을 거쳐 미국으로 망명해 미국 동부 지역의 사탕수수 농장, 커피 농장, 오렌지 농장 등에서 잡역부로 생계를 유지했다. 수년 후 미국 시민권을 얻자 미국 교육국 인종학교에서 번역관 겸 통역관 생활을 했다. 이때 한국의 정황과 교육에 관한 「조선교육론(Education in Korea)」이라는 영어 논문을 써 미국의 정부간행물에 게재하기도 했다.

갑신정변 실패 후 10년만인 1894년 갑오개혁으로 개화당 정권이 들어서자 서광범은 비로소 귀국할 수 있었다. 그는 법부대신 겸 고등재판장, 학부대신에 임명되었다. 법부대신으로 재직 중에는 재판소구성법과 법관양성소를 공포했고, 참형 대신 교수형 제도를 채택하여 근대재판제도 수립에 기여했다. 또 학부대신으로 재직 중에는 서울 수하동, 장동(후일 매동), 정동, 재동 등에 4개의 소학교를 설립했다. 근대 초등교육의 출발이 그의 손에서 이루어진 것이다. 그러나 1895년 11월 개화파 내의 알력 때문에 그는 주미공사로 임명되어 다시 미국으로 떠났다. 게다가 곧이어 벌어진 아관파천으로 주미공사에서 해임되어 미국에서 망명생활을 이어가야 했다. 이후 폐병이 악화되어 39세의 젊은 나이로 1897년 미국에서 사망했다. 서광범에 의해 발표된 것은 아니지만 1896년 과거 자신의 집에 초등 교육기관(관립안동소학교)이 자리하게 된 것이 그의 굴곡진 삶에 대한 위로가 될까.

갑신정변 주도자 5인방은 북촌에 살았다. 흥미롭게도 정변 실패 후 몰수된 집터에는 모두 교육기관이 자리했다. 김옥균의 집터는 관립중학교와 경성고등보통학교와 경기고등학교(지금의 서울 종로구 화동 정독도서관)가 되었고, 홍영식(洪英植)의 집터는 제중원과 광제원, 경기여자고등학교와 창덕여자고등학교를 거쳤다(지금의 서울 종로구 재동 헌법재판소 내 북측 일대로 알려져 있다). 서재필(徐載弼)의 경우에는 경기고등학교에 서재필 소유의 땅이 편입된 사실이 1950년대 유족들의 소송으로 확인되기도 했다. 박영효는 갑신정변 직전인 1883년 집을 매각했고 이곳에 일본공사관이 신축되었다(지금의 서울 종로구 경운동 천도교수운회관).

이처럼 갑신정변은 북촌의 학교와 떼려야 뗄 수 없는 관계이다. 갑신정변이 한국사회에 혹은 좁게는 북촌에 남긴 선물이 학교였다고 할 수 있을까? 그렇다면 덕성도 그 선물을 받은 셈이다.

시탄시장과 감고당

근화여학교가 이전한 안국동 37번지에는 시탄시장이 자리하고 있었다. 시탄시장의 정식 명칭은 안국동 부영시탄시장으로, 1920년대 초반부터 영업을 했고, 공설로 운영된 시기는 1929년부터 1934년까지이다. 시탄시장은 땔감을 주로 판매했기 때문에 수요가 큰 지역으로 파고든 것이다. 시탄시장의 넓은 공터는 근화여학교 학생들에게 운동장이 되어주었다. 시탄시장이 영업을 중지하자 1942년 조선총독부는 이 부지를 덕성학원에 불하했다.

시탄시장과 근화여학교가 위치한 안국동 37번지의 위쪽 안국동 26번지(지금의 덕성여자고등학교 운동장 북측)에 감고당이 있었다. 감고당은 숙종의 계비 인현왕후가 희빈장씨와의 갈등 속에 6년간 유폐된 곳이다. 인현왕후와 생모 숙빈최씨와의 인연을 생각한 영조가 이곳을 방문하여 '감고(感古)'라는 당호를 내려준 이래로 부원군 민유중(閔維重)의 후손 및 여흥민씨 일가들이 대대로 살았다. 일제강점기에도 민영익 등이 소유주였다. 해방 전후로는 마포 상인 임호상(林昊相)이 주인이었다.

일제 말 소개(疏開)정책으로 인해 덕성학원에 기회가 찾아왔다. 일제는 패망 직전인 1945년 4~6월 사이에 미군의 공습 대비 방공(防空)대책의 일환으로 서울 소재 여학교를 지방으로 강제 소개시켰다. 일종의 소방도로 성격의 길을 내기 위해 서울의 적지 않은 가옥들 역시 강제로 철거되는 와중이었다. 덕성여자실업학교도 학생 200명과 함께 경기도 광주군 퇴촌면으로 옮겨갔다. 그 사이에 임호상이 감고당을 급히 매물로 내놓은 것이다. 일제 말 소개정책은 덕성에게는 위기이기도 했지만 오랜 역사적 유산을 지닌 곳으로까지 교지를 확장할 기회도 주었다.

해방이 되었지만 덕성학원은 바로 서울로 돌아오지 못했다. 안국동의 교사 터에는 건국준비위원회가 있었고 강당에서는 조선인민

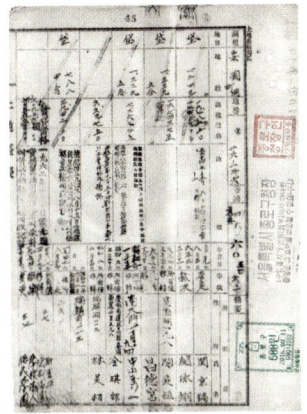

안국동 26번지 감고당 터 토지대장

1961년 당시 감고당의 모습
감고당은 인현왕후가 이곳에 머문 것을 기억하고자 영조 37년(1761)에 영조가 세손 정조와 함께 이곳을 찾아왔다가 내려준 당호이다. 감고당은 후일 덕성여자대학교로 옮겼다가 현재는 여주 명성황후 생가에 복원되었다.

공화국이 주최하는 인민위원회가 열리기도 했다. 덕성여자중학교·덕성여자고등학교가 현재 개교기념일로 삼고 있는 10월 10일은 덕성여자실업학교가 광주 소개지에서 안국동 학교로 돌아온 날이다.

터무니, 기억

'터무니없다'는 말이 있다. 터의 흔적, 자취가 없다는 말로 근거가 없어 황당하다는 뜻을 담고 있다. '어처구니없다'는 말과도 비슷하다. 그만큼 터의 흔적이나 자취는 근거 혹은 방향이 된다.

지금까지 근화학원이 뿌리를 내리고 덕성으로 성장해 나간 안국

시탄시장에 쌓인 장작들
1938년 제3회 근화여자실업학교 졸업앨범에 실린 사진으로 학생들이 서 있는 뒤쪽으로 장작이 높게 쌓여 있는 모습이 보인다.

동 37번지와 26번지에 대한 역사적 기억을 되짚어보았다. 가장 심층에는 갑신정변과 서광범이라는 인물이 있었다. 갑신정변 실패 후 서광범 집터에는 관립안동보통학교, 관립덕어학교 등 관립학교에 이어 사립 광동학교, 명신의숙, 돈명의숙, 창동의숙, 중흥의숙 등 교육기관이 자리 잡았다. 일제강점기에 이곳은 배움에 대한 열망을 가지고 지방에서 서울로 올라온 학생들의 기숙사인 낙천사가 자리하여 학생들을 받아들였다. 그러다가 1924년부터 근화여학교가 자리를 잡고 배움에서 소외되거나 시기를 놓친 여성들을 교육했다. 이처럼 근화학원 터는 실패했던 갑신정변이 북촌에 준 선물 가운데 하나였다. 그리고 이곳을 거쳐간 여러 교육기관들을 뒤로하고 근화학원이 최종 계승자가 되었다.

현재 우리가 발 딛고 있는 터가 나와는 별개라고 생각하여 무관심한 경우가 대부분이지만, 터의 역사를 기억하는 일은 매우 중요한 문제이다. 덕성학원의 안국동 터는 앞으로도 많은 사람들에게 선물이 될 것이다. 그렇기에 그 터의 맥락을 제대로 계승하는 일은 덕성학원의 중요한 임무이기도 하다.

은정태 덕성100년사 편찬위원회 전임연구원

근화여학교를 다닌
학생들은 누구?

3
더ㄱ서ㅇ

고통받는 여성은 다 내게로 오너라

덕성학원은 1920년 4월 19일 도렴동에서 문을 연 부인야학강습소로부터 시작되었다. 이후 수송동에서 근화학원, 안국동에서 근화여학교, 근화여자실업학교, 덕성여자실업학교로 이어졌다가 해방 이후 덕성여자중학교와 덕성여자고등학교로 연결되었다. 1935년 근화여자실업학교가 등장하여 정식 학제의 틀에 편입되기 전까지 야학강습소, 근화학원, 근화여학교에 다닌 학생들은 누구일까? 이에 대한 가장 압축적인 설명은 다음의 기사이다.

(…) 그중에서도 걸작인 것은 김미리사 선생은 원체 통이 크신 분이

라 어디든지 가서 사자후를 하실 때마다 강연의 첫머리는 "전 조선 일천만 여성은 다 내게로 오너라. 김미리사한테로 오너라. 남편에게 버림받은 여성, 과부가 된 여성, 남편에게 압제받는 여성, 천한 데서 사람 구실을 못하는 여성, 뜨고도 못 보는 무식한 여성들은 다 오면 어두운 눈 광명하게 보여주고 이혼한 남편 다시 돌아오게 해주마. 그저 고통받는 여성은 다 내게로 오너라" 이렇게 열렬히 부르짖으면 군중들은 백지에 먹이 떨어지듯 금방 반응이 있어 함경도에서도 올라오고 제주도에서도 오고 하여 이 근화학원에는 비녀를 쪽지른 부녀자들이 수두룩이 모여들었다고 한다. 때로는 이혼당한 여편네가 돈 한 푼도 없이 뛰어 올라와서는 선생에게 붙어서 밥까지 먹으며 공부를 얻어 했다고 한다. 그렇게 한 반년만 있고 보면 머리는 서양 머리가 되고 긴치마는 짧게 올라가고 발에는 굽 높은 구두가 신겨지며 따라서 모든 것이 새로워짐에 (…) 수송동 근화학원 시대에는 실로 코 흘리는 어린아이와 40세 된 부녀자들이 함께 배우며 말이 학원이지 조선 13도 각 사람들이 다 모여 있었다고 한다. (…) 근화학교 창설시대엔 가정부인들도 많았거니와 그분의 열변을 듣고 화류계의 기생들이 많이 나와 선생에게 배우며 화류계에서 몸을 떨치고 나온 여성들이 많았다 한다.

— 「여류 사업가 열전① 교육봉사 삼십년! 의지의 사도 차미리사 씨」, 『여성』 1938년 7월호

　　여자야학강습소는 종교 예배당 종각에서 그해 4월 19일 문을 열었다. 하오 8시에 시작, 두 시간씩 계속 되는 야학에는 13~30세의 귀밀

머리 계집애, 쪽찐 여자들이 찾아왔었는데 조선말, 산술, 글씨, 영어, 일어, 그림을 가르쳤다.

— 「여성 여명 개척의 반세기…- 영광과 고난의 길을 더듬어 단체활동의 선구자 차미리사 씨」, 『대한일보』 1973년 1월 12일자

이 두 기사에서 알 수 있듯이 학생들의 연령은 13~40세 사이이며, 미혼의 귀밑머리 계집아이와 혼인한 쪽찐 여자들, 그리고 구식의 가정부인들이 많이 다녔다. 가정부인들 중에는 이혼 위기에 처하거나 이혼당한 여성들도 적지 않았다. 각각의 비중이 어떠했는지는 정확히 알 수 없다. 당시 언론에서는 근화학교를 기혼여성, 그중에서도 이혼여성이 다니는 학교라는 이미지로 묘사했으며, 1930년대 들어 근화여자실업학교가 등장한 이후에는 기혼 여학생이 거의 없다는 말에서 학생 구성의 변화를 짐작할 수 있다.

귀밑머리 계집애, 쪽찐 여자, 소박데기의 구체적 사례를 찾아보면서 그녀들이 어떤 계기로 근화여학교를 찾았는지 확인해보자.

귀밑머리 계집애 조규은

조규은(趙圭恩)은 대한민국임시정부에 참여한 독립운동가 조완구(趙琬九)의 딸이다. 조완구는 구한말 대한협회 활동을 하다가 한일병합 후 만주를 거쳐 블라디보스토크로 망명했다. 1919년 3·1운동 이후에는 임시정부에 참여하여 의정원 의원을 필두로 내무차장, 노동

국 총판, 재무총장, 내무부장 등을 지냈고, 해방 후 귀국해서는 한국독립당 재정부장을 역임했다. 조완구의 부인 홍정식(洪貞植)은 소설 『임꺽정』의 작가인 홍명희(洪命憙)의 고모이다. 조완구와 홍정식에게는 두 딸이 있었는데, 작은 딸이 조규은이다.

조규은(1911~2004)
조규은은 독립운동가 조완구의 둘째 딸이다. 근화여학교에서 늦은 학업을 보충하고, 진명여자고등보통학교를 거쳐 경성사범학교에 진학, 졸업 후 초등학교 교사로 재직했다.

홍정식은 남편 조완구가 망명한 후 시어머니와 아들, 딸 등 가족 전부를 데리고 북간도 용정을 찾아갔으나 조완구를 만나지 못했다. 해외에 있는 동안에는 시어머니와 아들이 사망했다. 홍정식은 고향인 충청북도 괴산으로 돌아와 친정 조카 홍명희의 집에 의탁하며 세 모녀의 생계를 유지했다. 3·1운동 후인 1920년 홍명희가 서울로 상경하자 얼마 후 홍정식 역시 서울로 상경하여 친지들의 도움을 받거나 손바느질을 하고, 가게를 내 장사를 하며 근근이 생활을 이어갔다. 1926년 2월 20세가 된 큰 딸은 동덕여학교에, 15세의 작은 딸 조규은은 근화여학교에 재학하고 있었다. 이후 조규은은 1930년 진명여자고등보통학교를 거쳐 경성사범학교를 졸업한 뒤 덕수소학교 등에서 초등학교 교사로 재직했다.

조규은이 언제부터 언제까지 근화여학교에 다녔는지는 불확실하지만 1926년 3월 근화여학교를 졸업한 것으로 추정된다. 정상적인 학령기라면 1911년생인 조규은은 16세인 1927년에 진명여자고등보통학교를 졸업해야 한다. 하지만 19세인 1930년에 졸업한 것으로 나와 있는데 이는 괴산에서 서울로 상경하던 시기에 학교교육의 기회 부족, 경제적 어려움 등이 겹쳐 학교를 다니지 못했기 때문인 것으로 추정된다. 진명여자고등보통학교에 입학하기 전 조규은은 근화여학교 고등과를 다니며 늦은 학업을 보충했을 것이다. 괴산에서 보통학교에 다니다 근화여학교 고등과(2년제 속성)에 다녔을 것으로 추정하는 것이 합리적이다. 어쨌든 경제적, 사회적 이유로 주어진 학제에 곧바로 편입되지 못했을 때 근화여학교는 주목받는 곳이었다.

쪽진머리 부인

1920년대의 각 신문에는 독자와의 문답 코너가 있었다. 그 내용을 보면 늦은 나이에 보통학교 과정에 들어가려는 기혼여성, 속성으로 보통과정과 고등과정을 마치고 여자고등보통학교에 들어가려는 여성, 양복 등 특정 직업을 염두에 둔 여성들에게는 우리나라 최초의 사회복지기관인 태화여자관과 함께 근화여학교를 추천했다.

> 문) 나는 19세의 여자다. 우리 나이의 여자에게 경성 내에서 보통 과정부터 중등 정도까지 속성으로 교수하는 학교는 없습니까?(김제 곽영자)
>
> 답) 조선여자교육협회에서 경영하는 근화학원에서 초등, 중등의 교육을 합니다. 자세한 것은 경성 청진동 해당 학원에 문의하시오.(기자)

—「질의응답」,『동아일보』1924년 1월 24일자

문) 저는 금년 20세된 여자올시다. 작년에 모 학교를 졸업하고 지금은 집에 있는데 생활상 도저히 그대로 있을 수가 없고 어디 가서 직공 생활이라도 하려고 하오나 마땅한 곳이 없습니다. 모 친구에게 들은즉 양복 직공이 상당한 직업이 된다 하기로 양복 교수하는 학교가 있으면 곧 가려 합니다. 중국 봉천과 일본 동경에 양복학교가 있다 하옵는데 어느 학교로 가는 것이 적당할까요. 그리고 학비는 얼마나 되는지 좀 가르쳐 주십시오.(개성 S생)

답) 조선 안에서 생활상 도저히 학교에 못 간다는 처지로 어떻게 외국 가서 공부를 합니까. 조선 안에서도 태화여자관과 근화학원서 의복 짓는 법을 가르칩니다.

—「가정고문」,『동아일보』1926년 12월 15일자

기혼여성의 실례로는 여성 독립운동가 정정화(鄭靖和)를 들 수 있다. 정정화는 대동단을 조직한 독립운동가 김가진(金嘉鎭)의 며느리로 남편은 임시정부에 참여한 김의한(金毅漢)이다. 정정화는 1910년 어린 나이에 동갑내기인 김의한과 혼인했다. 김가진이 1919년 상하이로 망명하자 그녀 역시 이듬해 1월 시아버지와 남편을 따라 상하이로 망명한다. 이후 정정화는 여성이라는 점을 이용해 1931년까지 여섯 차례 중국과 국내를 왕래하며 임시정부의 독립운동 자금 모집책, 연락책으로 활동했다.

독립운동가 정정화(1900~1991)
정정화는 대한민국 임시정부의 안살림을 맡았고, 중국 충칭(重慶)에서 한국혁명여성동맹에 참여했다. 그녀가 1919~1946년까지 중국에서의 행적을 집필한 『장강일기』는 독립운동사 연구의 귀중한 자료이다.

정정화는 명문집안에서 태어났다. 조부는 판서를 지낸 정낙용(鄭洛鎔)이고 아버지는 관찰사를 지낸 정주영(鄭周永)이다. 그러나 그녀는 학교를 다니거나 체계적 교육을 받지 못했고 오빠가 서당에 다닐 때 어깨너머로 배우며 천자문을 뗀 정도였다. 혼인 후 남편이 신식학교에 들어가면서 남편을 통해 국제정세를 알게 되고 민족의식도 일깨우게 되었다.

상하이 망명 직후인 1920년 3월부터 정정화는 독립운동 자금을 모집하기 위해 국내를 왕복했다. 1922년 7월 김가진이 사망한 후에는 남편 김의한과 함께 진로를 모색하던 중, 10월에 네 번째 귀국을 하게 된다. 얼마간 체류할 계획이었던 정정화는 충청남도 예산의 친정, 서울의 외가에 머물렀다. 그때 막냇동생 정숙화가 외가에서 숙식을 하며 진명여자고등보통학교에 다니고 있었다. 부친의 반대에도 동생이 서울에서 학교에 다닐 수 있었던 것은 정정화가 적극적으로 권유했기 때문이었다. 이 당시 정정화는 근화학원을 다니며 영어를 배웠다. 그녀는 미국 유학을 꿈꾸고 있었고 부친 역시 전폭적인 지원을 약속했다. 그러나 이듬해 3월 부친의 사망으로 모든 공부가 중단되고 말았다.

정정화가 다닌 시기의 근화학원에는 보통반, 준비반, 재봉반, 영어반이 있었다. 영어반은 물론 영어 읽기 수준이었지만 미국 유학을 염두에 두고 있으나 제도권 교육을 받은 적이 없던 정정화로서는 적합한 과정이었다. 당시 "서른이 넘은 부인이 영어 독본을 읽는 것도 비로소 여자교육회에서 처음 보는 고마운 일"이 일어나고 있었다. 기혼자였던 정정화가 친정 아버지의 도움을 얻어 미국 유학을 꿈꾸었고, 그 준비를 근화여학교에서 시작했던 것이다.

소박데기

근화여학교 기혼 학생 중에는 이혼 위기에 처한 구식부인도 적지 않았다. '소박맞은' 여성들, 곧 '소박데기'로 불려졌다. 신식교육을 받은 청년들은 신여성과 가정을 이룬 후 이미 자신과 결혼하여 자식까지 낳은 본부인을 박대하며 이혼을 요구하는 경우가 적지 않았다. 이 때문에 구식여성들은 자신이 이런 처지에 놓이게 된 것은 배우지 못했기 때문이라고 자책하고 부족한 배움을 근화여학교가 채워줄 것을 기대했다. 차미리사도 이혼 위기에 처한 구식여성들을 학교로 불러들여 가르치는 것이 근화여학교의 역할이라고 생각했다.

이러한 사례를 구체적으로 보여주는 인물은 김홍숙(金弘叔)이었다. 그녀는 충청북도 옥천의 대부호 오중묵의 맏며느리로 오기백과 1918년경에 혼인했다. 오중묵이 이듬해에 사망한 직후 남편 오기백은 도쿄로 유학을 갔다. 김홍숙은 오기백의 요구로 1922년부터 서울

1930년 근화여학교 창립 5주년 행사에 참여한 학생들

비녀를 꽂은 기혼 학생 사이에 댕기를 한 미혼의 학생이 눈에 띈다. 근화여학교가 주로 배움에서 소외된 기혼여성들을 대상으로 교육했음을 알 수 있다. (『조선일보』 1930년 9월 30일자)

의 근화여학교에서 공부하게 되었다. 시어머니 박중숙이 크게 반대했지만 김홍숙은 상경해 '책보를 끼고 구두를 신고 종로 거리를 걸어 다니는 신여성'이 되었다. 그러나 유학을 마치고 경성으로 돌아온 오기백은 신여성과 사귀며 자식까지 낳고는 김홍숙에게 이혼을 통보했다. 김홍숙은 3년간 학교에 다녔지만 학업을 마무리하지 못한 채 아들 오문호를 데리고 서울에서 생활했다. 1928년 남편 오기백이 젊은 나이에 사망하자 시어머니 박중숙은 김홍숙에게 소송을 제기했다. 김홍숙이 모 전문학교에 다니는 남자와 정분을 통하고 재산을 낭비한다며 손자 오문호에 대한 며느리의 친권 상실을 주장한 것이다. 이 소송은 시어머니 박중숙이 재산을 지키려는 행동에서 나온 것으로, 재판 진행 중에 시어머니와 며느리 간에 화의가 이루어졌다.

   김홍숙은 도쿄 유학 중이던 남편의 요구로 근화여학교에서 신식교육을 받았지만 결국 이혼 통보를 받고 별거 상태에 있었다. 시어머니는 김홍숙이 근화여학교에 다니는 것을 행실이 불순한 자들과 함께 어울리는 것이라며 강하게 반대했다. 기혼의 구식여성들에게 신식교육은 남편의 소박을 피하고 남편을 되찾을 수 있는 수단으로 여겨졌지만, 주변의 반대 또한 만만찮아 그 조차도 쉽지는 않았던 것이다.

은정태 덕성100년사 편찬위원회 전임연구원

4 더긴서영

조선 최초의
여자 사진과

사진교육기관의 등장

　우리나라 최초의 사진교육기관은 1910년 개설된 황성기독교청년회 사진과(일명 YMCA 사진과)이다. 일인일기(一人一技) 교육을 목표로 기존에 개설된 목공과, 철공과와 함께 사진과를 신설한 것인데, 하와이에서 사진관을 운영하면서 한인기숙학교의 사진견습소에서 한인 학생들에게 사진술을 가르쳤던 최창근(崔昌根)이 귀국해 초대 교사로 활동했다. 그밖에도 1910년 서울 중구 다동에 위치한 공성학교(초대 교장 유신혁)에 사진술강습소가 있었으며, 1911년 개성에 있던 한영서원(초대 교장 윤치호)에도 사진과가 개설되었다.
　이러한 사진교육기관들이 존재했음에도 불구하고 1910년대까지 전문적인 사진교육은 원활하게 이루어지지 못했다. 초상사진을 비롯한 전체적인 사진 시장이 산업으로까지 발달하지 못했기 때문이다. 사진사로 활동했던 조선인의 숫자는 1907년 천연당사진관을 개설한 김규진과 그곳의 사진기사로 있었던 김영선, 김시련 등 소수에 불과했으며, 사진관을 중심으로 한 도제식 교육이 여전히 사진교육의 주를 이루고 있었다.

하지만 1920년대 들어 초상사진의 대중화가 이루어지면서 도제식 교육으로는 폭증하는 사진 수요에 대처할 수 없게 되자 이에 발맞춰 수많은 사진학원들이 등장했다. 새로 개설된 사진학원들은 첨단 장비와 최신 설비를 앞세워 수강생들을 모집하기 시작했으며, "우리는 무엇을 할까, 우리는 사진술을 배웁시다. 이것이 오직 우리 청년 남녀의 신 직업"(조선사진전문학원), "남녀 최적 직업"(동아사진강습회), "예술적 신 직업을 구하는 남녀여! 내(來)하라"(조선사진전문실습원), "무직 청년 제군! 생활 안정을 도모하려면 사진기사가 되라"(압강사진실습학원) 등의 광고 카피를 내세워 구직 청년들에게 손을 내밀었다.

근화여학교 사진과 창설

1920년대에 들어서면서 여성에게도 교육의 기회가 주어지고 사회적 진출이 늘어나면서 그들의 직업도 다양해졌다. 특히 그동안 남성의 전유물로만 알려졌던 사진사도 여성에게 유망한 직종으로 떠오르기 시작했다. 1926년 5월 『조선일보』에서는 「조선 여성이 가진 여러 직업」이란 제목의 인터뷰 기사를 연재하면서 그 여덟 번째로 '사진사'를 소개했다. 이 기사에서는 '전문적 기술과 명민한 두뇌 그리고 수정을 위해 꼼꼼한 성품이 요구되는 사진사는 어느 점에서나 남자보다도 여자에게 적당한 직업이라 할 수 있고, 여전히 내외가 심한 구가정의 여성들을 촬영하기 위해서도 여자 사진사가 요구된다'라며 여성 직업의 하나로 사진사를 추천하면서, 당시 여성 사진사로서 선구적인 활동을 하고 있던 이홍경(李弘敬)과의 대담 내용을 실었다. 여기서 여성 사진교육과 관련된 중요한 내용이 언급되었는데, '근화여학교에 여자 사진부(사진과)가 설치되었다'라는 것과 '그녀가 이곳에서 사진부 생도들을 가르치고 있다'라는 내용이 그것이다.

사진학교가 존재하지 않았던 1920년대 당시 YMCA 사진과는 사진학원을 제외하면 유일한 사진교육기관이었지만, 1926년경에 이르러서는 그 명맥만을 유지한 채 소수의 남학생들만 교육을 받고 있었다. 이러한 상황에서 남성들은 YMCA 사진과 외에도 개인 사진관에서 견습을 받을 수 있었지만 여성들에게는 사진교육의 기회가 거의 주어지지 못했다. 이때 근화여학교에 사진과가 설치되어 사진사가 되기 위한 직업교육을 받을 수 있게 된 것이다. 이는 여성 사진교육사에 있어서 한 획을 긋는 사건이었다.

근화여학교에 사진과가 설치되었다는 것은 1926년 4월 23일 『조선일보』에서 처음 보도했으며, 4일 뒤인 4월 27일 『동아일보』도 관련 기사를 내보냈다. 두 기사 모두 이 사진과의 설치가 조선 최초라고 강조하며, 사진술이 여성들에게 직업적으로 적당한 기술과 전문

지식이라는 점을 부각시켰다. 차미리사가 그해 연초에 밝힌 새해 희망과 포부에서 근화여학교의 사진과 설치의 전조를 읽을 수 있다.

> 조선 여자에게는 지금 무엇보다도 직업적 교육이 필요하다고 생각합니다. 부인해방이니 가정개량이니 하지마는 다 제 손으로 제 밥을 찾기 전에는 해결이 아니 될 것입니다. 그것이 영구책이 아니라 하더라도 적어도 지금 조선 여자로서는 그렇게 해야 될 줄 압니다. 그러므로 나는 새해부터는 꼭 조선 여자에게 실업적 교육을 시킬 기관을 조선여자교육회 안에 두고 싶습니다.
>
> —『동아일보』 1926년 1월 3일자

근화여학교 사진과 개설 기사

조선 최초로 여자 사진과가 설치된 곳이 근화여학교였다. 이는 여성도 전문 지식을 갖춰야 한다는 차미리사의 교육철학을 보여주는 한 단면이라고 할 수 있다. (『동아일보』 1926년 4월 27일자)

차미리사의 이러한 교육철학과 소신은 1926년 4월 27일 『동아일보』의 근화여학교 사진과 관련 기사에 그대로 반영되었다. 이 기사는 "현하 조선 여자들의 부르짖는 남녀평등과 여성의 권리를 어느 정도까지 확장함에는 여성의 경제적 능력이 필요한 이상, 그 능력을 얻고자 함에는 무엇보다 실제 전문적 지식이 필요"하고, "무엇보다 여자에게는 합당한 사진술을 택하여 일반에게 주고자 그와 같이 설치하게 된 것"이라며 사진과 설치의 의의와 목적에 대해 전했다. 이처럼 차미리사의 교육철학에 의해 근화여학교에 사진과가 설립된 것이다. 여성 실업교육에 대한 그녀의 확고한 의지는 사진과 외에 음악과와 기예과 등 다양한 특별과 설치로 확대되었는데, 이는 한국의 여성교육사뿐만 아니라 사진교육사에 있어서도 큰 족적을 남겼다.

사진과의 초대 교사들

근화여학교는 사진과의 교수진과 관련해서 1926년 4월 23일 『조선일보』 기사를 통해 "선생은 경성의 일류 사진기술자를 초빙할 터"라고 예고했다. 이로부터 얼마 지나지 않아 그 초대 교사가 누구인지 알려졌는데, 앞서 소개한 1926년 5월 18일 『조선일보』의 기사에서 "조선에서 오직 하나인 여자 사진사"인 이홍경이 "근화여학교 사진부 생도들을 가르치"고 있다고 보도함으로써 그 존재를 확인해 주었다.

이홍경은 일본 유학 중 사진술을 습득한 남편 채상묵에게 1918년부터 3년간 사진술을 연마한 뒤, 1921년 관철동 75번지에 '부인사진관'을 개설했던 인물이다. 당시 『조선일보』에서는 '경성에 부인사진관 개업은 이홍경 여사가 처음'이라며 큰 관심을 보였는데, 이때까지만 해도 조선인 남성 사진사의 수도 손가락에 꼽을 정도였으며, 조선인 여성 사진사로는 이홍경이 유일했다. 여전히 내외법이 잔존

조선민립대학기성회창립총회 기념사진

1923년 이홍경의 남편인 채상묵이 촬영한 것이다. 맨 앞줄 왼쪽에서 여덟 번째 모자를 쓰고 있는 사람이 차미리사이다. ⓒ독립기념관

하여 구가정의 여성들이 초상사진을 촬영할 때 여성 사진사를 요구하는 경우가 많았기 때문에 부인사진관의 인기는 대단했다. 또한 이홍경은 실력도 뛰어나서 부인사진관을 개업한 지 10개월 만에 사진관 건물을 2층으로 증축하고 제반 설비를 확충했다. 1923년경 초상화가였던 남편 채상묵이 초상사진사로 전업하면서 부부가 함께 사진관을 운영했는데, 이때 부인사진관을 '조선사진관'으로 개칭한 것으로 보인다. 1925년경에는 종로통1정목(지금의 종로1가)에 지점까지 낼 정도로 성업 중이었다. 그러던 중 1926년경 이완근에게 조선사진관

을 양도하고 인사동으로 자리를 옮겨 '경성사진관'을 새로 개설했다. 이 무렵 『조선일보』의 연재 기사인 「조선 여성이 가진 여러 직업」의 여덟 번째 주인공이 되어 소개되었던 것이다.

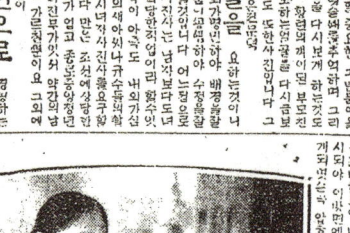

여성 사진사 이홍경
사진사를 조선에서 여성이 가질 수 있는 유망한 직업으로 소개한 이 기사에는 경성에서 여성 사진사로서는 처음으로 사진관을 개설한 이홍경의 인터뷰도 실려 있다. (『조선일보』 1926년 5월 18일자)

1920년대 중반 이홍경은 경성 최고의 유일한 여성 사진사였으며, 말 그대로 '경성의 일류 사진기술자'로 활동하고 있었다. 따라서 차미리사가 이홍경을 근화여학교 사진과의 초대 교사로 초빙한 것은 뛰어난 실력과 다채로운 이력도 이유가 되겠지만 그녀가 여성이라는 점을 높이 평가했던 것 같다. 즉 그녀는 1920년대 대표적 직업여성으로서 남녀평등과 여권 신장의 표상이었기 때문에, 사진과의 설치 목적에 부합한 최적의 인물이었던 것이다.

그런데 최근 확인된 자료에 의하면 이홍경 외에 초대 교사로 초빙된 교사가 두 명 더 있었다. 1926년 5월 12일 『시대일보』 기사를 보면 사진과의 초대 교사로 채성석과 조창기를 소개하고 있다. 개강 다음 날에 보도된 기사여서, 1926년 5월 18일 『조선일보』에 소개된 이홍경보다 일찍 그 이름을 알렸다. 따라서 현재까지 알려진 바로는 근화여화교 사진과의 초대 교사는 이홍경, 채성석, 조창기 3명이며, 이들이 이론 수업과 실기 수업을 분담해서 맡았을 것으로 보인다. 채성석과 조창기에 대해서는 더 이상의 자료가 남아 있지 않아 그들의 이력을 알 수 없지만, 이홍경과 마찬가지로 사진관을 운영했거나 영업 사진에 종사했던 사진사로 추정된다.

학생 모집부터 폐과에 이르기까지

근화여학교 사진과의 입학 자격은 보통학교 6학년 졸업 정도의 학력이면 가능했다. 5월 10일까지 학생을 모집했으며, 개강일은 이튿날인 5월 11일이었다. 근화여학교의 정규과정과는 별도로 설치된 특별과의 하나로 운영되었다. 학제와 수업 연한 그리고 모집 인원에 대해서는 『조선일보』와 『동아일보』가 서로 다르게 보도하여 약간의 혼선이 있다. 『조선일보』는 사진과의 교과과정이 4개월 과정의 본과와 2개월 과정의 연구과로 이루어졌고 모집 인원은 20명이라고 했으나, 『동아일보』는 3개월 과정의 '보통과'와 이 과정이 끝난 후 후속 과정으로서 '연구과'를 두고 있으며 모집 인원은 50명이라고 보도했다. 이를 종합하면 본 사진과의 교육기간은 보통 3개월 내지 4개월의 속성 과정이었고 연구 과정까지 포함하면 최대 6개월간 이어진 셈이다. 이는 당시 YMCA 사진과나 사진학원들의 교육기간과 비슷했는데, 사진술을 배우기에 충분한 기간이었던 것으로 보인다.

한편 교과과정에 대해서는 현재까지 남겨진 자료가 없어 파악할 수 없으나, 당시 함흥에 설치된 고려 사진강습소의 사례를 보면 어느 정도 참조가 될 수 있다. 이 강습소의 교과목은 크게 이론과 실기로 나누어져 있었다. 이론 수업에서는 사진의 원리와 광선 등 매체적 이해를 위한 수업이 이루어졌으며, 실기 수업에서는 사진기의 구조, 촬영, 현상, 인화, 확대, 수정, 특수촬영, 사진관 건설법 등 사진사로서 갖추어야 할 기술적인 내용들을 실습했다. 근화여학교 사진과에서도 이와 비슷한 내용으로 교과과정이 구성되었을 것으로 보인다.

사진과 수업이 실제 이루어졌는지 그리고 언제까지 운영되었는지에 대해서는 정확한 기록이 남아 있지 않다. 1926년 5월 18일 『조선일보』의 이홍경 소개 기사에서 그녀가 "근화여학교 사진부 생도들을 가르치"고 있다는 내용과, 1926년 5월 28일 『시대일보』와의 대담에서 "현재 근화학교에 본과로 고등과와 보통과를 두고 특과로 어학과, 음악과, 사진과는 이미 마련되어 있"다고 한 차미리사의 언급으로 미루어볼 때, 첫 학기는 개설된 것으로 보인다. 하지만 무슨 이유에서인지 사진과는 오래지 않아 폐과된 것으로 보인다. 1927년 2월 『조선일보』에 보도된 근화여학교의 봄 학기 모집 공고를 보면 보통과, 고등과, 음악과만을 모집하고 있어 이미 1926년 하반기에 폐과된 것으로 보이며, 1928년 4월 신학기부터는 음악과를 제외한 특별과도 사라졌다. 사진과가 더 이상 운영되지 못하고 폐과된 이유는 입학금의 7~8배에 달하는 월사금이 지원자들에게 큰 부담이 되었던 것으로 보이며, 1920년대 중후반의 시대적 상황에서 여성이 사진사로 활동하기에는 많은 제약이 뒤따랐던 것으로 보인다. 그리고 이미 첨단 설비를 갖춘 수많은 사진학원들이 개설·운영되고 있었기 때문에 사진교육을 둘러싼 학원과의 경쟁에서 밀렸던 것으로 보인다.

덕성여자대학교로 이어진 사진교육

덕성여자대학교는 1950년 5월 17일 2년제 덕성여자초급대학 설립인가를 받고 그해 6월 운현궁 양관(서울 종로구 운니동 114번지)에서 개교하였다. 개교 당시 국문과, 영문과, 가사과 등 모두 3개의 학과가 운영되었는데, 『덕성오십년사』를 보면 창학 당시 강사로 위촉된 교수진

명단에 정해창(鄭海昌)의 이름이 올라 있다. 정해창은 1929년 광화문 빌딩 2층 화랑에서 우리나라 최초로 개인 사진전람회를 열었던 인물이다. '예술사진의 비조'로 평가받던 그가 덕성여자초급대학의 교수진에 오른 것은 당시 학장이었던 송금선과의 인연 때문으로 알려졌다. 하지만 개교한 지 얼마 지나지 않아 한국전쟁이 발발하여 대학이 피난지 부산에 옮겨가게 되자, 그는 더 이상 출강할 수 없었다.

덕성여자대학교는 전쟁 중인 1952년 3월 문교부의 승인을 받아 4년제 대학으로 승격했는데, 1953년 8월 운현궁으로 환도하자 정해창도 다시 새로 개편된 가정과에서 수업을 맡게 되었다. 그의 이력을 보면 그가 덕성여자대학교에서 맡은 수업이 동양미술사와 사진학이었다고 전해지는데, 당시 가정과의 교과과정을 살펴보면 '가정학 전공' 수업에 '미술사' 과목(1학년)이 개설되었고, '기예학 전공'에는 '사진학'(3, 4학년)과 '미학미술사' 과목(1~4학년)이 학년별로 배정되어 있었다.

덕성여자대학교는 학교 운영을 위해 1955년 2월 야간부 설치를 신청하여 같은 해 3월 2부 대학 설립 허가를 받았다. 2부제로 학교가 운영되면서 교과과정도 개편되었는데, 당시 가정과의 전공과목을 보면 사진학 수업은 빠져 있고, 미술사 수업만 배정되어 있다. 정해창은 1955년 4월 29일 『동아일보』에 「수선화」라는 수필을 발표했는데, 그의 신분을 덕성여자대학교 교수로 밝힌 것으로 보아 이때까지 덕성여자대학교에서 미술사 수업을 담당했던 것으로 보인다. 하지만 1956년의 각과 교수 및 강사진 명단에 정해창의 이름이 빠져 있는 것으로 보아 이 무렵 덕성여자대학교를 떠난 것으로 보인다.

근화여학교 사진과의 역사적 의미

디지털시대를 살아가고 있는 오늘날 남녀노소 할 것 없이 사진은 취미를 넘어 일상이 된 지 오래다. 1964년 서라벌예술대학 초급대학 과정에 2년제의 사진과가 개설된 이래로 전국의 많은 대학에 사진과가 개설되었으며, 이에 따라 상당수의 여성들이 대학에서 사진을 전공하고 직업 사진가로 활동하고 있다. 시각예술 분야에서도 여성 사진가들의 다양한 사진적 실천들이 활발하게 이루어지고 있다. 그러나 100여 년 전의 상황은 지금과 사뭇 달랐다. 1930년에 서울 지역에서 활동했던 여성 사진사는 조선인 4명, 일본인 11명 등 모두 15명 정도였는데, 전체 사진사 344명 중에 4퍼센트에 불과했다. 이런 상황에서 1920년대 중반 근화여학교에 사진과가 설치되었다는 것은 여성들을 위한 직업교육의 확대와 여성의 사회적 진출의 다양성을 보여준 사건이었으며, 초상사진의 대중화 시대를 맞아 사진 시장의 확장을 예견한 차미리사의 선견지명이 돋보이는 판단이었다.

1930년의 통계가 말해주듯이 당시 여성이 사진사로 활동하는 것 자체가 사회적으로 제약을 받았던 때라 사진과의 존속 기간은 그리 길지 못했다. 하지만 1931년 1월 YMCA 사진과의 여자부 설치와 그해 4월 조선불교여자청년회에서 설립한 명성여자실업학원(지금의 동국대학교 사범대학 부속여자중학교·동국대학교 사범대학 부속여자고등학교)의 전수과(專修

科) 내 사진부 설치 등 1930년대 여성들의 사진교육을 견인했다는 점에서 한국 여성 사진교육사에서 근화여학교의 사진과 개설이 갖는 의미는 각별하다. 또한 근화여학교 사진과의 초대 교사와 덕성여자대학교 가정과의 사진 수업을 담당했던 인물이 각각 우리나라 최초로 여성 사진관을 개설한 이홍경과 우리나라 최초로 개인 사진전람회를 개최했던 정해창이었다는 점에서 근화학원(덕성학원)은 한국사진사(韓國寫眞史)뿐만 아니라 사진교육사의 빈 공백을 매울 수 있는 중요한 계기를 제공했다.

이경민 사진아카이브연구소 대표

근화여학교
교훈에 담긴 의미

5
덕성

차미리사의 교육철학

교훈에는 학교의 교육이념이 압축되어 있다. 그러므로 교훈에 대한 심도 있는 검토는 창학 이념을 창조적으로 이해하는 동시에 그 정신을 발전적으로 계승하는 출발이 된다. 독립운동가이며 여성운동가인 덕성학원 설립자 차미리사는 거족적인 민족운동인 3·1운동이 일어나자 이를 이어받아 1920년 조선여자교육회를 조직하고 본격적으로 여성교육 활동에 뛰어들었다. 그리고 이듬해에는 전국순회강연을 통해, "여자도 사람이다. 사람이면 사람다운 삶을 살아야 할 것이요, 사람다운 삶을 살려면 첫째 알아야 되겠고 배워야 하겠다. 남자의 노리개 남자의 노예 노릇을 하던 케케묵은 시대는 벌써

근화여학교 교훈이 실린 신문 기사

교육의 참 의의가 "인격의 함양과 개성의 발휘"에 있다고 생각한 차미리사는 개성에 눈을 뜨는 여성이 되도록 학생들을 가르쳤다. 이 때문에 근화여학교 학생들은 '얌전하다'는 평보다는 '활달하다'는 평을 받았다.
(『조선일보』 1926년 1월 21일자)

지난 지 이미 오래이다"라고 부르짖어, 여성들에게 인격에 눈을 뜨고 자아를 확립할 것을 강조했다.

차미리사는 사회교육기관이던 근화학원을 1925년 정규교육기관인 근화여학교로 승격시킨 후 교훈을 "살되 네 생명을 살아라. 생각하되 네 생각으로 하여라. 알되 네가 깨달아 알아라"로 정했다.

근화여학교 교훈 "살되, 네 생명을 살아라"는 삶의 주체성과 자율성을, "생각하되, 네 생각으로 하여라"는 사고의 독창성을, "알되, 네가 깨달아 알아라"는 지식의 실천성을 강조하는 내용이다. 근화여학교 교훈에는 개인의 인격과 자유를 강조하는 1920년대 시대정신이 압축되어 있다. 또한 첫 번째 교훈은 두 번째, 세 번째 교훈을 포섭하는데 이는 사고의 독창성과 지식의 실천성이 주체적 삶의 필요조건이기 때문이다. 주체적 삶은 주체적 존재로서 본래적 자기의 삶을 강조하는 실존주의 철학과도 일맥상통한다.

주체성이 진리이고 주체성이 현실이다

실존주의는 인간의 유한성을 지적함과 동시에 인간을 주체적인 자각으로 이끌고자 했다는 점에서 20세기 전반기의 가장 중요한 철학 사조 중 하나이다. 실존철학에서 '실존'이란 인간의 본래적 자기를 일컫는 개념으로, 성찰 능력을 가지고 있는 인간에게만 적용되는 고유한 존재 방식이다. 인간이 실존적인 삶을 살기 위해서는 일상적·세속적·비본래적 존재에서 벗어나 본래적 자기존재로 돌아가야 한다. 자신의 내면의 소리에 귀를 기울임으로써 자신의 삶을 주체적으로 결정해 나가야 하는 것이다. 헤겔 철학과의 대결을 통해 실존의 개념을 정리한 실존철학의 창시자 쇠렌 키르케고르(Søren Aabye Kierkegaard)는 "주체성이 진리이고 주체성이 현실이다"라고 했다.

실체로서의 사물은 이미 확정된 성질의 존재인 반면 인간은 언제나 확정되지 않은 존재이다. 실존은 그 자체로 인간에게 부여되는 것이 아니다. 실존은 인간이 실현할 수도 있고 실현하지 못할 수도 있는 인간의 가능성이다. 부단히 자기 자신을 유지시키고 발전시키고 고양시키는 자기 극복, 끊임없이 자기를 강화시키면서 새로운 자신을 만들어가는 자기 초극, 그것이 실존이다.

인간은 자신이 무엇으로 존재할 것인가를 스스로 결단하지 않으면 안 된다. 근화여학교 교훈 "살되, 네 생명을 살아라"는 자신의 존재 방식을 스스로 결정함으로써 '자신의 실존을 스스로 창출하라'는 정언 명령이다.

잃어버린 자아를 되찾는 일

인간은 스스로 책임을 지는 주체적 존재이므로 실존은 인간의 권리이다. 인간은 누구나 자기 삶을 스스로 결정할 권리가 있는 자유로운 존재인 것이다. 그러나 조선의 현실은 그러하지 못했다. 개인의 권리의식이 뒷받침된 주체적 사고보다, 자기 몸을 부모의 소유물로 보고 부모의 절대 권력을 용인하는 전통적 사고가 더 큰 영향력을 발휘했다. 자신의 신체는 본인의 것이 아니라 부모로부터 물려받은 것이라는 낡은 생각이 사회를 지배하고 있었다.

전통적인 사고를 지닌 이들은 "몸은 내 소유가 아니고 부모의 소유이다. 남이 물건을 주어도 감격할 줄 알 것인데, 하물며 몸을 물려주신 부모에게 있어서랴?"라고 하여, 오직 부모만이 자신이 존재하게 된 원천이라고 설명했다. 사람은 부모가 아니면 태어나지 못했을 것이고 그렇다면 세상에 존재할 수도 없기 때문에 자식의 몸은 부모의 소유라는 것이다. 이로부터 소유물인 자식에 대한 소유자인 부모의 권능, 즉 자식 위에 군림할 수 있는 부모의 권위가 생겨나게 된다. 부모는 자식과 똑같은 인간 존재이면서 동시에 자식에 대해 절대자나 초월자처럼 차원을 달리하는 권한을 갖는다. 이것이 인간으로서 상호 대등성, 즉 주체성을 거부하는 삶으로 귀결될 수밖에 없는 이념적 근거가 되었다.

이처럼 자신을 부모의 소유물로 인식하는 전통적 가치관을 극복하지 않는 한 주체적인 삶을 살기란 쉽지 않았다. 특히 여성들의 경우에는 억압과 속박이 더욱 심했다. 여성은 삼종지도(三從之道)라 하여, 어려서는 아버지를 따르고, 시집가서는 남편을 따르고, 남편이 죽은 후에는 아들을 따라야만 했다. 혼인의 시기나 대상 또한 스스로 선택할 수 있는 것이 아니었다. 혼인은 개인과 개인 간 인격체의 만남이 아니라 가문과 가문이 만나는 문중 간의 결합이었다. 결혼생활은 남성 중심적이었다. 여성의 활동 범위는 집안으로 국한되었다. 자기 삶의 대부분을 가정과 남편, 자식을 위해 희생하며 숙명적으로 살아가는 조선 여성들에게, 차미리사는 잃어버린 자아를 되찾을 것을 호소했다.

> 우리는 너무나 오랫동안 자아를 잃어버리고 있었습니다. 단지 남의 종속물로서 노예의 생활을 해왔던 것입니다. 여자도 인간인 이상 자기도 이 사회를 구성한 한 분자라는 것을 의식한다면 남의 기생자가

될 필요가 없을 것을 절실히 느껴야 하겠지요. (…) 여러분은 결혼보다도 먼저 현명한 여성이 되기를 바랍니다. 자아를 잃은 곳에 무슨 참된 아내가 있으며 진실한 어머니가 있겠습니까?
— 「조선여성(朝鮮女性)이여 자립(自立)하라」, 『조광』 1936년 3월호

남편을 위한 희생, 자식에 대한 사랑보다 더 중요한 것은 잃어버린 자신을 되찾는 일이라는 것이다. 이러한 가르침은 현모양처를 이상적인 여성상으로 가르치던 당시의 교육 풍조에 커다란 반향을 일으켰다.

자립정신과 여성해방

차미리사는 자신 스스로도 남의 힘을 빌리거나 의지하려는 생각을 갖지 않았다. 여성이라는 한계를 뛰어넘어 놀라운 실행력과 영웅적 희생정신으로 역경과 고난을 헤쳐 나갔다. 당시 대부분의 여성교육기관이 서양 선교사 아니면 남성 유지에 의해 세워진 것임에 반해, 차미리사가 3·1운동 정신을 계승하여 세운 조선여자교육회는 조선 여성이 여성의 힘으로 여성을 위해 세운 교육기관이었다. 그리고 학교를 경영하는 방법도 강연회, 연극회, 바자회 등을 통한 자력갱생이었다. 그녀가 개신교 신자였지만 외국인 선교사의 도움을 받지 않고 순 조선적인 교육기관을 설립할 수 있었던 것은 자신의 삶을 스스로 사는 자립정신을 철저히 실천했기 때문이었다.

차미리사는 인격적 자각을 뒷받침하기 위해서는 경제적 자립이 무엇보다 중요하다고 생각했다. 사람은 물질적 자유가 있어야 비로소 인격적 자유를 얻을 수 있기 때문이다. 입으로만 외치는 관념적인 해방이 아니라 실제 생활에서의 해방, 평등한 삶을 사는 진정한 해방은 직업을 얻은 후에나 가능한 일이었다. 여성이 직업을 갖는 것은 곧 인격을 되찾는 길이며 여성해방의 지름길이었다.

차미리사는 학생들이 경제적 능력을 갖출 수 있도록 하기 위해 양복과, 사진과 등을 설치했는데, 이는 조선에서 최초였다. 그리고 본격적으로 전문적인 실업교육을 실시하기 위해 재단법인 근화학원의 설립 인가를 받았다. 차미리사가 추진한 실업교육은 '여성해방은 여성이 직업을 가져서 자기의 생활을 스스로 책임질 수 있을 때 비로소 가능하다'는 교육철학이 반영된 새롭고도 진취적인 결정이었다.

한상권 덕성100년사 편찬위원회 위원장

특집 근화의 교표와 교가

1927년 『매일신보』에는 여러 학교의 교표와 교가를 소개하는 코너가 있었다. 12번째로 근화여학교의 교표와 교가가 소개되어 1925년부터 사용했던 근화여학교의 무궁화 교표와 근화의 학생들이 힘차게 불렀을 교가를 알 수 있다.

  당시 보통 여학교들이 '꽃 화(花)' 자를 넣어 학교명을 지었던 것처럼 근화여학교의 '근화'는 '무궁화 근(槿)'과 '꽃 화'를 합성한 이름이다. 근화여학교의 교표도 근화의 상징이자 삼천리강산을 의미하는 무궁화 꽃을 배경으로 하고 그 위에 '槿花(근화)'라고 글자를 새긴 모양이었다.
  근 10년간 이 교표를 사용하던 근화여학교가 1935년 근화여자실업학교로 전환되면서 교표도 달라지게 된다. 희망과 진실을 상징하는 푸른 원 안에 보랏빛 무궁화를 넣고, 한가운데에는 '槿花(근화)' 대신 '實(실)' 자를 새겨 넣어 실업학교임을 강조했다.

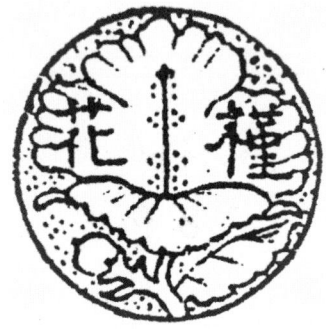 

        근화여학교 교표   근화여자실업학교 교표

『매일신보』의 같은 기사에서는 근화여학교의 교가를 소개하며 '무궁하거라 고상하거라. 무궁화 꽃을 달고 있는 이 학교 처녀들이 배우는 목표입니다'라고 덧붙였다.

1920년대 근화여학교의 교가

(一) 삼각산이 솟았고 한강물이 감도는 만세 반석
한양성에 기초된 우리 근화학교는 백운간에 높았네.

〈후렴〉 굉장하다 우리학교 만세라 만세~
우리 근화학교가 엄청 만년 영원히 무궁화가 되겠네
굉장하다 우리학교 만세라.

(二) 정신으로 북돋고 학문으로 물주네
정결코 빛 고운 꽃
우릴께 엉긴 이슬 흐를제 맑은 동산새이네
태양같이 우리 얼굴 빛내세

(三) 부드러운 먼 노래 깊이 든 잠 깨치네.
천상인가 하는 것이 여길세
저 가람도 저 뫼도 품은 희망보이네.
영원무궁 그침 없이 나가세

―『매일신보』 1927년 2월 9일자

이 교가가 언제까지 불렸는지 정확한 정보는 없지만, 1932년 잡지 『신여성』에 새로운 교가가 실린 것으로 보아 1932년 전후로 학생들이 조금 더 부르기 편한 가사로 교가가 바뀌었을 것으로 보인다.

1930년대 근화여학교 교가

1. 무궁화가 자라나는 우리 근화학교
언덕 우에 웃둑솟아 그 웅자 굉장타

〈후렴〉 귀여운 이곳은 우리의 터이매
우리 마음 받첬으니 근화야 만만세

2. 천진난만 우리들을 네 품에 안고서
영원무궁 지내도록 조선의 빛되라

―『신여성』 1932년 10월호

  1932년 『신여성』에 소개된 근화여학교 교가는 이전 교가와 비교하면 가사는 많이 바뀌었지만, 무궁화가 핀 배움의 동산인 근화여학교를 사랑하는 학생들의 마음은 노랫말 속에 변함없이 전해지는 듯하다. 근화여학교의 두 번째 교가는 1938년 졸업앨범에도 그대로 실린 것으로 보아 1938년까지는 바뀌지 않았을 것이다.
  학교명이 '근화'에서 '덕성'으로 바뀔 무렵의 교가는 전시체제기의 분위기를 반영하듯 일어로 되어 있으며, 당시 식민 권력이 여성교육에서 강조했던 교육이념인 '근로(勤勞)' '부덕(婦德)'이라는 단어가 가사에 포함되어 있다. 이 교가는 1945년 해방 이후 폐기되었고, 덕성고등여학교 김종빈 교감에 의해 새로운 교가가 만들어졌다. 지금 덕성여자대학교 교정에 흐르는 교가는 1956년 박종화 작사, 나운영 작곡으로 만들어졌다. 한국 전통의 가락을 담은 이 교가는 덕성여자대학교에 최초로 창설된 국악과를 상징하기 위해 민속음계 멜로디로 작곡했다고 전해진다.

6 엄마는 근화여학교로, 아이는 근화유치원으로

더깊어진

여학교 안에 유치원이 만들어지기까지

현재 덕성학원 산하에는 두 개의 유치원이 있다. 하나는 1965년에 운니동캠퍼스 안에 자리 잡은 운현유치원이고, 다른 하나는 1984년 쌍문동 덕성여자대학교 내에 설립된 덕성여자대학교 부속유치원이다. 두 유치원은 유아교육의 오랜 전통이라는 자부심과 함께, 대학과의 적절한 연계 속에서 유아교육학자들의 교수법 연구와 유아교육자 양성이라는 교육과 실천이 어우러지고 있다는 강점을 가지고 있다.

식민지 시기 덕성학원, 근화학원 안에도 유치원이 있었다. 바로 '근화유치원'이다. 1929년 4월, 차미리사는 근화여학교 안에 유치원을 개원했다. 식민지 조선에서 여성 혼자의 몸으로 학교를 운영하는 것만도 버거웠을 시기, 차미리사는 왜 유치원까지 설립한 것일까?

근화유치원이 사료에 처음 등장하는 것은 1929년 2월 근화유치원이 새로 설립된다는 『동아일보』 기사에서이다. 4월 8일에 근화유치원이 안국동 근화여학교 안에 개원을 하며, 4~6세 원아들 100명을 모집한다는 내용이다. 하지만 조선총독부 학무국 통계조사 중 경기도 내에 유치원에 관한 기록에 근화유치원이 등장하는 것은 1931년이며, 여기에는 창립일이 1930년 6월이라고 기록되어 있다. 아마도 1929년부터 유아를 모집하여 미인가 상태에서 운영하다가, 창립일로 기록된 1930년 6월 즈음에 조선총독부에 허가를 받은 것으로 보인다. 이러한 기록과 실제, 사료 간의 불일치는 근화유치원만의 특수한 경우는 아니었다. 당시 유치원에 관한 사료들은 사료마다, 혹은 같은 사료 안에서도 설립연도나 주체 등이 제각기 다르게 나타나곤 하는데 이는 재정적 기반이 취약해 개원과 폐원을 반복했던 식민지하 한국인 유치원의 특징을 반영하는 것이라고 볼 수 있다.

차미리사가 근화유치원을 개원했을 1929년 조선총독부 통계에 따르면, 경기도에는 43개, 전국에는 약 230개의 유치원이 있었다. 그 중 80~90퍼센트는 기독교계 유치원이었는데, 이는 민중계몽을 위해 야학이나 강습회 등 다양한 교육활동을 펼쳤던 기독교회에서 유치원 역시 중요한 교육사업의 하나로 추진했기 때문이다. 이미 갖추고 있던 교회 시설이나 인적자원을 활용해 유치원을 운영해 나감으로써 기독교계 유치원들은 비교적 신속하게 보급될 수 있었다. 유아를 대상으로 한 교육이 보편화되기 이전, 기독교계 유치원 설립이 대부분이었던 시기에 차미리사는 근화여학교 내에 유치원을 열었다.

차미리사의 아동에 대한 관심과 경험을 확인할 수 있는 사료는 많지 않다. 그러나 그녀의 행보나 경험들로 미루어 볼 때 유치원 설립 훨씬 이전부터 관심을 가지고 있었던 것으로 보인다. 미국 유학 시절 사회활동가로 활동했던 그녀는 장인환과 함께 평안북도 선천에 대동고아원을 설립하는 일에 참여하고, 후원했다. 또한 그녀가 미국에서 여성과 아동 중심의 선교정책을 채택했던 남감리교계 기독학교에서 수학하고, 같은 계통인 배화학당에서 재직한 시절(1912-1920)의 경험도 작용했을 것이다. 1917년 여성과 아동 중심의 선교정책에 따라 배화학당 내에 유치원이 설립된다. 차미리사는 1920년 조선여자교육회 강연회에 배화유치원 원아들의 노래극을 배치하여 대중의 열렬한 환호를 받기도 했다. 차미리사는 배화학당에서 고등과 학생들의 교육을 담당했지만, 배화학당의 유치원 설립과 운영에 대한 간접 경험은 존재했을 것이며, 그녀의 교육사업 구상 속에 이러한 유아의 문제가 긴밀하게 자리하고 있었던 것으로 보인다.

이와 함께 차미리사는 1927년 정읍유치원의 자모회 총무로 선출되어 유치원 운영에 관한 직간접적인 경험을 쌓았다. 이 시기 대다수의 유치원은 재정이 넉넉하지 못했는데, 대부분은 학부모의 후원을 받아 운영했다. 따라서 유치원 운영에 있어서 유아들의 부모로 구성된 '자모회'는 실질적 중심축이었다. 자모회 총무로 활동한 차미리사의 경험이 구체적인 사료로 남아 있지는 않지만, 이러한 다양한 경험들은 차미리사가 근화유치원 설립을 결정하는 데에 자극이 되었을 것이라 추측해볼 수 있다.

이렇듯 근화유치원의 설립은 차미리사가 가지고 있던 여성교육론과 함께 아이들에 대한 애정과 관심에서 비롯된 것으로 보인다. 1933년 경성전기가 경성부에 50만 원의 기부금을 낸 것을 어떠한 용도에 쓸 것인가라는 조사에 차미리사는 무엇보다 '아동이 뛰어놀 곳을 만들자'라고 응답했다. 놀 곳 없어 비위생적인 골목길에서 더러운 것을 만지면서 노는 우리 아이들을 안타깝게 여겨, 시내 곳곳에 아이들이 맘껏 뛰어놀 수 있는 아동 유원지나 공원 같은 공간을 만들었으면 좋겠다고 제안했던 것이다. 하지만 이러한 경험들이 유치원 설립의 직접적인 동기라고 할 수는 없다. 차미리사가 근화여학교 안에 유치원을 열게 된 결정적 동기는 무엇일까?

엄마와 아이가 함께 가는 근화학원

당시 차미리사는 음악회, 강연회, 바자회, 토론회 등을 열어 마련한 수익금과 유지들의 원조로 근화여학교를 유지해 나가고 있었다. 이러한 상황 속에서 근화유치원이 새로 설립되었는데, 1929년 설립 당시 기사에는 이 유치원을 "직업부인들의 아이를 맡아 보육해주고, 지방에서 올라와 공부하려는 여성들도 아이를 맡기고 여유롭게 공부할 수 있다"고 소개하고 있다. 여기에 식민지배하의 어려움 속에서도 차미리사가 여학교 내에 유치원까지 열었던 동기가 무엇이었을지 짐작할 수 있게 해주는 열쇠가 있다.

근화여학교는 배움의 기회를 놓친 가정부인의 배움터였다. 식민지 조선에 근대 학제가 확고하게 자리 잡아 나가기 전, 이미 입학 연령을 초과하여 다른 학교에 들어가지 못한 가정부인들처럼 교육에서 소외되었던 여성들을 위한 교육기관이었던 것이다. 차미리사는 근화여학교를 '가정부인을 위한 교육기관, 학령이 넘쳐 배우고 싶어도 배울 길이 없는 여성들을 받아 속성으로 교육하는, 과도기에 있는 우리 사회로서는 없어서는 안 될 기관'이라고 직접 소개하기도 했다. 그리고 이러한 근화의 여학생을 위해 학교 내에 유치원이 필요하다고 생각했다. 근화유치원은 어머니와 자식이 함께 와서 엄마는 이쪽 교실에서, 아이는 저쪽 교실에서 배운 후 수업을 마치면 자녀를 데리고 가도록 만들었다. 학생의 대부분이 가정부인인 것을 감안해 자녀와의 공간적 거리가 가까운 만큼 정서적으로 안정된 상태에서 공부할 수 있는 시스템을 창안한 것이다. 이는 마치 현대의 직장어린이집이 만들어진 맥락과 유사해 보이기도 한다. 어쨌건 이렇게 차미리사는 가정부인, 아이의 어머니였던 자신의 제자들이 처한 현실적 어려움을 정확하게 포착하고 이를 해결할 수 있는 현명한 방법을 창안해내었다.

또한 개원 후 언론과의 인터뷰에서 근화유치원의 교사 전영숙은 근화유치원의 특색과 취지를 다음과 같이 설명했다. "돈 있는 집 자녀들을 데려다 논 곳, 가난한 아동들은 들어올 엄두도 못 내는 곳인 당시 유치원과는 다르게 가난한 가정의 자녀를 중심으로 삼아 보육을 시작하려 합니다. 공장 직공, 박봉의 교원 자녀, 시간이 안 맞아 데

근화유치원 유아들

차미리사는 근화여학교 내에 근화유치원을 세워 일하는 여성들, 공부하는 여성들의 아이들을 돌보고자 했다. 여성 문제를 해결함에 있어 육아 문제를 직시한, 당시 사회 분위기로는 생각할 수 없었던 매우 획기적인 아이디어였다. (1938년 근화여자실업학교 졸업앨범)

리고 갈 수도 없고 홀로 집에 내버려둘 수도 없는 아이들을 유치원에 데려다만 주면 일을 마치고 나올 때까지 보호를 해줍니다." 당시 유치원은 고가의 원비를 내야했기에 '귀족 유치원'이라는 말이 있을 정도였는데, 근화유치원은 가난한 가정의 아이들, 그리고 일이나 공부를 하는 여성을 위한 유치원이었다. 이처럼 공부하는 여성, 일하는 여성을 위한 유치원을 학교 내에 설립한다는 아이디어는 남성 교장이나 남학교의 교장이 생각하기 어려운, 여학교의 여성 경영자만이 창안할 수 있는 독특한 시스템이었다. 여성교육에 앞장선 차미리사가 근화여학교 안에 유치원을 둔 것은 바로 여성과 불가분의 문제인 '육아 문제'를 직시할 수 있었기 때문이다. 아이와 엄마가 '동문수학'하는 이채로운 광경은 차미리사가 제자들의 어려움을 자신의 문제로 인식하고, 나아가 여성이 주체적 삶을 살기 위해서는 경제적 독립이 전제되어야 하며, 이를 위해선 기혼여성에게는 뗄 수 없는 '자녀' 문제가 해결되어야 함을 몸소 겪고 고민한 결과가 아니었을까.

당시 엄마와 아이가 같은 교정 안에서 공부하는 모습을 한 기자는 이렇게 적었다.

> 근화여학교를 취재차 방문한 기자는 어머니들이 모여 있는 근화여학교로 갔다. 무궁화 떨기가 가을 아침을 빛내고 있는 교문을 들어서니 대강당에서는 밤톨 같은 어린이들이 '우리집에 닭 한 쌍'이라는 노래를 연습하고 있었다. 그 옆 각 교실에 있는 학생들은 다른 여학교 생도들과 어디가 다른가 싶게 어머니로서는 너무나 젊고 어여뻐 보였다.
>
> ―『중외일보』 1929년 9월 21일자

'순전한 조선의 정신으로 보육할 것'

그렇다면 근화유치원의 구성원은 어떠한 사람들이었고, 어떠한 교육이 이루어졌을까? 근화유치원은 개원한 지 며칠도 채 되지 않은 1929년 4월 18일 이미 60명의 아이들이 입학했다. 시기마다 경영

상태에 따른 변동은 있었지만, 평균적으로 두 반으로 운영되었고 보모는 3명 정도였다. 근화유치원 역시 자모회가 구성되어 한 달에 한 번 회의를 통해 유치원 발전 방안이나 유아교육에 관해 협의했다.

식민지 시기 유치원 선생님을 제2의 어머니, 즉 '보모'라고 칭했다. 보모들은 사랑과 희생정신으로 아이들을 교육했다. 근화유치원 안에서의 어머니, 근화유치원을 사랑으로 이끌어간 보모는 누구였을까? 유치원이 존재했던 전시기의 기록이 체계적으로 남아 있지 않아 단정하기에는 어려움이 있지만, 근화유치원의 보모는 근대교육을 통해 '유아교육'을 전공한 나름의 전문적인 지식과 자질을 가진 젊은 여성들이었다. 유남순은 유치원 교사 양성을 목적으로 설립된 중앙유치원 사범과 본과를 수석으로 졸업한 인재였으며, 전영숙은 이화여자전문학교를 졸업하고 각지에서 유치원 교사 경력을 쌓은 후에 근화유치원의 가족이 되었다. 특히 전영숙은 조선의 정서에 맞는 동화나 동요가 부족했던 시기 『조선일보』에 '참새 삼봉이'라는 창작 동화를 연재한 작가이기도 했다. 김자혜는 근화유치원을 대표하여 언론사 인터뷰나, 유아교육 토론회에 응하여 유아교육에 대한 지식이 부족했던 조선의 부모들에게 전문적인 조언을 아끼지 않았다. 특히 '유치원을 한글공부, 셈공부를 하는 보통학교 준비기관으로만 보지 말고, 어린이 중심으로 맘껏 뛰놀고 단체생활을 첫 경험하는 기관'으로 보아주길 바란다는 내용은 지금도 유의미한 조언이다.

근화유치원의 특별한 점이 있다면, 교육방침에 있어 '순전한 조선의 정신으로 보육'할 것을 표방했다는 것이다. 개원 후 첫 언론 인터

유치원 동화 '참새 삼봉이'
근화유치원의 교사 전영숙은 조선의 글과 노래로 아이들을 가르치고자 했다. (『조선일보』 1929년 7월 11일자)

순전한 조선의 정신으로
근화유치원 교사 전영숙의 인터뷰로 근화유치원의 교육방침과 포부를 밝혔다. (『조선일보』 1929년 4월 18일자)

뷰에서 유치원 교사 전영숙은 유치원 역시 근화여학교처럼 차미리사의 뜻을 따라 "순전히 우리 조선 사람의 정신으로써 경영하고 또한 교육하며, 이를 위해 근래에 유치원 사이에 문제가 되는 일본말 창가나 동요 같은 것은 절대로 가르쳐주지 않을 것"이라고 근화유치원의 포부를 밝혔다. 일제강점기 유치원은 초등교육기관과는 달리 표준화된 교육방침에서 벗어나 나름대로 설립자의 교육철학을 펼칠 수 있었다. 근화유치원은 조선총독부의 규제와 감시 속에서도 비교적 자율성을 확보할 수 있다는 유치원 교육의 특성을 살려 설립자 차미리사의 '조선적 교육' 이념에 따라 아이들을 가르치고자 했다.

줄어드는 원아 수와 재정의 어려움

근화유치원은 엄마와 아이가 함께 공부하는 배움터로 문을 열었다. 하지만 근화유치원이 지속적으로 근화 여학생의 자녀만을 대상으로 한 기관은 아니었던 것으로 보인다. 근화여학교가 점점 정규학교로 자리 잡아 가면서, 가정에서 살림을 하는 학생들, 입학 연령을 초과하여 학교에 입학하지 못한 학생들은 점차 줄어들었고, 상대적으로 상급학교 진학을 위해 입학하는 학생이 늘어났기 때문이다. 따라서 유치원 아동들 역시 근화여학교 학생의 자녀가 아닌 유치원을 희망하는 아동들이 주 대상이 되었다. 1932년 근화유치원 보모의 인터뷰에서는 근화유치원에 다니는 아이들이 주로 중류 이상이라고 밝히고 있다. 차미리사와 기독교를 매개로 개인적으로 친분이 두터웠고, 근화학원 이사이기도 했던 윤치호의 막내아들 역시 근화유치원에 다녔다. 이렇게 대부분의 원아들이 유산자(有産者) 가정의 아동들이었던 이유는 상당히 비싼 편이었던 유치원을 다니기 위한 가장 중요한 요건 중 하나가 부모의 경제력이었기 때문이다.

1935년 윤치호 일기에는 차미리사가 이 유치원을 운영하기에는 무리가 있었으며, 재정적 곤란으로 부모들부터 기부금을 받고 있다고 기록되어 있다. "돈이 없어서 그녀는 30명 가까이 되는 아이들에 단지 한 명의 교사만을 데리고 있다. 그녀는 부모들로부터 기부금을 받고 있다. 졸업식을 위해 우리는 30엔을 내야 했다"라는 기록은 식민지 시기 여성 개인이 학교와 함께 유치원을 운영해 나가는 것이 얼마나 어려웠을지를 여실히 느낄 수 있게 해준다.

당시 유치원 보모 1인당 원아 수는 적게는 20명에서 많으면 30명 정도의 비율로 나타난다. 유치원의 재정이 어려울수록 보모 한 명이 담당해야 하는 원아가 많았을 것이며, 1934년 무렵부터 근화유치원의 재원은 넉넉지 않은 편에 속했다. 실제로 근화유치원이 세워지고 초반에는 약 1900~2000원 정도였던 경상비가, 1934년이 지나면서 1200원대로 급감하고, 유치원 아동 수도 50명에서 32명으로 줄었다.

덕성유치원, 폐원을 결정하다

1938년 조선총독부의 압력으로 '무궁화 근(槿)' 자가 든 교명을 '덕성'으로 변경할 때, 유치원 역시 덕성유치원으로 원명을 바꾸었다.

1930년대 재정 지원이 끊기자 많은 기독교계 유치원이 폐원을 결정한 것과 대조적으로 차미리사는 전시체제기 경제적, 정치적 어려움 속에서도 근화유치원을 포기하지 않고 10년이라는 세월을 일구어 나갔다. 하지만 1940년 차미리사가 송금선에게 덕성여자실업학교의 운영권을 넘겨주면서 '덕성여자실업학교를 중등교육기관으로 확장하는 데에 집중하기 위한' 판단 아래 근화(덕성)유치원은 폐원을 결정하게 된다.

10년간 유아교육을 담당했던 근화유치원은 문을 닫았지만, 폐원과 관련한 정겨운 에피소드가 있다. 근화유치원의 오랜 선생님이었던 유남순은 정든 유치원을 살려보겠다는 생각을 가지고, 독신으로 아껴가며 모은 사비를 털어 1941년 9월 돈암동에 '덕성유치원'을 개원했다. 유남순은 덕성유치원을 살려보고자 차미리사에게 덕성이라는 이름만이라도 인계해줄 것을 요청했고, 차미리사 역시 흔쾌히 승낙했다. 그리고 새롭게 부활한 덕성유치원은 당시 경성 내에서도 외진 곳, 영세민 지대로 아동을 보육하는 기관이 전혀 없던 돈암동에 문을 열어 지역민으로부터 환영을 받았다. 이렇듯 근화유치원의 '빈한한 가정의 여자를 중심으로 삼아'라는 개원 정신은 사라지지 않고 이어졌다.

박현옥 덕성100년사 편찬위원회 전임연구원

7 더ㄱㅅㅇ

계몽운동의 수단이 된 차미리사의 음악사상

젊은 차미리사와 서양음악

조선에 새로운 서구 문물이 들어와 빠른 속도로 개화되기 시작하자 남성 지식인들은 시대의 요구에 부응하기 위해 여러 가지 방법을 모색하기 바빴다. 소수의 여성들도 그 길에 동참했다. 대다수의 여성들은 이처럼 빠르게 근대를 흡수한 소수의 '신여성'들을 낯설고 어색한 시선으로 바라보는 동시에 그들을 향한 동경과 열망으로 자신들 역시 신여성이 되기를 희망했다.

여성운동에 앞장선 지도자들은 여성들이 이러한 꿈을 실현할 수 있도록 여성의 근대화에 힘썼다. 남성에 비해 현저히 뒤떨어져 있던 여성계몽에 대한 노력은 1919년 3·1운동을 기점으로 급격하게 확산되었다. 3·1운동은 민족적으로 대단히 중요한 사건이기에 나라를 잃은 민족에게 배움의 중요성을 절감하게 하는 계기가 되었다. 빼앗긴 나라를 되찾기 위해서는 경쟁에서 강해져야 한다는 인식이 퍼지면서 교육열이 빠르게 증가했다. 여성교육에 대한 열정도 이 시기부터 고조되어 여성의 자유와 해방이 본격적으로 대두되며 여성을 주체적으로 보려는 의식이 증가했고, 여성들도 신분과 상관없이 배움을 위해 집 밖을 나서게 되었다.

이러한 여성운동의 중심에 차미리사가 있었다. 차미리사는 남편과 사별한 후, 기독교가 본격적으로 들어온 초기부터 예배당을 다녔고, 찬송가와 오르간 소리를 들으며 서양음악을 자연스럽게 흡수했다. 그녀는 어린 시절을 회고하며 "교회당에서 울리는 종소리, 흘러나오는 찬미가를 들을 때마다 나의 외로운 영(靈)은 기뻤고, 동무 신자들과 같이 찬미도 하고 풍금도 치며 놀 때에는 세상만사를 다 잊어버리고 환락의 세계에서 사는 것 같았다"라고 소회를 밝혔다.

이후 차미리사의 미국 신학교 재학 시절은 그녀가 서양음악의 중요성을 깨달은 중요한 계기가 되었다. 당시 미국 기독교 사회는 선교 붐이 일어나 젊은 남녀들이 전 세계로 선교활동을 나서는 분위기였다. 특히 여성 선교사들은 대부분 음악교육을 받아 예배나 주일학교에서 노래 부르기와 찬송가 반주를 수월하게 담당할 수 있었고, 차미리사의 여러 동문(同門) 역시 식민지 조선으로 파송(派送)되어 선교활동과 함께 음악 교사를 역임하기도 했다. 차미리사도 신학교에서 기본적인 음악교육을 받고 한국에 선교사로 파송되었을 것이다.

노래를 통한 여성교육

차미리사는 귀국 후, 배화학당에 자리를 잡았다. 그녀는 배화학당 교사로 재직하면서 3·1운동을 겪고 민족을 위한 여성교육의 필요성을 절감하여 그해 가을 야학을 설립했다. 배화학당 기숙사 사감을 겸임하던 차미리사는 3·1운동 1주년을 기념하여 1920년 3월 1일에 기숙사생 전체와 종로에 위치한 필운대(弼雲臺) 언덕에서 "대한독립 만세!"를 외쳤고, 이 독립 만세 사건을 계기로 1920년 4월 배화학당을 사임하게 된다.

차미리사는 이때부터 여성교육에 매진했다. 야학에서는 전통적인 가치관에 놓여 있던 '구여성'들에게 배움을 통해 삶을 변화시키고자 음악을 비롯하여 조선어, 일어, 영어, 이과, 한문, 지리, 위생, 생리, 산술, 습자(習字), 수신 등 다양한 과목을 가르쳤다. 특히 그녀는 자신이 기독교에 입문하여 선교교육을 받을 때 노래 가사를 통해 지식과 사상을 전달받았듯이, 글을 읽고 쓸 줄 몰랐던 조선의 여성들에게 노래를 부르며 계몽의식을 불어넣는 방편으로 음악을 사용했다. 더욱이 야학의 수업 공간이 예배당이었기에 교회에 있던 오르간이나 피아노를 사용하여 자연스럽게 노래를 통한 교육을 할 수 있었다. 그뿐 아니라 조선 최초의 여성 노래집이라 할 수 있는 백우용(白禹鏞)의 『이십세기청년여자창가(二十世紀靑年女子唱歌)』(1922)에도 김선, 방신영 등 동료 여성운동가들과 함께 교열자(校閱者)로 참여하면서 음악을 여성계몽의 도구로 활용하려 노력했다.

차미리사는 야학의 음악 수업 외에도 매주 토요일 밤마다 학생들을 위한 음악회를 열었다. 그녀가 주최한 조선여자교육회 강연회에서도 음악은 빠지지 않았다. 강연회에는 임배세, 김원복 등 당시 활발한 활동을 하던 여성 음악가들이 대거 참여했으며 배화학당 교사 백경애의 바이올린 연주는 조선 여성이 무대에서 현악기를 연주한 획기적인 사건이었다. 1921년 전국순회강연을 다닐 때에도 음악단 3명과 연사 3명으로 구성된 순회강연단을 조직했는데 단원들은 모

 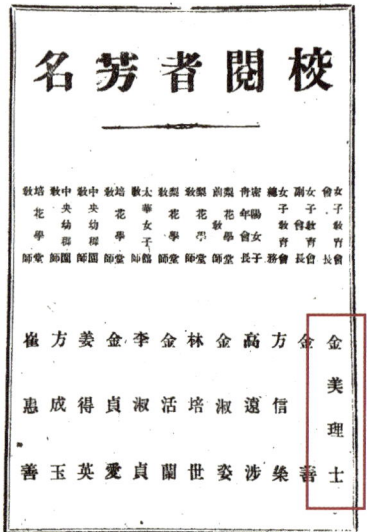

조선 최초의 여성 노래집 『이십세기청년여자창가』 표지(왼쪽)와 교열자 명단(오른쪽)
교열자 명단의 맨 오른쪽에 '김미리사(金美理士)'라는 이름이 보인다. 김미리사는 남편의 성을 따른 것으로 자료에 따라 김미리사 혹은 차미리사로 기록되어 있다. 차미리사는 음악을 여성들을 가르치기 위한 방법 중 하나로 아주 중요하게 생각했다.

두 강연과 음악에 재능있는 여성들이었다. 차미리사 역시 매 강연마다 영어 독창을 하며 전국의 여성들에게 음악을 통한 배움의 중요성과 신여성의 면모를 보여주려 노력했다.

근화 음악과 신설

차미리사는 1922년 야학을 주학으로 확장하고 1923년 근화학원으로 발전시켰다. 1925년 근화여학교로 승격되기 이전인 1924년 신설된 음악과는 성악과 기악, 두 개의 전공을 두어 2년 과정의 전문부로 나누어 교육했는데, 같은 과정의 여학교 중 유일하게 음악 전공 학생을 모집했다. 이는 음악 전문과정에 심혈을 기울인 이화여자전문학교 음악과보다 1년이나 앞선 일이었다. 음악 교과과정 외에도 근화코러스(합창단)와 오페라단을 조직하거나 유명 음악가를 초빙하여 고등 음악교육을 원하는 여성들을 위한 '하기(夏期) 음악강습회'를 개최하는 등 집중 훈련을 시도하기도 했다.

차미리사는 음악과(音樂科) 교사 채용에도 심혈을 기울였다. 음악과를 만들 때부터 유명 음악가 독고선의 자문을 얻었으며, 음악과의 지속적인 성장을 위하여 음악과의 규모를 확장하고 채규엽(蔡奎燁), 이광준(李光俊), 유수만, 서상석(徐祥錫) 등 실력과 열정이 뛰어난 일본 유학파 출신을 선생으로 채용했다.

차미리사는 학생들을 중심으로 근화학우회를 조직하여 그 안에 음악부, 문예부, 외교부, 재봉부, 운동부를 두었으며, 음악부에서는

근화음악회의 모습
근화여학교의 학생 조직인 근화학우회는 음악회에서 경성의 사회문화에 일조할 만큼 다양한 무대를 선보였다. (『동아일보』 1932년 6월 27일자)

매년 음악회를 개최했다. 음악회 프로그램에는 근화의 대표 음악단체인 근화코러스와 근화 학생들의 순서를 넣어 학생들이 음악적 기량을 선보일 기회를 마련해주었다. 더불어 경성의 유명 연주가들을 비롯하여 활동이 뜸한 여성 음악가나 경성 외 지역에서 활동하는 음악가에게도 무대를 제공했다. 이는 학교의 홍보뿐 아니라 수익금으로 인한 학교 재정 확충, 이재민을 돕기 위한 기금 모금에도 도움을 주었다. 근화음악회는 경성의 사회문화에 일조할 만큼 학생과 일반인 모두에게 음악을 알리는 역할을 톡톡히 했다.

하지만 차미리사의 꿈은 현실의 벽에 부딪히면서 현실과 타협할 수밖에 없었다. 학교는 기존의 중등학교에서 1933년 실업교육 체제로 방향을 바꾸고 1934년 근화여자실업학교로 교명을 변경하면서 실업교육에 집중하게 된다. 이로써 근화의 음악과는 10년을 채우지 못하고 사라지고 말았다.

음악이 가진 힘

차미리사가 음악 부문 전반에 큰 포부와 기대를 놓지 않았던 이유는 음악이 가지고 있는 힘을 믿었기 때문이다. 앞서 이야기했듯이 차미리사는 자신이 처음 교회에 나갔을 때 음악을 통해 세상을 보는 안목이 변화되었던 것처럼 식민지 조선 여성들도 음악으로 계몽되기를 바랐다. 그리고 그녀는 여성이 자신의 직업을 가지고 자립할 수 있을 때 비로소 여성해방이 가능하다는 신념으로 학생들에게 직업교육을 강조했으며 그 일환으로 음악과, 영어과, 재봉과, 사진과, 기예과 등 여러 학과를 만들어 사회에 바로 투입될 수 있는 직업여성을 양성하고자 했다. 음악 교사나 음악가 등을 신여성의 한 직업군으로 생각한 것이다. 이러한 차미리사의 음악사상은 당시 여성들의 의식 변화에 지대한 공헌을 했다.

조윤영 호서대학교 강사

근화연극제와 연극활동

연극, 새로운 형태의 대중오락

근화여학교가 '순 조선적인 학교'가 되기 위해서는 재정 독립이 필수적이었다. 식민지 시기 민족사학에 대한 일제의 탄압이 가중되어 조선인이 세운 사립학교는 설립비용과 운영비용을 지원받지 못했다. 차미리사는 부족한 재정을 마련하기 위한 방법으로 1920년대 대중들에게 새롭게 알려지기 시작한 연극에 주목했다. 연극은 극장에 관객을 모아놓고 무대에서 배우들이 연기를 펼치는, 지금까지 조선에는 존재하지 않았던 새로운 형태의 대중오락이었다. 또한 연극의 스토리와 이를 표현하는 배우들의 연기는 민중의 마음을 교화하는 등 민중사상을 좌지우지할 수 있는 잠재력이 있었다.

1919년 3·1운동은 외형적으로 일제의 강압에 의해 좌절된 실패한 운동처럼 보였지만, 이를 계기로 조선사회 전반에 자립·교육·문화·언론을 통한 계몽운동이 진행되었다. 3·1운동 직후 전국 각 도시에 청년회가 조직되어 종교·문화 활동을 통한 애국운동이 시작되었다. 1920년대 초 사회계몽적인 성격을 지닌 조선인 대중운동이 성장하면서 일반 대중이 창작과 향유의 주체가 되는 소인극(素人劇) 활동도 점차 퍼져나갔다. 1920년에는 일본에서 공부하던 학생들을 중심으로 한 연극연구단체인 '극예술협회'가 결성되었고, 1921년 여름에는 도쿄의 한국 고학생과 노동자들의 모임인 동우회(同友會)의 요청으로 동우회 회관 건립을 위한 순회연극단을 조직하여 전국 각지에서 연극을 공연하며 모금활동을 벌였다.

　또한 같은 시기에 고학생들의 친목단체인 갈돕회에서는 '갈돕회 순회연극단'을 조직하여 고학생들의 학비와 생활비 조달을 위해 연설회와 강연회, 음악회, 소인극 공연과 같은 각종 문화사업 벌였다. 갈돕회 순회연극단의 대표적인 레퍼토리인 윤백남의「운명」과 미태생(微蛻生)의「빈곤자의 무리」는 기존의 신파극과는 달리 '고학생들에 관한 고학생의 비참한 현실'을 무대화하여 당대의 진정성 있는 새로운 연극이라는 평가를 받았다. 이는 구성원 내의 공감과 소통을 넘어 관객과 소통하기 위한 공동체 활동으로서의 소인극 운동이었다. 그러나 1920년대 중엽 일제의 탄압이 점점 심해졌고 게다가 애초에 학생들을 중심으로 구성되었던 아마추어 연극단이었기 때문에 상업적 성공을 지속하기 어려웠다. 이들의 소인극 운동은 점차 쇠퇴하면서 학교로 스며들었다. 각 학교에서 펼쳐진 학생 중심의 학생극 활동은 기존의 상업극과는 달리 비영리적이고 실험성이 강한 문화운동을 만들어가며 근대사회와 근대시민의 문제를 다룬 사실주의 연극인 근대극(近代劇)으로 발전해 나갔다.

근화학우회의 첫 공연

차미리사는 연극단을 통해 학교 운영기금을 마련하고 민중 계도도 할 수 있을 것이라고 생각하여 1923년 근화학원 재학생들을 대상으로 근화학우회를 조직했다. 첫 공연은 경성공회당에서 1923년 9월 21일과 22일 양일간 열렸다. 학교의 운영기금을 마련하기 위한 목적으로 근화학우회가 주최한 음악회, 연극회, 무도회였다. 원래는 1923년 9월 7일과 8일에 예정되어 있었으나, 일본에 간토대지진이 발생하자 경찰서에서 공연을 중지시켜 한 차례 연기되었다가 경찰 당국의 양해를 받아 21일과 22일에 올리게 된 것이었다. 이날 공연의 입장료는 일반인 1원 50전, 학생 50전이었으며, 특별히 러시아에서 막 귀국한 김태원 양의 무용에 대한 관심 덕분에 1000여 명에 이르는 관객이 모여 대성황을 이루었다. 공연은 독창, 합창, 무용, 연극으로 구성되었으며, 여학생들만으로 구성된 출연진은 당시 처음이었다.

연극 작품으로는 윤백남의 「새로운 길」을 올렸다. 이 작품에 대한 기록은 『조선일보』에 실린 근화학우회 연극 「새로운 길」 제1막 연습 사진과 음악회와 연극회의 논평이 유일하다. 이에 따르면, 「새로

연극 「새로운 길」 연습 장면
시대에 뒤떨어진 생각을 버리고 앞길을 개척해야 한다는 계몽적인 메시지를 담은 「새로운 길」은 당시의 연극이 표방하던 주제를 잘 보여준다. (『조선일보』 1923년 9월 20일자)

운 길」은 노변호사 부자의 모습을 그리고 있는데 '노변호사 부자의 모습은, 현대에 뒤떨어진 생각을 가지고 있던 자로 하여금 앞길을 개척하여 새롭게 나가지 않으면 안 될 듯한 생각을 불러일으켰다'라는 논평에서 이 작품의 계몽적인 성격을 알 수 있다.

첫 공연이 열리고 다시 한 달 후, 근화학우회는 중앙기독교청년회관에서 연극무용대회를 개최했다. 10월 15일과 16일 열린 공연에서는 「새로운 길」과 함께 윤백남의 첫 창작극으로 알려진 「국경」이 공연되었다. 「국경」은 1918년 12월 15일에 발표한 작품으로 삼일은행 지배인인 안일세와 그의 부인인 영자 사이의 부부싸움과 화해를 다론 희극이다. 「국경」에 등장하는 여자 주인공인 영자는 가정에 소홀하고 허영과 사치를 일삼는 부르주아 계급으로 연극은 영자의 행동을 비판하고 가정을 여성의 본분으로 여길 것을 강조하는 내용을 담고 있었다. 이는 차미리사가 가지고 있던 여성에 대한 보수적인 관점과 맥을 같이 한다.

조선 최초의 여성 순회연극단

같은 해 11월에는 늘어나는 학생들을 수용할 수 있는 대규모 학관과 기숙사 건축비용을 마련하기 위해 근화학원 학생들로만 남조선지방순회연극단을 조직하여 1923년 11월 19일부터 25일까지 40여일 동안 지방 순회공연을 개최했다. 여기에서도 연극 「새로운 길」과 「국경」을 올렸다. 조선에서 여성들만으로 이루어진 소인극 운동은 조선여자교육협회의 이 순회연극단이 처음이었다. 당시 지방 순회연극 공연은 민족운동과 여성계몽의 성격을 띠고 있었다. 순회연극단이 가는 곳마다 남녀 관중이 모여들었고 장내는 발 들여놓을 데가 없을 정도로 많은 사람들이 모여 대성황을 이루었다.

1925년 근화학원에서 근화여학교로 승격한 이후 사립학교에 대한 조선총독부의 보조는 불가하다는 이유로 재정 압박이 날로 심각해졌다. 근화여학교는 이를 해결하기 위해 1926년 1월에는 조선일보사가 주최하는 여학교 연합 바자회에 참가했으며, 6월에는 두 차례 납량연극 공연을 하고, 11월에는 중앙기독교청년회관에서 근화

근화여학교 후원 연극 「나라가는 공작」의 한 장면
근화여학교 학생들은 연극이나 음악회 등을 개최하여 기부금을 마련함으로써 학교의 재정 운영에 큰 보탬이 되었다. 이 사진은 연극을 하는 이월화와 앙코르를 받고 나오는 배구자의 모습이다.
(『동아일보』, 1926년 6월 20일자)

음악대회를 가졌으며, 12월에는 근화연극대회를 개최했다. 이 과정에서 학부모들과 유지들이 '근화여학교 후원회'를 조직하고 기본 재산을 마련하기 위해 여러 방면으로 노력했다. 1926년 6월 18일과 19일 양일간 중앙기독교청년회관에서 올린 납량연극제는 합창, 단소합주, 독창, 연극 등으로 구성되었다. 이날의 연극제 순서는 다음과 같다.

연극제 순서
제1부   코러스 「봄 바다」 근화여학교 합창

단소 양금 합주 – 춘파, 난형 씨

독창 – 「내가 어찌할가?」 배구자 양

제2부   현대극 「날아가는 공작」 (전3막5장) 구소청 작

　　제1막 – 채용신의 집

　　제2막 – 눈 오는 밤

　　제3막 – 가난한 가정

독창 – 「옛둥지에 돌아오는 작은새」 배구자 양

이 공연은 근화학우회가 1923년에 개최한 연극제와 비슷한 구성을 하고 있으나, 전문학생 조직의 연예단원 일동 및 여배우 이월화, 최성해, 배구자 등 당대의 유명 가수와 배우들이 특별출연했다. 특히 배구자는 12세에 소질을 인정받아 일본의 덴카쓰곡예단(天勝曲藝團)에 입단했던 화제의 인물이었다. 근화여학교 합창단의 코러스를 시작으로 막이 오른 납량연극 공연은 여배우 배구자 양이 무대에 오르면서 절정에 이르렀다.

백설 같은 흰옷에 머리를 척척 얹혀 땋아 내리고 나온 배구자 양의 옥쟁반에 구슬 구르는 듯한 목소리와 독특한 표정과 태도에 관객은 열광했다. 앙코르 박수 소리로 장내가 떠나갈 듯했으며 세 번의 앙코르에도 만족하지 못한 관객들의 손뼉 치는 소리가 그칠 줄 몰랐다. 그동안 연극계에서 발을 뺐던 이월화 양은 오래 감춰두었던 특별한 재주를

다 선보이며 관중에게 큰 만족을 주었다.

−『동아일보』 1926년 6월 20일자

근화여학교 후원회는 같은 해 12월 1일과 2일, 중앙기독교청년회관에서 '제2회 근화연극대회'를 개최했다. 이 연극대회는 음악회와 연극회를 분리하여 연극회만 단독으로 개최했다는 점에서 큰 의미를 가진다. 원래 계획은 1926년 11월 23일과 24일에 개최할 예정이었으나 연극제에 올리기로 했던 「인형의 집」 「가엾어서」 「십오분간」 세 작품을 중 「인형의 집」을 조선총독부에서 불허하는 바람에 일주일 뒤로 연기되어 12월 1일과 2일에 개최하게 된 것이었다.

노르웨이의 극작가인 헨리크 입센(Henrik Ibsen)의 작품 「인형의 집」은 1921년에 번역되어 조선에 소개되었다. 「인형의 집」은 상업적인 작품이나 전형적인 인물이 등장하는 해피엔딩의 멜로드라마와 달리, 관객들로 하여금 스스로에게 중요한 것이 무엇인지, 등장인물의 행동은 무엇이 잘못된 것인지 등 문제를 제기하고 '토론하는 희곡'이었다. 이 작품의 마지막 장면에서 주인공인 노라는 남편이 자신을 독립된 인격체가 아닌 인형으로 취급했다는 사실을 깨닫고 가출을 한다. 노라와 헬머의 토론 부분에서 노라는 '부인이 되기 전에 먼저 사람이 되지 않으면 안 된다' '가정에 대한 직무 외에 자기 자신에 대한 중요한 직무를 위해서 스스로 교육을 해야 한다'라고 말한다. 여성도 자신의 개성을 찾아야 하며, 사회의 일원으로서 주체적인 삶을 살아야 한다는 것이었다. 이는 여성들에게 큰 반향을 일으켰다.

당시의 신여성들에게 입센을 비롯한 스웨덴의 작가이자 사상가 엘렌 케이(Elen Karolina Sofia Key), 러시아의 정치인이자 소설가 알렉산드라 콜론타이(Aleksandra Mikhailovna Kollontai), 일본의 문화평론가 구리야가와 하쿠손(廚川白村)의 연애론이나 결혼론이 큰 인기를 끌고 있었다. 「인형의 집」 공연이 금지된 것은 이러한 사회 분위기가 확산되는 것을 막기 위해서였다.

결국 제2회 근화연극대회의 작품으로는 토월회*에서 창작한 세 작품 「스잔나」 「가엾어서」 「십오분간」이 올라갔다. 「십오분간」은 극작가 김정진의 작품으로 1924년 1월에 발표된 풍자극, 소극풍의 단막극이다. 「스잔나」와 「가엾어서」는 현재 전하지 않는다. 납량연극대회와 마찬가지로 제2회 근화연극제에 출연한 배우들은 전문학교 학생과 조선신극단에서 활동하던 여배우들이었다. 1920년대 중반 이후 일제에 탄압에 심해지면서 연극이나 영화가 만들어지기 어려운 상황이었고 그로 인해 전문연극단의 배우들 역시 설 자리가 부족하게 되었다. 근화연극제는 이런 전문 무대예술가들에게 무대에 설 수 있는 기회를 제공했다. 또한 음악과 무용을 연극과 분리하고 출연진을 전문 배우들로 구성함으로써 연극 작품의 수준을 향상시켰다. 연극예술을 민중 계도로 사용할 뿐만 아니라, 관객이 작품을 즐길 수 있도록 대중성 보완했다는 것에서 의미 있는 시도였다.

---

* 토월회(土月會)는 1922년 2월 박승희가 중심이 되어 도쿄에서 결성된 연극단체이다. 1923년 7월부터 1932년 2월까지 활동하면서 새로운 연극 형태를 조선에 소개하고 초기 신극운동을 주도했다. 전문연극단체였지만 작품의 수준이 아마추어적이어서 좋은 성과를 거두지는 못한 것으로 평가된다.

학생극 운동

대공황의 영향으로 궁핍이 심화되는 가운데, 1930년대 들어 조선 사회에는 체념과 허무의 분위기가 급속히 확산되었다. 1920년대 말 청년단체들의 소인극이 일제의 탄압에 의해 설 자리를 잃게 되자 1930년대 초에 경성의 각 전문학교를 중심으로 학생극 운동이 일어났다. 이러한 흐름에 동참하여 근화여학교도 1932년 2월 26일 장곡천정 공회당에서 동아일보사 후원, 근화학우회 주최로 제1회 근화연극제를 개최했다.

당시 '극예술연구회'에서 전문 연극 연출가로 활동하던 연극계의 권위자 홍해성이 연출을 맡았으며, 출연한 배우들은 전부 근화여학교 학생들이었다. 조선일보사 현상모집 희곡 부문에 당선된 작품인 이해남 작가의 「마작(麻雀)」, 심리적 사실주의의 대가인 러시아 작가 안톤 체호프(Anton Pavlovich Chekhov)의 작품 「구혼(求婚)」, 인간과 사회에 대한 탐구로 유명한 영국의 리얼리즘 작가 존 골즈워디(John Galsworthy)의 「승자와 패자」 등 세 편이 무대에 올려졌다.

연출가 홍해성은 당시 조선 민중의 정서에 부합하도록 원작을 부분적으로 개작했다. 파멸해가는 인텔리 가정을 다룬 희곡 「마작」의 마지막 장면은 근화연극제 무대 위에서는 새롭게 활기찬 길을 걸어간다는 해피엔딩으로 끝났다. 포악한 사내에게 무참히 학대를 당하는 여성인 완다를 구하기 위해 의외의 살인을 한 젊은 사람의 이야기인 「승자와 패자」는 3막에 정사 부분을 삭제하고 완다가 사회의

연극 「승자와 패자」의 한 장면

제1회 근화연극제에 올린 이 작품은 조선사회의 현실에 맞게 일부를 개작하여 공연했다. (『동아일보』 1932년 2월 5일자)

불의와 인습에 대항하여 과감하게 싸워가며 자신의 길을 걷는 내용으로 바꾸었다. 이는 패배와 체념, 파멸과 좌절, 허무와 현실도피를 그린 원작과는 달리, 현실에서 굳세게 버텨 나가는 당시 조선사회 민중의 상황과 부합하지 못한다고 판단되었기 때문이었다.

차미리사는 중등학교로서는 처음으로 학생극을 공연하는 근화여학교 학생들에게 최선의 노력을 다해줄 것을 당부했다.

> 이번 공연으로 보아도 이때까지 공연한 학교를 보면 모두 전문학교이엇지만은 우리학교가티 빈약한데서 더욱이 처녀공연인만큼 념려되는 바도 안이지만 출연하는 자의 정성과 최선을 다하여 보겟다

는 정신만 가지고 출연하면 결과의 성불성은 문제가 아니고 학교로서는 만족합니다.

근화연극제의 의의

당시 학생극 운동은 주로 전문학교에서 주도하고 있었고, 근화여학교의 학생극 공연은 중등학교로서는 처음 있는 일이었다. 제1회 근화연극제는 학년말 시험으로 한창 분주한 때임에도 불구하고 관중의 대부분이 학생들로 채워졌다. 이는 학생들이 얼마나 진심으로 학생극 더 나아가 신극을 지지하며 적극적으로 관심을 가지고 있는지를 잘 보여주는 것이었다.

근화연극제는 이전에 근화에서 개최되었던 연극활동의 목적이 기금 마련이었던 것과는 달리 '민중계몽'에 목적을 둔 사회적 행동이었다. 1932년에 열린 제1회 근화연극제는 학생과 민중 모두에게 공감을 불러일으켰다. 동시에 존 골즈워디의 작품을 올림으로써, 서구 연극을 선보여 신극운동의 전개에 신선한 자극을 주었다. 마지막으로 근화의 연극활동은 현실을 인식하고 문제해결 방법을 찾기 위해 구성원 스스로 행동한 공동체 활동으로 이를 무대 위에서 연극이라는 예술로 표현했다는 점에서 사회적 의의를 찾을 수 있다.

유미 홍익대학교 공연예술대학원 초빙교수

근화가 지은 옷,
근화가 수놓은 미래

9
덕성

근화의 양복과, 여성해방의 첫 단추를 꿰다

낡은 전통에서 벗어나고자 하는 이들이 모인 이곳 근화. 그러나 근화의 학생들도 종종 옛날의 규방 아씨들처럼 교실에 옹기종기 모여 바느질을 하곤 했다. 학교라는 근대교육의 울타리 안에서마저 마주할 수밖에 여성의 운명이었지만, 학생들은 손에 쥔 바늘로 이전과는 다른 새로운 미래를 수놓고 있었다.

1922년 2월, 조선여자교육협회는 재봉부를 신설하고, 그 안에 양복과 수업을 개설했다. 해방된 삶의 전제조건이었던 여성의 경제적 자립을 어떻게 하면 도울 수 있을지 일찍부터 고민해오던 차미리사가 조선여자교육회 설립 2년 만에 단행한 첫 실업교육이었다. 때는 마침 남녀노소를 막론하고 양복과 서양식 생활에 대한 갈망이 어느 때보다도 늘어나고 있던 1920~1930년대. 기존에 활동해오던 소수의 남성 양복기술자만으로는 넘쳐나는 수요를 감당하기가 점점 어려워지던 차였다.

이제야 막 걸음마를 뗀 교육사업이었지만, 차미리사는 이미 이러한 상황을 널리 내다보았다. 바느질은 부인들이 집에서 늘상 해오던 일이라, 양복을 짓는다는 것은 일상에 큰 변화를 주지 않고도 돈을 벌 수 있는 괜찮은 수단이었다. 또 한편으로는 빨래와 다듬이질로 지긋지긋하게 여성의 일상을 옭아매던 전통적인 의생활을 개선시켜볼 수 있는 좋은 기회이기도 했다.

조선여자교육협회의 양복과 수업은 당시 여성으로서 드물게 러시아로 유학을 떠나 블라디보스토크 양복학교를 졸업하고 동덕여자고등보통학교의 양재(洋裁) 교사로 부임해 있던 이정희가 맡아주었다. 수업은 각종 양복 짓는 법을 전수하는 것은 물론 더 나아가 시중에 완성품을 판매하는 것까지를 최종 목표로 삼았다. 여성을 대상으로 양복기술을 가르치는 강좌도 드문 상황에서 이처럼 여성들의 경제적 자립까지 생각해 실질적인 목표를 내건 곳은 근화가 처음이었다.

그러나 양복과 수업은 야학회 학생들의 학과 공부가 끝나고 남는 시간에 진행된 터라 애초의 목표만큼 큰 효과를 거두지는 못했던 것 같다. 기초교육을 향해 학교로 모여드는 학생이 점차 많아지고 있었고, 학교도 음악과나 사진과, 영어과 등 여러 방면으로 교육사업을 확장하고 있었기 때문이다. 양복과 수업이 다소 지지부진한 시기를 거치고는 있었지만, 차미리사에게는 언제나 이 양복과를 다시 한 번 확장해 제대로 운영해보고자 하는 확고한 의지가 있었다.

그리하여 여러 노력 끝에 수업에 필요한 설비를 마치고, 1925년 '재봉과', 이듬해인 1926년 '기예과'라는 새로운 이름으로 학생들을 다시 모집했다. 재봉과와 기예과는 전문적으로 양복기술을 익히고자 하는 일반 여성들을 위한 6개월의 특별과정으로, 오늘날로 보면 학원 같은 개념이었다. 15세 이상으로 학비 마련이 가능하고 신체 건강한 여성이면 누구나 지원할 수 있었고 약간의 기초학력 검증 후에 입학할 수 있었다.

6개월이란 수업 기간은 2개월 남짓한 짧은 교육 기간을 거쳐 양복점의 견습생으로 취업했던 동시기 남성의 경우에 견주어 훨씬 긴 것이었다. 초기의 양복과 규모를 확장한 터라 재봉과와 기예과에 들어온 학생들은 양복의 재봉법은 물론이고 뜨개질, 서양식 자수법도 함께 배웠다. 주로 어린아이 운동복이나 학생 교복 같은 대중의 현실적인 수요를 반영하기 위함이었다. 학교에서는 잘 만든 학생들의 옷을 판매로 연계해주고, 능력이 뛰어난 학생에게는 취직 자리를 주선해주고자 애썼다. 실업교육으로써 끝까지 책임을 다하려는 노력이었다. 그러나 거듭 변화하는 학교 상황 때문에 1926년 기예과 이후로 근화의 양복과는 차미리사 의지만큼 제대로 자리 잡지 못했다. 대신 1925년 근화가 여학교로 정식 승인되고부터 여학교의 필수 교과였던 재봉과 수예 수업을 통해서 보다 많은 학생들에게 양복기술교육의 기회를 나누어주었다.

바늘로 새긴 근화의 정신, 재봉과 수예 수업과 연합 바자회

이처럼 1926년 이후로 근화는 실업교육으로써의 양복과 수업을 잠시 접었다. 그렇지만 1925년 학교가 정식 여학교로 거듭나자, 여학교의 교과과정에 포함된 재봉과 수예 수업을 통해 오히려 더 많은 학생들이 다양한 기술을 배울 수 있었다. 이 수업에는 조선옷 짓는 법을 비롯해, 양복과에서 가르쳤던 것처럼 각종 양복 짓는 법이나 유럽풍의 자수 놓는 법, 뜨개질 하는 법 등 근대에 들어 새롭게 유입된 재봉기술이 포함되어 있었다.

근화여학교는 1년에 2회 진급을 하는 속성 과정의 학교였기 때문에, 1주일에 두어 시간 정도만이 재봉과 수예 수업으로 할애되었다. 비교적 적은 시간이었지만 바느질 경험이 많은 근화의 늦깎이 학생들은 새로운 기술도 금세 익혔다.

그래서 학교는 어려운 형편이라도 언제나 좋은 선생님을 모실 수 있도록 노력했다. 근화여학교 초창기에는 경성여자보통고등학교 졸업 후 도쿄에서 유학생활을 한 이경완 선생이, 1928년에는 도쿄여자미술학교에서 유학한 후 '조선수예보급회'를 설립해 명성을 얻고 있던 문경자 선생이 재봉 수업을 맡아 학생들을 가르쳤다.

선생님들의 노력 덕분에 학생들의 실력도 나날이 늘어 학교에서

1926년 첫 연합 바자회 전경
시내 각 여학교의 학생들과 구경온 일반인들이 인산인해를 이루고 있다. (『조선일보』 1926년 1월 23일자)

학생들이 만든 수예품과 이경완 선생
학생들이 만든 재킷과 다양한 수예품이 진열된 원편으로 수예 담당 이경완 선생이 서 있다. (『조선일보』 1926년 1월 21일자)

는 기회가 있을 때마다 학생들의 작품을 전시하고 판매도 했다. 특히 1926년부터 1929년까지 매년 열린 여학교 연합 바자회는 학생들이 손꼽아 기다리는 큰 행사였다. 여학교 연합 바자회는 경성 시내의 여학교를 모아 학생들의 작품을 선보이는 조선일보사 주최의 대규모 이벤트였다. 연합 바자회에는 학생들의 작품을 사러온 일반인들로 매회 대성황을 이루었기에, 학생들은 각 학교의 특색을 살린 다양한 작품을 선보이고자 최선을 다했다.

근화의 작품은 모두 인기가 있어 잘 판매되었다. 하지만 학생들이 사사로이 돈을 벌기 위해 열심히 바느질을 했던 것이 아니었다. 학생들에게는 언제나 실비 정도가 보상될 뿐 수익은 대부분 어려운 학교 재정에 보탰다. 학생들도 어려운 처지였지만 학교에 보답하는 마음으로 아쉬움 없이 정성을 모아왔던 것이다.

재봉과 수예는 중요한 기초 교과목은 아니었지만, 이 시간을 통해 학생들은 근대적으로 변모하던 일상을 보다 감각적으로 체험할 수 있었다. 또한 연합 바자회 같은 큰 행사에 참가해 직접 지은 옷을 판매도 해보면서, 보잘 것 없다고 여겨진 여성의 재능도 새로운 시각과 노력에 따라 얼마든지 좋은 결과를 낼 수 있다는 값진 경험을 얻었다.

강서영 이화여자대학교 의류학과 박사과정

특집 전조선 여학교 연합 '빠사' 대회

1926년 중앙기독교청년회(YMCA)와 조선일보사가 공동으로 주최하고 시내 각 여학교가 참여하여 제1회 여학교 연합 빠사대회를 개최한다. '빠사'는 공공 또는 사회사업의 자금을 모으기 위한 시장인 '바자(bazar)', 즉 바자회를 말한다. 이 빠사대회에 중앙기독교청년회가 장소를 제공하고, 조선일보사는 바자회 홍보를 담당했다. 첫해에는 근화여학교와 함께 이화여자고등보통학교, 정신여학교, 동덕여자고등보통학교, 배화여자고등보통학교, 숙명여자고등보통학교, 진명여자고등보통학교, 경성여자고등보통학교 등 여덟 개 학교가 참여했다.

1928년 열린 전조선 여학교 연합 빠사대회 정문(『조선일보』 1928년 1월 27일자)

근화여학교는 1926년부터 1929년까지 네 차례 연합 바자회에 참여했다. 남보다 나아 보이려고, 다른 학교에게 지지 않으려고 마음을 가다듬어가며 밤낮으로 애쓴 여학생들의 정성으로 바자회는 해마다 성황을 이루었다. 남녀 불문, 서양인, 일본인, 학생, 어린이 할 것 없이 많은 관람객이 바자회를 찾았고, 연합 바자회를 보고 느낀 기자의 감상평이 매해 잡지와 신문에 실렸다. 여기서 기자는 여학생들의 고민과 정성이 가득 담긴 수예품에 저절로 학교의 특색, 즉 학교풍이 배어 있다고 소개한다. 근화여학교 학생들의 수예품에는 어떠한 학교의 기풍이 담겨 있고 어떠한 평가를 받았을까? 또 이웃 여학교 학생들의 작품에는 어떤 특색이 담겨 있을까?

근화, 온 진열장에 넘치는 조선의 향토색, 조선의 취미가 농후

대량생산이다. 「마켓」이다. 편물부터 쿠션, 방석, 어린아이 색동저고리 조끼, 타래버선, 베갯마구리, 수저집, 손수건, 전등갓 덮개, 오페라 백, 자수 등등 이만하면 근화여학교만 단독으로 빠사회를 열어도 넉넉할 것 같다. 누가 보든지 한눈에 깨닫는 것은 무엇보다도 풍부한 조선의 향토색이 온 진열장에 넘쳐 조선적으로 조선의 취미를 가장 농후하게 한 것이 독특한 점이다. 맞은편 자리를 차지하는 평양의 미션스쿨 숭의에서는 빠더(버터)-냄새가 나는데 여기선 고추장 냄새가 진동한다. 조선 것이요 질박하고 소박하다.

이화, 서양 취미가 넘치는 미션스쿨의 특색

얼른 눈에 뜨이는 것이 레이스의 수공을 가한 손수건, 비단 손수건들이오. 그보다도 인상을 주기는 서양풍으로 된 잠옷, 가사복, 앞치마, 아동복, 기타 아동과 여자들에게 필요한 서양식의 각종 물품이다. 실용품이지만 어딘지 좀 사치스러운 기미가 없지 않다. 요컨대 서양 취미가 자못 듬뿍한 신식가정의 젊은 아씨를 연상하게 할 만큼 미션스쿨의 특색이 보인다. 어찌했든 '남편도 존중합니다, 아이들도 귀엽습니다' 하는 살림 잘하는 신여성의 주부가 거기 있는 듯하다.

경성여자고보, 일본 취미를 많이 섞은 현모양처의 정신

일본 취미를 많이 가미한 각색의 방석, 수많은 타래버선, 자수 수저주머니, 속옷, 치마, 넥타이, 손수건, 레이스 주머니, 도장집, 책상보, 턱받이, 아동 양복 할 것 없이 무엇이나 알뜰한 가정에서 착실한 살림살이하자는 현모양처주의의 정신이 분명하게 보인다. 어찌나 그리 남편이 소중하다는 듯이 그에게 필요한 것은 모두 공급해주겠다는 듯 현처주의 그대로가 작품으로 나타나 있었다. 그리고 어린아이들도 말할 것 없이 잘 거두겠다는 정신이 보이는 것 같다.

(1926년부터 1929년까지의 기자들의 바자회 학교평을 보고 재구성)

연합 바자회에 참여한 각 여학교는 공립(경성여자고등보통학교), 기독교계 사립학교(이화여자고등보통학교, 배화여자고등보통학교), 일반 사립학교(근화여학교, 동덕여자고등보통학교, 진명여자고등보통학교, 숙명여자고등보통학교)로 구별할 수 있다. 조선총독부가 설립한 공립학교와 서양인이 경영하는 미션스쿨, 조선인이 경영하는 사립학교는 자연스럽게 저마다의 학교 이미지를 형성하고 있었다. 연합 바자회에 출품한 작품들에 대한 기자의 인상에는 이러한 당대 학교의 이미지가 잘 녹아들어 있다. 공립학교인 경성여자고등보통학교의 작품에는 '일본 냄새' '일본적 취미'라는 표현이, 대표적인 기독교계 여자 사립학교인 이화여자고등보통학교의 작품에는 '서양풍'이나 '신여성' '하이카라' 등의 수식어가 자주 등장한다. 같은 기독교 학교여도 배화여자고등보통학교는 신망 있는 조선인 교사들의 노력으로 조선향이 불어넣어지고 있다는 평을 받기도 했다. 한편 조선인이 경영하는 사립학교 근화여학교 학생들 작품은 '조선풍' '향토색'이 느껴진다는 평가를 받으며, 미션스쿨에서 풍기는 버터 냄새와 대응하여 '고추장 냄새'라는 표현으로 독자들에게 웃음을 주기도 했다. 이외에 동덕여자고등보통학교는 실용적이며 알찬 느낌을 준다, 왕실이 설립한 여자 사립학교인 진명여자고등보통학교는 구가정의 취미를 가진 양모주의, 숙명여자고등보통학교는 착실한 가정주부의 느낌이 난다는 평을 받았다.

1927년 근화여학교에서 출품한 작품들 (『조선일보』 1927년 1월 21일자)

광주학생운동과 근화의 학생들

광주학생시위에서 광주학생운동으로

 광주학생운동은 1929년 10월 말 광주에서 나주로 향하던 열차 안에서 일본인 남학생이 조선인 여학생을 희롱한 '나주역 사건'이 발단이 되어, 11월 광주 지역에서 일어난 두 차례의 학생·시민 시위를 거쳐 1930년 3월까지 전개된 민족운동이다. 광주에서 벌어진 한일 학생의 충돌과 대규모 검거사태, 이에 항거하는 시위투쟁은 전국 학생들에게 '광주 구속 학생 석방'이라는 공통의 슬로건을 제시해 주었다. 이러한 슬로건은 식민지 교육철폐, 조선인 본위의 교육 실시 등 당시 고조되었던 동맹휴업 조건과 맞물리면서 일제 식민통치에 대한 전국적 저항으로 발전하는 원동력이 되었다. 1920년대가 식민지배 정책이 응집된 식민지적 교육에 대한 학생들의 불만과 학교 교육여건 개선 등 학생들의 다양한 요구가 분출된 동맹휴학의 시대였다면, 광주학생운동을 기점으로 식민권력, 식민정치의 부정 속에서만 그들의 요구가 실현 가능하다는 인식을 바탕으로 '타도 제국주의'라는 정치적 구호가 결합되었다.

이렇게 5개월간 전국 각 지역 학교 학생들이 호응하며 대대적으로 전개된 광주학생운동은 3·1운동 이후 우리 민족이 감행한 최대의 항일민족운동이었다. 이 운동은 '광주'라는 지역을 벗어나 전국으로 확산되며 큰 반향을 일으켰다. 광주학생운동이 광주에서의 시위만을 지칭하는 것이 아니라 이에 호응하며 전개된 전국 각지에서의 만세운동을 지칭한다는 점에서, 광주학생운동의 주역은 광주에만 있는 것이 아니다.

근화여학교 교정에 울려 퍼진 "광주학생사건 동정 만세"

광주학생시위가 일어나자 서울에서는 학생단체와 신간회를 비롯한 사회단체들이 그 열기를 확산시켜 전국적 항일운동으로 승화시키기 위해 여러 계획을 추진했다. 이러한 가운데 서울의 공립·사립학교와 시내 곳곳에 격문이 뿌려지고, 12월 9일에는 경신학교를 선두로 보성고등보통학교, 중앙고등보통학교, 휘문고등보통학교 학생들이 서울 시내에서 대규모 연합시위를 했다. 일제는 2000명의 경찰을 총출동시켜 학생들을 검거했고 9일 하루에만 1200명의 학생들이 검거된다. 시위는 이튿날인 10일에도 계속되었다. 이날 서울시내 여학교로서는 가장 먼저 근화여학교와 숙명여자고등보통학교가 동맹휴교를 단행했다. 이어 11일 경성여자상업학교, 동덕여자고등보통학교에서도 궐기했다. 여학교의 활동은 교내 투쟁 중심으로 이루어졌는데, 학생들의 열기를 잠재우기 위해 각 학교는 조기 방학을 선포하기도 했다.

하지만 광주학생운동의 열기는 쉽사리 가라앉지 않았다. 1930년 1월 7일 서울 중등학교의 개학과 동시에 학원가는 다시 술렁이기 시작했다. 각 여학교의 학생들은 1차 시위에 소극적이었다는 데에 따른 반성과 구금 학생의 석방운동에 나서야 한다는 폭넓은 공감대 속에서 다시 시위를 계획한다. 근화여학교 역시 새 학기 시작과 동시에 고등과 2학년 전연봉, 4학년 김금남, 김귀인복을 중심으로 이미 자체적으로 시위를 계획하고 있었다. 주도 학생들은 암묵적으로 시험일로 예정된 15일 이전인 1월 13일에 시위를 진행하기로 뜻을 모았다.

한편 학교 측의 조기 방학 선포로 1929년 12월 시내 여학교 중 유일하게 시위를 하지 못한 것을 안타까워한 이화여자고등보통학교 학생 최순복은 허정숙에게 함께 시위할 시내 여학교의 대표 학생을 소개해달라고 부탁한다. 허정숙은 근화여학교 대표자로 전연봉을 추천했다. 이미 자체적으로 시위를 기획하고 있던 전연봉은 연합시위 제안을 흔쾌히 받아들였다.

서울 지역 2차 연합시위 준비 과정에서 근화여학교 학생들은 연락책 역할과 함께 주도적인 역할을 담당했다. 특히 최성반은 본인의 하숙방을 여학교 대표자 회의 장소로 제공하기도 했는데, 근화의 학생 6명을 포함해 각 학교 대표 16명이 최성반의 집에 모여 시위를 준비했다. 또한 별도로 추진되고 있던 남학생들과도 연계했다. 시위 전날 각 남녀 학교 대표자들과 근화여학교 대표 김순례는 송계월(경성여자상업학교 학생)의 방에서 15일 남녀 연합시위를 다음과 같이 전개하기로 합의했다.

1) 1월 15일 오전 9시 30분 동시에 각 학교에서 일제히 만세를 부르며, 종로 사거리에 집합하여 남대문 방향으로 행진할 것(근화, 미술, 배화 각 학교는 안국동을 거쳐 종로로)
2) 시위운동에는 광주학생 석방 만세, 피압박민족 해방 만세를 연호할 것, 만일 경찰에 연행되어도 절대 회합자의 성명을 알리지 말 것
3) 경찰에 유치당할 때에는 단식할 것

경찰에 검거된 학생들이 신문 과정에서 한 진술과 언론 보도에 근거하여 만세시위가 일어난 당일 교내 상황을 재연해보면 다음과 같다. 연합시위 당일인 15일은 근화여학교 시험일이었다. 근화여학교의 시위는 2학년 학생들이 선도했다. 남녀 학교 시위계획 모임에 대표로 참석한 김순례는 등교하자마자, 최성반·전연봉·이충신에게 협의사항을 전했고, 이들과 함께 4학년 교실로 가서 김귀인복·김금남에게 알렸다. 9시 30분이 되자 이충신이 먼저 일어나 "어젯밤 시

내 각 학교 학생들이 모여 오늘 일제히 시위운동을 실행하기로 했다. 우리 학교도 가만히 있을 수 없으니 함께 시위운동을 일으키자"라고 선언했다. 이에 호응해 2학년 학생 전체는 함성을 지르며 복도로 뛰어나갔다. 이 소리를 들은 4학년 학생들도 함성을 지르며 행진을 위해 뛰어나갔다.

하지만 경찰은 전날 밤부터 시위계획을 탐지하고 있었고, 각 학교 교정에는 이미 경관들이 배치된 상태였다. 근화여학교 내에도 도학무과 직원, 경찰관들이 배치된 상태였기에 교사들 역시 원하든, 원하지 않든 학생들이 교문 밖으로 나가지 못하도록 제지해야 했다. 하지만 근화여학교의 열기는 뜨거웠다. 2학년과 4학년 학생들은 경관과 교사들의 제지를 뚫고 합동하여 만세를 부르며 정문 앞까지 나갔고, 정문에서 대열을 지어 계획대로 교문 밖 진출을 시도했다. 몇몇 학생은 교문 옆쪽 판자벽을 부수기까지 하며 교문 밖 진출의 의지를 분출했다. 학생 일부는 기숙사 쪽 보통과 학생들을 불러 함께 '광주학생사건 동정 만세' '광주학생 만세' '만세, 만세' 외치며 함성을 질렀고, 복도에 있던 학생들도 함께 이를 연창했다. 몇몇 여학생들은 정문 안에서 보성전문학교를 향해 "남학생들이 자존심도 없나?" 하며 만세시위에 동참하도록 자극하기도 했다.

시위 참여를 두고 불참하는 학년과의 균열도 있었다. 근화여학교 고등과, 보통과 대부분의 학생이 만세시위에 참여했지만, 3학년 학생들은 어떤 이유에서인지 만세시위에 냉담했고 모두 시험에 응했다. 이에 시위 주도 학생 일부가 3학년 교실 유리창을 깨트리며 참여

시위에 참여한 근화여학교 학생들

근화여학교 학생들은 '광주의 희생'에 대한 공분과 희생자가 같은 학생 신분이라는 연대의식 속에서 주도적으로 시위에 참여하고 적극적으로 목소리를 냈다. (『동아일보』 1930년 1월 16일자)

하라고 외쳤고, 이에 응하지 않자 운동장으로 끌고 나가기까지 했다는 증언도 있다. 학생 내부에도 시위에 대한 온도차, 그리고 이로 인한 학생들 간의 균열이 자연스럽게 존재했다. 결국 근화여학교 학생들은 교문 밖을 사이로 경관과 대치하며 농성했고, 경성여자미술학교, 실천여학교, 정신여학교 등 일부 학교의 학생들만이 교문 밖 진출에 성공하여 가두시위를 전개했다.

조선총독부와 학교의 대응

1929년 12월 초에 벌어진 서울의 학생시위운동은 청년 및 사회운동 단체의 격문 살포로 시위가 시작되었고 남학생들 중심으로 이루어진 반면, 1930년의 서울 지역 2차 시위는 계획부터 온전히 학생들이 주도했고 특히 여학생들의 전폭적 참여 속에서 이루어졌다는 점에서 차별성을 갖는다. 또 규모도 1차 시위에 비해 3배가 넘는 학생들이 참가했다. 1차 때와는 달리 경찰은 미리 정보를 입수하고 만반의 대비를 하고 있었지만, 시위가 동시다발적으로 진행되자 당황할 수밖에 없었다. 당국은 이 같은 대규모 연합시위를 막기 위해 서울의 경찰만으로는 어렵다고 판단하고, 인천의 경찰력까지 동원하여 무차별 검거에 나섰고, 여기에는 경성부가 운영하는 버스와 소방차도 동원되었다. 종로경찰서를 비롯한 각 경찰서는 검거된 학생들로 초만원을 이루었다.

서울 지역 동조시위를 전개한 여학교는 8개 학교로, 검거된 여학생은 총 135명, 그 가운데 근화여학교 학생은 25명(19퍼센트)으로 적지 않은 비율을 차지했다. 학교 시설이 일부 파괴되고, 학생들이 잇따라 검거되자 수업 진행이 당분간 불가할 것이라는 판단에 따라 근화여학교는 16일 임시 휴교에 들어간다. 1월 20일 개학할 예정이었지만 검거된 학생들이 석방되지 못했을 뿐 아니라 학생들이 계속적으로 검거되는 상황이어서 개학을 다시 24일로 연기해야 했다.

만세시위를 주도한 학생들은 경기도 경찰부로 가서 취조를 받았다. 보안법 위반으로 구속된 각 여학교의 주동자급 학생은 33명이었는데, 그중 근화여학교 학생이 최성반, 김순례, 전연봉, 김금남, 이충신, 김귀인복 등 6명(18퍼센트)으로 적지 않았다.

결국 시위 참여 학생들은 무기정학이나 퇴학 등 학사처벌은 물론 구속이나 기소를 통한 사법적 처벌까지 받게 되었다. 이번 사건으로 퇴학, 무기정학을 당한 학생은 무려 500여 명에 달했고, 일부 학교 교장은 학무 당국에서 처벌을 명령하기 전에 자발적으로 학생들에게 퇴학이나 무기정학, 근신 등의 처분을 내리기도 했다. 근화여학교는 학교장의 자발적 처벌은 없었다. 다만 조선총독부 학무과장의 명령으로 25명의 학생이 무기정학을 당했다. 조선총독부는 각 학교 교장을 출두시켜 주의를 주고, 각별히 학생들을 단속할 것이라는 각서를 받았으며, 교원을 증인으로 소환하여 조사하기도 했다. 근화여학교는 개교 때부터 함께했던 지리 및 역사과 교사 윤근이 증인으로 조사를 받았다. 윤근은 시위가 있는 날 평소와 같았으며, 유리창이나 판자 담장이 파괴된 것은 학생들의 '의도적' 파괴 행위가 아닌 서로 밖으로 나가는 과정 속에서 일어난 것이고, 시위 주도 학생 6명은 모두 품행이 좋고 온순한 학생들이며 '감정에 사로잡혔을 것'이라고 두둔했다.

시위에 참여한 근화의 학생들

그렇다면 근화여학교에서 만세운동을 선도한 학생들은 누구였을까? 일단 유치장에 수감된 여학생 20여 명의 인적사항을 분석해보면, 주축이 된 학생은 고등과 학생이면서 서울에 유학하고 있는 지방 출신 학생의 비율이 높았다. 따라서 소수를 제외하면 이들의 부모는 자녀를 서울에 유학보낼 수 있는 정도의 중상류계층이라고 볼 수 있다. 그들은 근화여학교에서 중등과정의 교육을 받는 학생이었지만, 나이는 평균 20세가 넘는 지금의 대학생 정도의 연령층이었다. 시위에 참여한 학생들 중 지방 출신자가 많은 이유는 부모와 떨어져 하숙이나 기숙사 생활을 하고 있어서 부모로부터 활동의 제약을 덜 받았기 때문일 것이다. 마지막까지 조사를 받고 보안법으로 구속된 김순례, 김귀인복, 김금남은 기숙사 생활을 하고 있었고, 전연봉, 최성반, 이충신은 하숙을 하고 있었다. 즉 주모자로 지명된 6명의 학생 모두 부모의 감시로부터 상대적으로 자유로웠다.

1930년 광주학생의거 동조시위 당시 근화여학교 학생 체포자 명단

구분	명단	명수
고등과 4학년	정기순(20), 강의순(21), 김금남(19), 김귀인복(19)	4
고등과 2학년	김순영(17), 이수복(21), 양학녀(20), 이호근(22), 전연봉(18), 오형만(20), 장상림(19), 김숙현(20), 이충신(19), 최성반(18)	10
고등과 1학년	김지형(21)	1
보통과 6학년	이영신(21), 이계원(23), 손경희(23), 이갑술(21), 심상순(19)	5
보통과 5학년	오수남(20), 민부영(20)	2
보통과 4학년	민인숙(19)	1
보통과 3학년	이경희(19)	1
보통과 2학년	이만훈(22)	1
계		25

특히 최성반은 평안북도 출신으로 그녀의 하숙집은 우리에게 잘 알려진 아동문학가이자 독립운동가 방정환(方定煥)의 집이었다. 최성반의 아버지가 귀한 딸을 낯선 서울 땅에 보내기가 불안하여 친구 방정환의 집에 하숙시킨 것이다. 아버지의 기대와는 달리, 그녀의 하숙방은 여학교 대표자 16명이 연합시위를 계획하는 장소로 제공되기도 했다. 또 남녀 연합시위 사전회의에 근화여학교 대표로 참여한 김순례는 전라남도 광주 출신이다. 광주공립제일보통학교를 졸업한 후 서울로 와 근화여학교에서 공부하고 있던 그녀가 동향 학생들의 시위와 무차별적 검거 소식을 접했고, 이러한 상황은 동조시위에 커다란 자극이 되었을 것으로 보인다.

경찰 신문 과정의 진술이므로 신중한 해석이 필요하지만, 신문조서에 따르면 근화여학교 학생들이 주로 외친 구호는 '광주학생사건 동정 만세'였다. 주도 학생 6명 모두 본인들이 시위를 벌인 이유로 광주학생사건에 대해 당국이 많은 수의 조선인 학생을 구금한 것에 반해 일본인 학생은 석방시킨 차별적 조치에 분개하여 일으킨 것이고, 구금 학생을 석방하도록 당국에 촉구하기 위함이었음을 강력하게 피력했다. 하지만 시위 사전협의 원칙에서 정했듯이, '피압박민족 해방 만세' 등의 구호가 근화여학교에도 외쳐졌을 것이라 생각된다. 시위를 개인적으로 지원하고 있던 사회 인사 허정숙은 이화여자고등보통학교 최복순이 찾아와 검거되었을 경우 시위 이유를 물을 때 어떻게 대답해야 할 것인지를 묻자, "광주사건으로 구속된 사람들의 석방과 복교를 위해 동정적 시위운동을 한다"라고 말할 것을 조언했다고 한다. 이는 구속된 학생들의 시위가 식민지 지배를 반대하는 정치적 구호 대신, 학생들의 연대의식에 기반한 동정적 시위로 보여 과중한 처벌을 면하게 하기 위한 전략적 언술로 볼 수 있다.

어쨌든 근화여학교 학생들은 '광주의 희생'에 대한 공분과 희생자가 같은 학생 신분이라는 연대의식 속에서 1929, 1930년 두 차례의 서울 지역 시위에 주도적으로 참여했다. 근화여학교 학생들 또한 광주학생운동의 주역이었던 셈이다. 광주학생운동은 '피압박민족 해방 만세'라는 구호에서 볼 수 있듯이 식민교육에 대한 저항의 차원을 넘어, 일제 식민통치 자체에 대한 항거로 전환됨으로써 독립운동으로서의 성격을 갖는다. 또한 민족운동이 다시 활성화되는 동기를 부여함으로써, 1930년대 민족운동을 촉진하고 그것을 수행하는 인적자원이 양성되는 과정이기도 했다. 그러한 항일 학생운동 역사의 중심에 '행동하는' 근화여학교 학생들도 주도적으로 참여했고, 적극적으로 목소리를 냈음을 잊지 말고 기억해야 할 것이다.

박현옥 덕성100년사 편찬위원회 전임연구원

3부

실업교육기관으로 성장한 근화, 덕성여자실업학교

들어가며

실업학교로 새롭게 출발한 덕성여자실업학교

꾸준히 증가하는 학생 수

1935년 4월 근화여학교는 근화여자실업학교로 새롭게 출발했다. 기혼여성에게 초등교육을 제공하던 근화여학교는 이제 초등교육을 받은 여성들이 경제적 자립으로 나아갈 수 있는 교육을 시작했다. 조선총독부의 인가를 받으면서 근화 졸업장의 가치도 높아졌다. 한편 1938년 4월 「조선교육령」이 개정되고 황국신민 육성을 위한 교육이 강제되었다. 무궁화를 의미하는 근화라는 교명을 유지하면서 학교의 발전을 기대할 수는 없는 상황이었다. 1938년부터는 부득이하게 교명을 덕성여자실업학교로 바꾸어야만 했다.

근화여자실업학교는 수업기간 3년, 한 학년에 한 학급 50명이 정원이었다. 3년제 학교여서 을종실업학교로 불렸다. 다른 학교와 마찬가지로 근화여자실업학교 역시 항상 지원자가 넘쳤다. 배움의 문턱을 넘으려는 학생을 다 받을 수는 없었다. 하는 수 없이 50명 정원에 편법으로 10명을 더해 60명을 입학시켰다. 1937년 새 학기부터는 교직원과 학생 200여 명이 좁은 학교에서 함께 생활했다.

1937년 7월에 중일전쟁이 발발했다. 전선이 확대되고 전쟁이 길어지면서 실업교육을 받고자 하는 여성들의 수요도 점차 늘어났다. 경쟁률이 높았던 1938년에는 지원자의 3분의 2 정도가 시험장에 나오지 않았고, 그 여파인지 1939년에는 지원자가 줄었다. 하지만 그 이후부터 꾸준히 지원자가 늘고 그에 따라 경쟁률도 높아졌다.

1941년부터 덕성여자실업학교의 모집 정원은 세 학급 150명으로 증가했다. 정원을 늘려도 여전히 경쟁률이 높았기 때문에 예전처럼 학급당 정원을 10명씩 늘려서 총 30명을 더 선발했다. 학생이 많아지면서 기존의 학교 건물로는 그 학생들을 다 수용할 수 없었다.

1938년부터 1942년까지 덕성여자실업학교의 학생 모집 현황

연도	모집인원	지원자수	수험자수	합격자수	경쟁률	합격률 (합격/지원)
1938	50	330	121	60	6.6 : 1	18.2%
1939	50	203	198	60	4.1 : 1	29.5%
1940	50	383	380	60	7.7 : 1	15.7%
1941	150	741	734	180	4.9 : 1	24.3%
1942	150	1,142	1,080	180	7.6 : 1	15.8%

1936년부터 1942년까지 덕성여자실업학교의 학생 수 증가 추이

연도	수업연한	학급수	1학년	2학년	3학년	계
1936	3	3	60	59	20	139
1940	3	3	60	60	60	180
1941	3	5	180	60	60	300
1942	3	7	180	180	61	421

1930년대 내내 세 학급에 불과했지만 1941년부터 두 학급이 더 늘어날 예정이었다. 1940년 전교생이 세 학급에 180명이었다면 1941년에는 다섯 학급에 300명, 1942년에는 일곱 학급에 420여 명의 학생이 공부할 공간이 필요했다.

1940년 8월 차미리사의 뒤를 이어 송금선이 덕성여자실업학교의 교장에 취임했다. 송금선 교장의 첫 과제는 조선총독부에 모집 정원의 증설을 요구하고, 이를 뒷받침할 새 건물을 신축하는 것이었다. 전시체제라서 기부금 모금이 여의치 않았기 때문에 새 교사를 짓는 데 송금선의 일가족이 크게 공헌했다. 1942년 4월 20일 총공사비 25만 원을 들인 3층 약 1652제곱미터(500여 평)의 새 학교 건물이 준공되었다. 교사 신축을 계기로 덕성여자실업학교는 1943년부터 수업연한 4년의 학교로 성장했다.

실업학교의 교원 현황

우수한 학생을 모집하려면 자격을 갖춘 우수한 교사도 필요했다. 근화여학교 때부터 전문학교를 졸업하거나 일본에서 유학한 인재를 교사로 초빙했다. 비록 맡은 수업과 학교 일에 비해 많은 급여를 주지 못했지만 유능한 교사들은 근화의 부름을 거절하지 않았다. 유치원부터 음악과까지 여러 과정을 가르칠 때와 달리 실업학교로 전환하고 가르치는 과목이 달라지면서 교사진도 대폭 바뀌었다.

모집 정원이 50명이고 학급수도 세 학급에 불과하던 1936년에 교사는 6명이었다. 가르치는 과목마다 교사를 갖추지는 못하고 부족한 과목은 강사를 초빙했다. 1939년 무렵에는 교사의 정원이 10명으로 늘었다. 모집 정원이 확대되고 수업연한이 1년 늘어난 1943년에

1936년부터 1943년까지 덕성여자실업학교의 교원 현황

교원 연도	일본인 교원			조선인 교원			총계
	남	여	계	남	여	계	
1936.5	0	0	0	0	6	6	6
1939.5	1	0	1	3	6	9	10
1940.5	3	1	1	3	6	9	10
1941.5	0	1	1	5	5	10	11
1942.5	0	1	1	6	7	13	14
1943.5	0	2	2	8	6	14	16

는 교사의 수가 16명이 되었다. 그중 교원자격증이 없는 사람은 1명 뿐이었다. 교사는 대부분 조선인을 뽑았지만 부득이 국어(일본어) 과목만 일본인 교원을 채용했다. 이렇게 덕성여자실업학교는 여자실업학교의 주축으로 발돋움하고 있었다.

장신 한국교원대학교 한국근대교육사연구센터 특별연구원

여자실업학교의 현황과
근화의 실업교육 정신

실업교육을 향한 열망

1935년 2월 7일 근화여학교는 근화여자실업학교로 정식 인가를 받고 여성의 실업교육을 담당하는 대표적인 학교가 되었다. 학력 인정이 되지 않던 각종학교에서 중등 실업학교로 승격한 것이다. 그동안 근화여학교는 가정 사정으로 혹은 연령 초과로 정규 학교에 진학하지 못한 여성들을 위한 교육기관으로 일정한 역할을 담당해왔다. 이러한 이유로 근화의 중등 실업학교 전환을 애석하게 여기는 사람들도 있었지만, 대개 근화의 발전과 부족한 여성 실업교육의 측면에서는 반가운 일로 여겨졌다. 당시 조선인이 갈 수 있는 여자실업학교는 1926년에 설립된 경성여자상업학교가 유일했다. 그만큼 여성들을 위한 실업교육 환경이 척박했던 것이다. 반면 시대적 흐름에 눈뜬 여성들은 이른 시기부터 직업을 갖고 독립적으로 생활하기를 꿈꿔왔다. 근화학원 졸업생 이명숙은 근화에서 공부한 보람을 다음과 같이 말했다.

> 이십 세 넘은 튼튼하고 건강한 몸으로 의식주까지 부모에게(혹은 남편에게) 의뢰하지 않으면 심지어 그것까지도 없게 되니 이것이 과연 신세대 여자의 치욕이 아니고 무엇이겠습니까? 그러므로 진정한 자아를 찾아 남과 같은 값있는 생활을 자유로이 하려면 먼저 내 힘으로 먹고 내 힘으로 입으며 내 땅에서 살아야 할 터이나 일찍이 우리 여자에게는 직업을 준비하고 알아볼 만한 기관이 없는 것을 불행으로 느꼈습니다. 그러던 중 서울 청진동에 있는 근화학원에 상업과를 새로 설치하였다는 소식의 서광이 비쳤습니다. 그때의 반가움과 즐거웠음은 다시 형언할 수도 없을 정도여서 나는 주저하지 않고 머리 숙여 곧 입학하였습니다.
>
> ―「혼자 살 수만 있게 되면」, 『신여성』 1924년 3월호

근화학원에서 운영한 상업과는 정규교육기관도 아니고 1년 과정에 불과했지만 자립을 꿈꾸는 여성들에게 빛으로 다가왔던 것이다. 많은 여성들은 경제적 독립을 이룰 수 있는 직업을 갖기를 열망하고 있었고 비중은 작지만 여성들은 점차 사회의 여러 직업군으로 진출했다.

타이피스트, 사무원, 운전수, 주유원 등 여성들이 진출할 수 있는 직업의 종류가 점차 늘어나고 직업을 갖고자 열망하는 여성들도 점차 늘어났지만 여성들이 체계적으로 교육 받을 수 있는 기관은 아주 드물었다. 이러한 상황 속에서 근화여학교는 여성들의 열망과 시대적 요구에 부응하여 중등 정도의 소양과 직업여성을 양성하는 실업학교로 거듭나고자 했던 것이다.

실업교육의 역사

근대적인 실업교육의 역사는 대한제국 시기로 올라간다. 대한제국 정부는 여러 근대적 제도를 시행하면서 실업교육기관으로 '상공학교'를 설립했다. 1899년에는 「상공학교관제」를 공포하고 교육 내용, 학교 운영 등에 대한 규정을 제정했다. 상공학교는 이후 농업과가 추가로 설치되면서 농상공학교로 재편되었다가 1907년 초 농림학교, 공업전습소, 선린상업학교 등으로 각기 분리되었다.

1909년에는 일제의 주도 아래 「실업학교령」이 제정되면서 실업교육 체계가 정비되었다. 이 규정에 의해 실업학교의 범주와 교육연한 등이 구체적으로 정해졌다. 그러나 이 시기 실업학교는 단지 비교적 나이가 많은 사람들이 입학하여 졸업 후 곧바로 실업에 종사할 것을 상정한 것이었다. 학력 인정이 되지 않아 상급 교육기관과 연계가 되지 못했고 실업학교 중에서도 농업학교가 대부분이었다. 이러한 실업교육은 일제의 식민지배 정책과 조선에 침투한 일본 자본의 요구에 부응하기 위한 것이었다.

1919년 3·1운동은 식민지배 정책의 변화를 이끌어낸 거국적 저항운동이었다. 새롭게 부임한 총독 사이토 마코토(齋藤實)는 '일시동인(一視同仁)'과 '문화통치'를 시정방침으로 내세웠다. 교육령도 개정하여 일본에 비해 차별적인 학교제도를 일부 개선했다. 실업학교는 수업연한이 연장되고, 교육과정에서 보통과목의 비중이 증가했다. 1910년대 말까지 실업학교는 학제상 단절적인 위치에 있었지만, 1920년대 들어 실업학교는 6년의 초등교육을 이수한 사람이 입학하여 3년 혹은 5년의 교육을 받는 학교가 되었다. 실업교육이 일본에서와 동일한 체제로 정비되면서, 실업학교 졸업자는 중학교나 고등보통학교 졸업자와 동일한 정도의 학력을 인정받기 시작한 것이다.

1930년대는 실업학교가 증가하고 공업계 학교의 확충이 이루어진 시기이다. 1931년 부임한 총독 우가키 가즈시게(宇垣一成)는 통치방향으로 '사상의 융합'과 '생활의 안정'을 내세웠다. 교육정책으로는 '근로주의'를 기본으로 하는 '교육 실제화' 정책을 표방했다. 이 정책의 저변에는 당시 식민지배에 대한 일제의 위기의식이 깔려 있었다. 세계대공황의 여파로 경제 불황과 실업자가 증가했으며, 노동운동, 농민운동이 격화되어 지배체제를 위태롭게 했다. 교육 현장에서는 입학난과 취업난, 저항적 학생운동이 자주 발생했다. 우가키 총독은 중등학교를 신설할 때 '당분간은 실업적인 것 이외에는 허가하지 않을 방침'이라고 선언했다. 이러한 정책 기조하에 보통학교에서의 직업교육이 강화되고 직업학교 등 실업학교가 다수 생겨났다.

1930년대에 실업학교는 전문학교 5곳, 갑종공업학교 3곳, 농업학교 38곳, 상업학교 27곳, 수산학교 4곳, 직업학교 11곳 등이 신설되었다. 그러나 이 모든 실업학교는 대개 남학생을 중심으로 한 것이었고 여자실업학교는 아주 드물었다.

정규과정의 실업학교 외에 수업연한이 짧고 교육과정 편성이 유연한 실업보습학교(간이실업학교)도 있었다. 그러나 실업보습학교는 학력이 인정되지 않아 상급학교로의 진학과 편입이 불가능했다. 실업보습학교는 1930년에 84곳, 1937년에는 125곳 등 실업교육에서 상당히 비중이 컸다. 실업보습학교 중에는 선천공립여자기업보습학

1936년 여자중등실업학교 현황

학교명		경성여자 상업학교	근화여자 실업학교	경성여자공립 실업학교	향상여자 실업학교
소재		경성부 홍제정	경성부 안국정	경성부 황금정	경성부 천연정
설립자		한학수(韓學洙)	재단법인 근화		구리다 게이세이 (栗田惠成)
학교장		김용국(金容國)	차미리사 (車美理士)	마스이 다로우 (增井太郎)	도우호 오사무 (稻浦修)
설립연도		1926.4	1921.4	1926.4	1936.3
수업연한		3	3	3	3
학급		7	7	9	2
생도	조선인	400	174		120
	일본인			470	

교 한 곳만이 여학생을 대상으로 한 학교였다. 일반 실업보습학교에 여학생이 얼마나 들어갈 수 있었을지는 확실치 않지만 아주 드물었을 것으로 보인다. 식민지 시기에 개설된 정규과정의 여자실업학교는 211쪽의 표와 같다.

　1926년에 경성여자상업학교와 경성여자공립실업학교가 거의 동시에 설립되었다. 두 학교는 같은 해에 설립되었지만 운영면에서는 아주 달랐다. 경성여자상업학교는 구한말 참정대신으로 을사조약을 끝까지 반대했던 한규설(韓圭卨)의 애국정신을 이어받아 그 아들 한양호가 설립한 사립 실업학교이다. 전적으로 조선인만 입학했다. 경성여자공립실업학교는 학교명에서 드러나듯이 경성부가 설립한 공립학교이다. 공립은 재정 지원이 많이 투입되고 혜택이 많다. 9개 학급으로 규모도 상당하고 전적으로 일본인 학생만 들어갈 수 있었다. 이런 면에서 보면 일제는 조선 여성의 교육에 전혀 관심이 없었다는 것을 알 수 있다. 이 자료는 1936년에 작성되었기 때문에 1940년대는 민족별 분포가 조금 달라졌을 수 있다. 중일전쟁 이후 일본인들이 본국으로 귀환하자 일본인들만 다니던 학교에 조선인 학생 입학이 점차 늘어나는 추세였다.

　1930년대에 설립된 여자실업학교는 근화여자실업학교와 향상여자실업학교이다. 두 곳은 1920년 초반에 설립되어 간이학교 형태로 운영되다가 1930년대에 중등 실업학교로 전환한 경우이다. 근화여자실업학교는 재정이 충분치 않았기 때문에 규모는 매우 작은 편이었다. 경성여자상업학교가 정원 500명이고 공립 상업학교의 경우에도 500~700명 규모였던 것에 비해 근화여자실업학교는 정원이 200여 명에 불과했다. 그러나 여성 실업교육이 극히 빈약한 현실에서 근화여자실업학교는 경성여자상업학교, 향상여자실업학교과 함께 일제의 편향적 교육정책에 대응하여 여성 실업교육의 선구자적 역할을 했다.

빵 문제를 해결하는 교육

근화여학교는 설립 초기부터 실업교육에 중점을 두었다. 근화여학교의 설립을 주도한 조선여자교육협회 간부들은 1922년 2월 여성들의 직업교육을 목적으로 재봉부를 신설했다. 같은 맥락으로 1922년 11월에는 1년 기한의 중등 교육과정으로 상업과를 신설했다. 재봉이 여성의 직업 또는 부업을 위한 과목이라면, 상업과는 보다 적극적으로 직업여성을 양성하기 위한 것이었다. 상업과에서는 당시 수요가 점차 늘어나던 주산이나 타이프라이터 교육이 이루어졌다. 물론 이때 교육은 1년 단기 강습소 형태였다. 이후 강습소 형태를 벗어나 정규학교로 확장하는 과정에서 처음에는 실업교육보다는 인문계 중등교육에 방점을 두었다. 여자고등보통학교를 포함한 중등학교 입학난이라는 현실적 요구에 부응하려는 의도였다. 그러나 학생 모집 등 현실적인 문제에 부딪히고 별다른 성과를 내지 못하게 되자 실업학교 쪽으로 선회했다.

근화여학교는 1931년부터 실업학교 인가를 받기 위해 구체적인

근화여자실업학교 학생들의 주산 실습 광경(위)과 타자 실습 광경(아래)
차미리사는 근화여학교를 근화여자실업학교로 전환하면서 여성들이 이론교육보다는 가사교육, 직업교육 같은 실무교육을 중시해야 한다고 강조했다. (1938년 근화여자실업학교 졸업앨범)

노력을 기울이기 시작했다. 실업교육을 장려하는 일제의 교육정책, 취업난과 경제 불황이라는 현실에 비추어, 인문계 여자고등보통학교보다는 여자실업학교로의 전환이 더 현실적이고 실현 가능성이 높았다. 일제의 교육정책이 실업교육을 적극적으로 장려하는 데 있었기 때문에 정규교육기관으로 인가받기 위해서는 실업학교 형태가 유리했던 것이다. 또한 실업교육은 여성의 생계와 경제적 독립을 직접적으로 도와줄 수 있는 방법이기도 했다.

설립자 차미리사는 1932년 여성교육을 전망하며 '실무적 여성교육'이 필요하다고 인식했다. 차미리사는 여성교육에 있어서 실무교육, 가사교육의 중요성을 주장하는 한편, "앞으로는 여자가 무엇보다도 빵 문제를 해결하고 가정에서도 수학적으로 가정경제를 도모하도록 해야 할 것"이라고 주장했다. 이는 여성교육에 있어서 가사교육과 직업교육이 다 중요하며, 따라서 인문교육이나 이론교육보다는 가사교육, 직업교육과 같은 실무교육, 실제교육을 중시해야 한다는 뜻이었다. 이러한 맥락에서 그녀는 여학교 교육이 '생활 안정을 위한 실제적 교육' 곧 여성의 경제적 독립을 위한 교육이 되어야 한다고 생각했다. 여자실업학교는 남녀평등과 여권향상을 위한 여성의 경제적 독립과 사회활동뿐 아니라 취업난 속에서 취직을 통해 가정경제에 도움이 되는 방법이기도 했다.

재단법인 설립 이후에야 여자실업학교 인가가 가능하다는 조선총독부의 지시에 따라, 근화학원은 먼저 재단법인 설립에 착수했다. 재단법인 인가 신청 단계에서는 상업과와 가사과를 상정하고 있었다. 여학교의 가사교육 강화를 원하는 일반사회의 요구와 여성의 경제적 독립과 여권향상이라는 여성계의 당면 과제를 함께 반영하고자 했던 것이다. 그러나 조선총독부는 직업교육 중심으로 여자실업학교를 상정하고 있었기 때문에 가사과 신청은 받아들이지 않았다. 결국 근화여자실업학교는 상업과만 설치하는 것으로 방향이 수정되었다. 1933년에 실업과를 신설, 보통과와 고등과를 폐지한 후 근화여자실업학교로 교명을 바꾸고 1934년에 재단법인 설립 인가를 받았다. 이후 여러 절차를 거쳐 1935년 3년 과정의 을종실업학교로 최종 승인을 받게 된다. 근화여자실업학교는 당대의 시대적 요구를 정확하게 파악하고 현실적인 대처를 해 나갔다고 볼 수 있다. 체계적인 여성 실업교육이 부족한 척박한 상황 속에서 근화여자실업학교는 인문적 교양과 직업교육을 병행하여 새롭게 변화하는 시대에 여성들이 적극적으로 사회로 진출할 수 있는 토대가 되었다.

이병례 순천대학교 인문학술원 연구교수

특집　1930년대 언론에 비친 근화

근화

딱정떼 선생님 김미리사 씨 경영 아래 꾸준히 나가는 근화학교다. 너무나 유명하였고 또 유명한 여학교다. 전에는 소박데기 여학교라는 별명이 있었으나 지금은 그렇지 않다.

그러나 아직도 수많은 풍문이 새여 나오고 있는 것은 엇전 까닭인지. 한때는 음악과를 설치하였다고 전하더니 음악과는 폐지되고 실업과가 설치되었다고 한다. 김미리사 씨의 딱정떼는 유명하고 남는 것이 있다고 전하는 바이지만 그 학교 학생뿐이 아니라 직원들도 혼들이 나는 모양이다. 이번 여름에는 봉급 문제로 왈시왈비하였다는 말이 있는데 예의 팟쇼로 그만 찍 오므라들었다고 한다. 그 학교 기숙사의 굼튼튼한 경영은 색시들에게는 불평이요 밖으로는 꼬십이 된다만은 이 글머리에 너무 깊은 이야기는 피하기로 하였으니 그만 끗친다.

—「이모저모로 본 경성15여학교 평판기」, 『신여성』 1933년 10월호

1920년대 언론에 비친 근화여학교의 이미지는 배움에서 소외된 여성을 위한 학교, 조선 여성의 힘으로 경영하는 학교였다. 근화여학교는 소박데기 여성들이 들어올 수 있는 몇 안 되는 배움터였기에 '소박데기 여학교'라고 불리기도 했고, 여성의 힘으로 학교를 경영하다보니 경비 마련을 위해 연극회, 음악회 등 늘 수선스런 짓을 한다 하여 '수선장이 학교'라는 또 다른 별명을 얻기도 했다. 경영자 차미리사는 사진과, 음악과 등 새로운 교육을 시도했고 당시로서는 획기적인 시도들이었기에 늘 언론의 주목을 받곤 했다.

1930년대 들어 불어닥친 경제공황으로 조선의 교육환경은 열악해졌고, 안정적인 수입원이 없는 근화여학교에는 더욱 커다란 타격이 되었다. 차미리사는 경영난을 극복하고자 밖으로는 학교의 경비를 마련하기 위해 악착같이 뛰어다녔고, 안으로는 강인한 교육적 신념으로 학교를 이끌었다. 이렇게 동분서주하며 학교를 이끌었던 차미리사의 별명은 바로 '온순한 맛이 없이 딱딱한 사람' '성질이 사납고 굳센 사람'을 의미하는 '딱장-대 선생님'이었다.

1938년 한 잡지에는 차미리사의 사업 성공 비결로 '주판질을 해서 딱딱 맞아야만 일을 하는 게 아니라 엉터리도 없는 것을 그저 자기 독단으로 순전히 결정해가지고는 척척 진행해 나가는 용단성(勇斷性)'을 꼽았다. 차미리사의 독단성, 용단성은 학교를 유지하는 비결이기도 했지만, 때로는 오해가 때로는 소통에 장애가 되기도 했다. 교직원들의 불만을 '예의 팟쇼로 찍 오므라들게'

도 했지만, 교원과의 마찰도 있었고, 학생들의 동맹휴학도 1930년과 1931년 두 차례나 일어난다. 학생들의 동맹휴학 이유로는 차미리사의 교장으로서 '거친 언사'가 지적되기도 했다. 학교 안의 분규는 학부모, 사회 유지가 협력하여 조정했고 차미리사가 학생들의 견해를 수용하며 해결되었다. 경비 마련만큼이나 학교 내의 다양한 주체들의 의견을 조율해 나가는 것 역시 쉽지 않은 문제였다. 이러한 갈등을 거치면서도 차미리사는 학교 존속을 위해 희생적으로 자신의 몸을 던졌다.

차미리사는 학교를 존속시키는 방법은 정규학교로의 승격이라고 판단했다. 이를 위해 1933년 실업과를 설치하여 실업학교로의 전환을 준비한다. 이어서 1934년 재단법인 근화학원을 완성하고, 1935년 근화여자실업학교 인가를 받았다.

2 근화의 학생들이 공부했던 교과서

차미리사의 결단

1935년 4월 1일 근화여학교는 근화여자실업학교로 교명을 바꾸게 된다. 1930년대에 들어서자 교장인 차미리사의 고민이 깊어졌다. 설립 정신을 생각해서 여전히 기혼여성 중심으로 학교를 운영할 것인가, 아니면 이화여자고등보통학교나 숙명여자고등보통학교처럼 상급학교 진학이나 교사 양성을 목적으로 하는 중등학교(여자고등보통학교)로 전환할 것인가, 그것도 아니면 여성들이 독립할 수 있도록 직업교육을 실시할 것인가.

근화여학교는 보통과를 없애면서 잠시 중등학교 체제로 가는 듯했다. 몇 명 되지 않지만 상급학교로 진학하는 졸업생이 더러 나왔다. 1928년 졸업생 11명 중에서 10명은 가정으로 가고 1명만 진학했다. 1929년 졸업예정자 중에는 일본 유학 1명을 포함해서 편입·진학자가 5명이었다. 오히려 가정에 남겠다는 학생은 1명뿐이었다. 1933년 졸업생 19명 중에서 상급학교 진학 희망자는 절반을 넘었다. 하지만 근화여학교 졸업생이 상급학교로 진학하려면 별도의 시험이 필요해서 원하는 학교에 가기는 쉽지 않았다.

차미리사의 결단은 실업학교였다. 중등학교 정도의 교육을 하면서도 학생들의 취업을 고민했다. 차미리사는 1932년 3월 15일 『매일신보』 인터뷰에서 학업을 마친 학생들이 가정으로 돌아갈 뿐 직업전선으로 적게 나가는 현실을 아쉬워했다. 비슷한 시기에 학교 관계자의 인터뷰를 보면 근화의 졸업생은 다른 학교처럼 취직한 여자가 매우 드물고, '직업여성'이 된 몇 안 되는 사람도 상점의 점원이나 간호부로 취직했을 뿐이라고 했다. 경제적으로 자립하지 않으면 여성의 홀로서기는 어려웠다.

근화여자실업학교는 을종이었다. 갑종과 을종이 법령으로 정해진 것은 아니었다. 다만 남자의 경우 5년제를 갑종, 3년제를 을종으로 불렀다. 여자실업학교의 경우 갑종은 4년제였다. 엄격하게 말해 갑종과 을종을 구분하는 기준은 실업학교를 졸업하고 상급학교인 전문학교로 진학할 수 있는 자격 여부였다. 보통 갑종실업학교를 졸업하면 고등보통학교나 중학교 졸업자와 같은 자격이 주어졌다. 여자실업학교의 경우 근화여자실업학교처럼 3년제를 졸업하면 다른 학교를 1년 더 다니거나 전문학교입학자검정시험(약칭 전검)에 합격해야 이화여자전문학교와 같은 전문학교에 입학할 수 있었다. 근화여자실업학교는 처음부터 분명하게 취업을 목적으로 했다.

근화여자실업학교의 교과서 목록

당시 교과서는 조선총독부가 만든 교과서(국정), 조선총독부의 검정을 통과한 교과서(검정), 일본 문부성의 검정을 받고 학교장이 사용 신청을 허가한 교과서(인가) 등이 있었다. 1922년 2월에 공포된 「실업학교규정」에 따르면 실업학교의 교과서는 학교장이 조선총독부의 인가를 받아 사용하되, 조선총독부가 편찬한 교과서가 있으면 그것을 우선적으로 사용해야 했다.

각종학교에서 실업학교로 지정되면서 조선총독부의 각종 공식 발행문서에서 근화여자실업학교의 이름을 쉽게 발견할 수 있게 되었다. 그전에는 신문과 잡지에서 근화여학교에서 개최하는 행사나 학생들의 활동 내용은 볼 수 있었지만 학교의 교육 내용이 어떠했는지는 다루지 않았다. 심지어 교과서를 스스로 만들어 사용했는지 아니면 기존의 교과서를 이용해 수업했는지 여부도 알 수 없다. 오직 공문서에서 그 내용을 확인할 수 있는데 그 첫 기록이 근화여자실업학교가 조선총독부에 발송한 교과서 신청 문서였다.

1935년 2월 26일 근화여자실업학교 교장 차미리사는 조선총독부에 「교과용 도서 사용 인가 신청의 건」이란 공문을 발송했다. 이 공문은 경기도지사를 거쳐 3월 2일에 조선총독부에 전달되었다. 지금

근화여자실업학교가 조선총독부에 발송한 교과서 신청 문서
근화여자실업학교의 교육 상황을 알 수 있는 첫 공문서이다. (국가기록원 소장)

의 서울특별시인 경성부는 당시에 경기도 관할이었다. 3월 23일 조선총독부는 경기도지사를 거쳐 근화여자실업학교에 사용 신청을 한 교과서 중 두 종을 제외한 나머지의 사용을 허가한다고 회신했다. 학기가 시작되고도 한 달이 지난 5월 10일에 근화여자실업학교는 허가를 받지 못한 두 종의 대체 교과서를 선정해 다시 신청했다.

수업시수를 알 수는 없지만 근화여자실업학교의 교과목은 수신, 공민, 국어(일본어), 조선어 및 한문, 영어, 국사(일본사), 세계사, 일본지리, 세계지리, 수학, 이과, 상업, 부기, 주산, 가사, 도화(미술) 등이었다. 교과목을 볼 때 근화는 실업학교였지만 상업학교에 가까웠다.

1935년 근화여자실업학교가 신청한 교과서 목록

구분	학년	저자역자	발행자	과목
실업수신	1~3	佐野善作 沈作安文	富山房	수신
중학교육 여자공민과교과서	2,3	조선총독부	조선총독부	공민
개신(改新) 여자국문	1~3	芳賀矢一 橋本進吉	富山房	국어
실용펜습자연습첩	1~3	西協吳石	松邑三松堂	국어
중등교육 조선어 및 한문독본	1~3	조선총독부	조선총독부	조선어
Women Royal Readers	1~3	森卷吉	三光堂	영어
개정 대일본역사제요(초급용)	1	加藤盛一 高橋俊乘	富山房	국사
실업서양역사	2	瀨川秀雄	富山房	세계사
신제(新制) 강요일본지리 (綱要日本地理)	1	石橋五郎	富山房	일본
신제 최근일본지도(개정판)	1	龜井寅雄	三省堂	지리
삼정(三訂) 강요외국지리	2	石橋五郎	富山房	세계
신제 최근세계지도	2	龜井寅雄	三省堂	지리
삼정 여학교용 신산술(新算術)	1	中川銓吉	富山房	수학
삼정 여학교용 신대수(新代數)	2,3	中川銓吉	富山房	수학
소림상업산술(小林商業算術)	2,3	小林行昌	富山房	수학
사정(四訂) 신식주산교과서	1~3	佐藤仁壽	富山房	주산
실과 여자이과교과서(박물편)	1	藤井健治郎 외 3명	開成館	이과
현대여자생리위생교과서	2	村地長孝	開成館	이과
실과여자이과교과서(이화편)	3	龜高德平 외 3명	開成館	이과
개정 상사요항교과서 (商事要項教科書)	1	森富治郎 외 2명	松邑三松堂	상업
개정 상학강요(商學綱要)	2,3	內池廉吉	同文舘	상업
신편 길전상업부기(吉田商業簿記)	1,2	吉田良三	富山房	부기
근대은행부기	3	長谷川安兵衛	富山房	부기
수정 신시대가사교본 (新時代家事教本)	1~3	越智キヨ	星野商店	가사
여자표준도화	1~3	石井柏井 和田三造	帝國書院	도화
표준상업미술(입체편)	1	田中○造 외 2명	帝國書院	도화

실업학교인데도 영어 같은 외국어 과목을 가르쳤다는 것이 매우 이채롭다. 보통 영어는 상급학교, 즉 전문학교에 진학하려는 중등학교에서만 가르쳤기 때문이다.

영어 과목만큼 근화가 선택한 교과서에서도 흥미로운 점을 발견할 수 있다. 공민과 조선어 및 한문 교과서는 중등학교용으로 조선총독부가 편찬한 국정 교과서였다. 국정과 조선총독부 검정(일본사)을 빼면 거의 전부가 문부성의 검정을 받고 조선총독부의 인가를 받은 교과서였다. 제목에서 실업학교용을 나타낸 교과서를 빼면 대부분 여자고등보통학교(한국인)나 고등여학교(일본인)에서 사용하는 내용과 크게 다를 게 없었다. 4년제가 아닌 3년제여서 배우는 양만 차이가 날 뿐이었다.

일본사 교과서 『대일본역사제요』

근화에서 어떤 교육을 받았는지 알기 위해 현재 구할 수 있는 교과서를 하나 골랐다. 일본사인 『개정 대일본역사제요』(이하 『대일본역사제요』)이다. 『대일본역사제요』는 1921년 3월 16일에 처음으로 조선총독부의 검정을 통과한 일본사 교과서였다. 지은이는 가토 세이치(加藤盛一)와 다카하시 슌조(高橋俊乘)였는데, 당시 조선총독부 편집과장이던 오다 쇼고(小田省吾)의 감수를 받았다. 이때만 해도 일본의 거대 출판사가 조선총독부 검정을 노리고 교과서를 만들기에는 조선의 교과서 시장이 너무 작았다. 가토와 다카하시는 그 틈새시장을 노렸고, 성공했다.

　감수를 맡은 오다는 조선총독부의 교과서 편찬, 검정, 인가를 총괄하는 책임자였다. 그의 감수를 받고, 여타의 경쟁자 없이 출판된 교과서였던 까닭에 이 책은 조선의 중등학교 일본사 교과서 시장을 휩쓸었다. 1920년대 조선의 거의 모든 사범학교에서 사용되었고, 소학교(지금의 초등학교) 교사를 뽑는 시험에서 항상 참고서로 언급되었다. 유일한 경쟁자라면 조선총독부가 편찬한 『보통학교 국사』 정도였다. 인기가 좋았던 만큼 이 책은 사범학교용 외에도 고등보통학교용, 여자고등보통학교용으로도 제작되었다. 학년을 나누어 저학년 때 배우는 초급용과 심화과정인 고급용도 나왔다. 그리고 몇 차례에 걸쳐서 내용을 개정했다. 『대일본역사제요』의 독점적 지위는 1930년대 중반까지 계속되었다.

　『대일본역사제요』는 조선총독부 검정 교과서라는 장점도 있었지만 일본 문부성의 검정을 통과한 교과서와는 다른 특징이 있었다. 일본 문부성 검정 교과서가 일본인 학생을 대상으로 만들어진 데 비해 『대일본역사제요』는 처음부터 조선인 학생을 염두에 두었다. 조선의 역사에 대한 서술도 문부성 교과서보다 많아서 전체의 20퍼센트를 넘었다. 일제하에 조선사(한국사)가 정식 과목으로 채택되지 못한 상황에서 그나마 학생들에게 조선의 역사를 비교적 자세하고 체계적으로 설명할 수 있는 교과서였다.

　물론 『대일본역사제요』에는 문제점도 많았다. 조선사의 분량이 많다고 해도 조선사를 일본사에 부속된 역사로 서술했다. 조선사는 일본과 관계된, 곧 한일관계사일 때만 의미 있는 역사라는 관점이 이 교과서를 관통하고 있었다. 또 이 책에서 조선사는 한 번도 독립해본 적이 없는 역사, 곧 피지배의 역사였다. 이렇게 보면 『대일본역사제요』는 공부할수록 조선사의 생채기를 자극할 수밖에 없었다. 상업이나 수학 등을 제외한 이데올로기와 관련된 모든 과목에 그런 위험성이 있었다. 졸업장의 가치를 인정받기 위한 어쩔 수 없는 선택이었지만 이런 교과서라도 어떤 교사가 어떻게 가르치는가에 따라 배우는 내용은 달랐을 것이다.

1935년에 교과서 사용 신청을 했을 때 불인가된 과목 중 하나는 『실업서양역사』였다. 교육에 적절하지 않은 용어를 사용했기 때문에 인가하지 않는다는 결정이었다. 조선총독부 편수관이 밝힌 검정 불가나 인가 불허의 이유는 바로 프랑스 '혁명'이라는 단어의 사용이었다. 일본은 건국부터 당대에 이르기까지 천황의 가계가 하나로 이어지고 일체의 반란 등도 없었다는 허구의 역사를 가르치고 있었고, 더구나 식민지였기 때문에 '혁명'이라는 불온한 용어는 교과서에서 사용할 수 없었다. 그 자세한 내막이야 할 수 없지만 『대일본역사제요』와 불인가를 받은 『실업서양역사』를 신청한 교사는 같은 사람이었을 것이다.

장신 한국교원대학교 한국근대교육사연구센터 특별연구원

특집 푸른 제복의 학생들, 근화에서 덕성까지 교복의 변천

1920년 야학에서 시작된 근화여학교 학생들의 옷차림은 학교의 어려운 운영만큼이나 검박했다. 온몸을 꽁꽁 싸매던 장옷은 일찌감치 내던져버렸으나, 학생 대부분은 입학 전처럼 조선옷인 치마저고리를 그대로 입고 있었다. 다만 근화를 나타내기 위해서 치마를 무궁화색으로 물들이고, 가슴에 작은 교표를 달았을 뿐이었다. 교표와 치마색 정도의 작은 변화를 준 교복이었지만, 학생들에게는 근화의 일원이라는 큰 자부심과 책임감을 안겨주었다.

  전통적인 복장을 고수하며 민족의 정체성을 잃지 않으려 노력했으나, 또 한편으로는 학생이기에 가능했던 실용적인 변화도 시도되었다. 세상을 바라보는 눈이 트이자, 학생들은 거추장스러운 긴 머리를 잘라 다듬기도 하고, 치마는 한 뼘 정도 올려 입는가 하면, 양말과 구두를 신기도 했다.

  검소했지만 늘 깨끗하고 단정한 모습을 잃지 않았던 근화여학생들이었다. 두 눈에는 배움을 향한 눈빛이 총명하게 빛났다. 이처럼 근화의 문에 들어서면 눈물바람으로 학교의 문을 두드리던 소박데기의 모습은 이내 온데간데없이 사라져버렸다. 아내를 소박했던 남편들이 뒤늦게 학교에 찾아와 새로워진 아내의 모습을 보고는 크게 감동하여 차미리사를 '새 장모님'이라고 불렀

교복을 입은 근화여학교 졸업생들
치마저고리의 간소한 차림이지만, 양말과 구두를 신은 근대적 의생활의 영향도 묻어난다. (『조선일보』 1934년 2월 14일자)

세일러복으로 바뀐 덕성여자실업학교의 교복

교명이 덕성으로 바뀐 이후로는 상징적이던 푸른색 카디건 대신 세일러복 형태의 교복을 입게 되었다. 맨 앞줄 오른쪽 두 학생은 치마 대신 몸뻬 바지를 입은 모습이다. (『덕성오십년사』)

다는 연극 같은 일화가 있을 정도였다.

치마저고리를 두른 근화 여학생들의 모습이 확연히 달라진 것은 학교가 근화여자실업학교로 전환된 1935년 이후부터다. 이제야 비로소 서양식의 제복을 입게 된 학생들은 이른 아침 고요한 안국동의 등굣길을 푸르게 물들이곤 했다. 근화여자실업학교의 교복은 교목인 무궁화나무의 꽃과 잎사귀의 모양, 색상을 모티브로 한 디자인이었다. 여름에는 하얀 블라우스에 감색 스커트를, 겨울에는 수박색 스웨터에 감색 스커트를 받쳐 입은 어린 학생들은 삼삼오오 몰려다니며 안국동 거리를 메웠다.

근화여자실업학교는 학교 이름을 덕성으로 바꾼 이후 교복에 다시 한 번 변화를 주었다. 누구나 근화여자실업학교의 학생임을 알아보게 했던 푸른 동복 스웨터를 벗고, 1940년경부터는 자주색 넥타이를 단 곤색 세일러복을 착용했다. 근화의 무궁화가 우리 민족을 상징한다는 이유로 탄압했던 일제의 영향 때문이었다. 그러나 학생들의 마음속에 자리한 푸른색의 무궁화는 계속 올곧게 자라나고 있었다.

3 졸업 후의 진로는

여성교육의 방향 전환

차미리사는 여학교 졸업 후 결혼해서 가정에 들어앉거나, 가정에서 갈등을 겪으며 살아가는 조선 여성들의 삶을 보면서 여성교육의 목표와 내용에 대해 보다 진취적이어야 한다는 확신을 갖게 된다. 여성이 인격적인 독립을 하려면 우선 물질적 기반을 갖추어야 하고, 이를 위해 실업교육을 통해 직업을 가질 수 있게 그들을 가르쳐야 한다는 것이었다. 차미리사의 그러한 교육 신념은 1935년 근화여자실업학교 인가라는 결실을 맺게 된다.

근화여자실업학교로의 전환은 구식 가정부인에게 글을 읽게 하고 상식을 깨우쳐서 가정생활을 개선함으로써 사회에 기여한다는 부인야학강습소 시절의 부녀교육론에서, 여아(女兒)의 중등 직업교육과 직업여성 양성에 중점을 두는 여아교육론으로 바꾸었음을 의미했다. 여성교육의 중점을 부인에서 여아로, 비정규교육에서 정규교육으로, 보통교육에서 중등교육으로, 다양한 교육 시도에서 실업교육으로 전환했다. 생활개선을 위한 여성교육을 여전히 강조하되, 부인의 보통교육보다는 여아의 직업교육, 중등교육에 더 비중을 두었다.

시기별 졸업생 진로

졸업생의 진로는 크게 가정, 상급학교 진학, 취업의 세 가지로 정리된다. 먼저 1936년부터 1938년까지 근화·덕성여자실업학교 졸업생의 진로 비중을 보면 가정이 가장 높고 그 다음이 취업, 상급학교 진학 순이었다. 차미리사는 1936년도 졸업생 배출 직후부터 여성의 사회 진출, 즉 직업여성으로 진출하는 여성교육론에 더욱 중점을 두기 시작했다. '직업을 가진다는 것'에 대한 의미를 남의 종속물, 노예생활, 기생자에서 벗어나 '자아를 찾는 것'이라고 강조했다. 결혼은 해야 하지만 그에 앞서 직업을 갖고 활동하며 자아를 찾은 후에야 참된 아내, 진실한 어머니가 될 수 있다는 논리를 폈다. 이에 학생들에게 가정이나 상급학교보다도 오직 직업 전선에 나서서 사회와 싸울 것을 당부했다.

그 결과일까. 1939년 드디어 졸업생 '거의 다'가 취직해서 진로 중에 취업이 가정을 앞질러 가장 높은 비중을 차지했다. 그동안 취직

문제로 심각했던 상황에서 1937년 이후 경기가 나아지면서 '실업학교 졸업생의 황금시대'라고 불릴 정도로 취업이 잘되었다고 한다. 특히 1939년경에는 '여성만능시대'라고 할 만큼 여자상업학교 졸업생들의 취업률이 높았다. 그동안 무시당했던 여성들이 사무직 업무나 통계 분야에서 남성보다 배 이상 낫다는 인정을 받게 되었다. 급료면에서 남성보다 '저열' 해도 불평하지 않는 여자상업학교 또는 여자실업학교 졸업생들은 다양한 직업군에서 환영받았

여성은 말없고 일 잘한다
'내년 상과 출신 예약제, 경성여상과 덕성여실에 개가'라고 하여 여자상업학교와 여자실업학교의 취업률이 대단함을 표현하고 있다.(『동아일보』 1939년 11월 16일자)

다. 이에 대해 당시 언론에서는 많은 직업 전선에서 남성들을 '녹아웃(Knockout)'시키고 남성들에게 큰 공포를 안기는 현상이라고 했다. 1941년에도 졸업생의 80퍼센트가 취업을 했으며 1942년에는 '전부' 가 산업 전선에 취업하는 등 취업은 진로 중 가장 높은 비중을 차지했다.

그러나 1940년과 1943년에는 가정이 진로 중에서 가장 높은 비중을 차지한다. 1939년 바로 다음 해인 1940년 다시 일자리가 없어졌기 때문에 많은 졸업생들이 가정으로 돌아갈 수밖에 없었다. 이해

표1) 근화·덕성여자실업학교 졸업생 진로 양상*

연도	졸업차수	졸업총수	가정	상급학교	진로 취업							
					취업자총수	백화점	상점	운동선수	주산선수	철도국	체신국	회사
1936	1회	20	10	3	7	3					3	1
1937	2회	16	9	2	5		2					3
1938	3회	53	23	5	13							
1939	4회	54		거의다				7	4			
1940	5회	49	32	4	13					2	8	3
1941	6회	60		12	48							
1942	7회	60			전부							
1943	8회	60	35	5	20							

* 비고
1. 근화·덕성여자실업학교 졸업생 중 진로와 관련된 통계 정보가 한 건이라도 있는 1943년까지의 내용을 정리함.
2. 같은 해 자료가 여러 건인 경우 졸업 시기와 가장 가까운 시기의 자료를 정리함.
3. '가정'은 각종 자료에서 '가정으로 들어간 자(이하 '가정')' 등으로 구분된 자들로 졸업 후 취업을 하거나 상급학교에 진학하지 않은 졸업생 수임. 1936년과 1943년 '가정' 통계는 자료에서 "'나머지'는 가정" 등으로 서술된 것을 필자가 수치로 환산해서 넣은 것임.
4. 취업자 총수는 자료에 서술된 통계를 정리함. 총 취업자 수와 백화점 등 직업별 취업자 총수가 일치하지 않는 해도 있음. 그것은 자료에서 취업자 중에서 주요 직업 통계만 서술했기 때문임.

**비고
1. 표1)의 통계를 기반으로 비율을 계산하고, 이해하기 쉽게 그래프로 나타냄.
2. 표1)에서 1939년의 '거의 다'와 1942년의 '전부'를 '100%'로 임의 입력하고, '0'도 연도별로 세 종류의 진로 합계를 100으로 해서 계산 입력함.
3. 1938년도의 경우 졸업생 총수는 53명인데 자료에는 가정 23명, 상급학교 5명, 취업자 13명으로 총 41명에 대한 정보만 있어서 나머지 12명은 기타로 구분하여 비율을 계산하였음.
4. 1943년도의 경우 각 비율의 합이 99.9%이나 100%로 임의 입력함.

표2) 졸업총수 대비 취업자, 상급진학, 가정 비율과 그래프**

	졸업 총수 (%)	가정 (%)	상급 진학 (%)	취업 (%)	기타 (%)
1936	100	50	15	35	0
1937	100	56	13	31	0
1938	100	43	9	25	23
1939	100	0	0	100	0
1940	100	65	8	27	0
1941	100	0	20	80	0
1942	100	0	0	100	0
1943	100	58.3	8.3	33.3	0

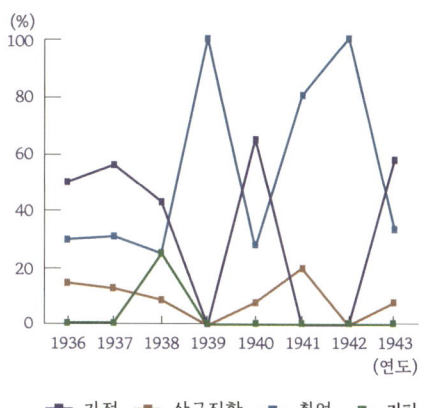

진로 비중에서 가정은 취업의 두 배를 훨씬 넘었다. 그런 현상을 반영하듯 당시 언론에서는 덕성여자실업학교에 대한 기사에서 1년 전과는 다르게 '가정주부 감 교육' '가정이 내 직장' 등을 강조했다.

졸업생 진로 중에서 상급학교 진학 비율은 1941년에 가정보다 20퍼센트 높았던 것을 제외하고는 매년 가장 낮았다. 물론 졸업생 '거의 다' 또는 '전부'가 취업했던 1939년과 1942년에는 상급학교 진학과 가정은 모두 '제로'나 다름없을 정도로 비중이 낮았다.

'○○ 걸'과 운동선수

근화·덕성여자실업학교 졸업생들이 사회로 진출하기 시작한 직업의 종류, 즉 취직 업종에는 어떤 것들이 있었을까. 지금까지 파악한 자료에 따르면 주요 취직 업종은 백화점, 상점, 운동선수, 주산선수, 철도국, 체신국, 회사 등이었다.

1930년대에는 종로의 화신백화점, 미쓰코시(三越)백화점(지금의 소공동 신세계백화점 자리에 위치), 조지야(丁子屋)백화점(소공동 옛 미도파백화점 자리에 위치) 등이 개점하면서 새로운 서비스직이 등장했다. 물건을 판매하는 '데파트 걸', 엘리베이터를 운행하던 '엘리베타 걸' 등이다. 물론 극장의 등장과 함께 극장표를 판매하는 '티켓 걸', 자동차와 버스 연

물건 파는 실습을 하는 근화여자실업학교 학생들
사진 왼쪽에 일본어로 '신시대의 여자, 온돌에서 직장으로'라고 쓰여 있다. 1939년 졸업을 즈음하여 덕성여자실업학교 선생님들이 백화점 이곳저곳에서 들어오는 졸업생 추천에 대응하는 업무를 처리하느라 바빴다고 한다. (1938년 근화여자실업학교 졸업앨범)

료를 판매하는 '개솔린 걸' 등도 그에 포함된다. 'OO 걸'이라는 용어에서 엿볼 수 있듯이 모두 여성이 종사하는 직업이었다.

백화점에서 근무하는 여성들은 고등보통학교나 상업학교에서 전문기술을 배운 후 치열한 경쟁을 뚫고 채용되었다. 그만큼 인기가 높았다. 근화·덕성여자실업학교 졸업생 중에도 백화점이나 큰 상점에 '숍 걸(판매원)'로 취직하는 이들이 꽤 많았다. 이에 학교에서는 판매부를 만들어 학생들에게 물건을 파는 실습을 시키며 장사를 익히게 했다.

1939년 덕성여자실업학교 졸업생 중에는 운동선수로 취업한 이들도 있었는데, 배구선수 5명과 정구선수 2명 등 7명이다. 덕성여자실업학교 배구부는 1938년 체신부 배구선수였던 신현수 코치가 부임하면서 실력이 빠르게 성장했다. 1941년 6월 조선신문사(朝鮮新聞社) 주최 조선여자종합체련대회에서 덕성여자실업학교 배구부가 종합우승을 차지했다. 특히 결승전에서 일본인 여학교인 경성제2고등여학교와 대결하여 힘들게 승리를 거두어 신문에 크게 보도되었다. 조선의 여학생들이 배구에서 일본인 여학교를 물리친 최초의 기록이었기 때문이다. 당시에는 운동선수가 되려면 학과 성적이 좋아야 했기 때문에 배구선수 중에도 우등생들이 적지 않았다고 한다. 1944년에는 덕성여자실업학교 출신 배구선수가 이화여자대학교 체육과로 진학하기도 했다.

조미은 　성균관대학교 초빙교수

문자보급운동에 참여한 근화여자실업학교 학생들

문맹퇴치운동 전개

1919년 3·1운동의 성과로 1920년부터 『조선일보』, 『동아일보』 등이 창간되었다. 또한 민족문학, 예술운동이 활발하게 일어나서 일제의 탄압 속에서도 민족의 언어, 민족의 문자 한글을 연구·보존·발전시키려는 노력이 이어졌다. 이러한 움직임 속에서 동아일보사, 조선일보사는 1928년부터 학생들을 중심으로 한 자발적 농촌계몽대를 편성하여 조직적인 문맹퇴치운동을 전개했다. 일제가 조선의 언어와 문화를 말살하려는 데 맞서 농민들에게 한글, 산수 교습을 통해 우리 글을 보급하여 민족의식을 고취하고 일상생활의 문화를 향상시키기 위한 것이었다. 1930년 10월 조선 인구의 77.7퍼센트가 문맹자라는 조사 결과에서 볼 수 있듯 당시 문맹퇴치는 조선사회에서 시급히 해결되어야 할 현안 중 하나였다.

이러한 취지에 공감한 학생들은 언론사, 종교계가 문자보급운동을 주관하고 후원하자, 열정적으로 참여했다. 학생들의 적극적인 참여는 광주학생운동 이후 일제의 감시와 탄압이 강화되어 표면적 활동이 어려워지자 학생들이 문맹퇴치를 비롯한 농민계몽운동에 주목했던 측면도 있다. 단기간의 계몽적 활동이라는 한계에도 불구하고, 사회가 요구하는 긴급하고 실제적인 문제에 주목하고, 먼저 자신이 배운 것을 나누고자 많은 학생들이 소중한 여름방학 동안 한글 교사로 봉사했다.

동아일보사의 '글 장님 없애기 운동'

가장 먼저 동아일보사에서는 1928년 4월 1일을 기해 문맹퇴치운동을 '글 장님 없애기 운동'이라는 우리말 명칭으로 바꾸고 전국적으로 운동을 시행하기 위한 계획을 세웠다. 그 준비 작업으로 『우리글 원본』이라는 교재를 인쇄하고 전국에 붙일 포스터와 자전거, 인력거에 꽂고 다닐 선전 깃발을 제작했다. 또한 독자들을 대상으로 '문맹퇴치가(文盲退治歌)'를 공모하여 관심을 끌고, 소년들의 시가행진 등 다양한 이벤트를 마련했다.

그리고 이 운동의 중요성을 알리기 위해 교육·사상·종교계를 망라한 명사들의 강연회를 기획했다. 4월 2일부터 개최 예정이었던 32

명의 명사들의 강연회에는 연희전문학교 교수인 최현배(崔鉉培)와 조병옥(趙炳玉), 보성전문학교 교장 박승빈(朴勝彬), 배화여학교 교사 이만규(李萬珪), 중동학교 교사 최규동(崔奎東) 등 교육계 유명 인사들은 물론 조선중앙기독청년회장 윤치호, 천도교 청년당 중진인 김기전(金起田) 등 종교계 인사, 『조선일보』 주필 안재홍(安在鴻), 조선소년연합회 위원장 방정환, 신간회 본부 총무간사 홍명희 등 사회 각계의 인사들이 관심을 갖고 참여 의사를 밝혔다. 그리고 여기에는 당시 여성교육계 인사로 근화여학교 교장인 차미리사의 강연도 예정되어 있었다. 동아일보사는 이 강연회를 효과적으로 진행하고, 나아가 '글 장님 없애기 운동'을 성공적으로 전개하기 위해 3월 16일부터 29일까지 연일 이 운동의 중요성을 선전, 보도했다.

그러나 경찰은 운동이 본격적으로 시작되기 3일 전인 1928년 3월 28일 갑자기 '글 장님 없애기 운동'을 금지한다고 동아일보사에 지시하고, 『우리글 원본』 교재와, 선전물, 선전 깃발을 모두 압수했다. 일제에 의한 갑작스런 중지 명령과 교재 압수로 동아일보사가 야심차게 추진했던 '글 장님 없애기 운동'은 중단되고 말았다.

하지만 동아일보사는 문자보급운동에 참여를 독려하기 위해 기획했던 강연회 대신 그해 11월 『동아일보』에 '브나로드 운동'을 효과적으로 추진하기 위해 「한글을 어떻게 가르칠까, 그에 대한 교육가 제씨의 의견」을 연재했다. 강연자로 예정되어 있던 차미리사는 『동아일보』 1928년 11월 11일자에 「어머니들을 먼저 가르치자」라는 제목의 글을 게재한다. 이 글에서 차미리사는 우리글의 중요성을 알아야 한다고 강조했다. 후세를 양육하는 어머니들부터 교양과 지식을 키워야 하며 이를 위해서는 한글의 중요성을 자각하고 회복해야 한다고 주장했다. 즉 한글 보급의 우선적인 대상은 '어머니'여야 하며 어머니들에게 우리글을 가르치는 것이 가장 효과적이라고 보았던 것이다. 차미리사가 여성, 그중에서 자녀를 양육하는 어머니에 주목한 것은 일제가 조선인을 일본인화하기 위한 효과적 방침으로 '어머니'를 교화의 대상으로 삼은 것과 대척점에 있었다.

차미리사는 이어서 근화여학교에서는 그러한 어머니를 양성하는 데 힘쓰고 있으며, 가능한 학생들이 훈민정음 연구자의 정확한 의견을 참고해서 많은 시간을 공부하도록 한다고 밝히고 있다. 학생들이 필기를 할 때 당시 조선총독부가 규정한 '국어', 즉 일본어가 아니라 한글로 하도록 권장하여 지금 학생들이 어머니 노릇을 할 때쯤이 되면 모든 사람들이 한글을 숭상하는 분위기가 농후해질 거라고 믿고 있다고 덧붙였다. 식민지배하의 학교 공간에서 한글의 중요성을 강조하고, 이를 실천하고 있었던 것이다. 차미리사의 한글에 대한 관심은 1929년 『조선어사전』 편찬 발기인으로 참여하는 데까지 이어진다.

조선일보사의 '문자보급운동'

동아일보사의 문맹퇴치운동이 일제의 탄압으로 중단되자, 『조선일보』 1929년 1월 1일자에는 장지영의 「새해에는 우리말과 글에 힘을 들이자」라는 사설을 실어 문자보급운동을 예고했다. 그리고 이해 6월부터 '아는 것이 힘, 배워야 한다'라는 표어로 문자보급운동을 펼치며 아래와 같이 취지를 밝혔다.

> 문자의 민중화는 현대의 절실한 요구임에 불구하고 우리 조선에서는 아즉도 문자란 것이 소수 학도층의 전유물로서 다수 민중과는 전연히 몰교섭이다. 언제든지 다중민중이 문자의 사용으로부터 제거되어 문화권 외에서 방황하게 된다면 그것처럼 사회의 불행이 어데 잇겠느냐, 그럼으로 금일의 책무는 문자를 학도의 독점에서 개방하야 민중의 공유를 만드는 동시에 민중을 문맹에서 해방하야 문화선상에 참여케 함에 있다. 조선문화의 결정으로 된 조선어의 생명을 담은 조선글로 조선인의 생활을 아름답게 써내임에는 가장 적합한 것이다.

이 취지문을 통해 조선일보사의 문자보급운동에는 농민계몽의 의지와 함께 우리글, 우리말을 보존하고자 하는 민족문화운동의 측면이 내재되어 있었음을 알 수 있다. 조선일보사는 교재를 준비하고 중학교 학생들 가운데서 자원봉사자를 모집하여 여름방학 동안 향촌으로 들어가서 글 모르는 동포들에게 한글과 간단한 셈법을 가르쳐 계몽하도록 하는 방식의 문자보급운동을 전개했다. 교재는 조선어학회가 제정한 한글 맞춤법에 따라 제작된 『한글원본』이었다.

운동이 시작된 첫해인 1929년 409명의 학생들이 참여했고, 이듬해에는 900여 명이 참여했다. 참여 학교도 양정고등보통학교, 중동학교, 배재고등보통학교, 경신학교, 진명여자고등보통학교, 이화여자고등보통학교, 숭의여자고등보통학교 등 46개에 달했고 도쿄 유학생까지 참여했다. 1931년에는 '문자보급가'와 '한글기념가'를 공모해 대중의 관심과 학생들의 참여를 이끌어냈다. 하루 사이에 800명이나 되는 신청자가 몰려 참가 학생 수는 이전 해에 비해 두 배나 늘어난 1800명으로 증가했다. 전문학교 학생도 다수 참가했으며 근화여학교에서도 2명의 학생이 참가했다. 조선일보사는 가장 많은 학생이 참여하여 좋은 성과를 낸 배재고등보통학교에 은제 우승컵을 수여하며, 성대한 격려 음악회를 개최하기도 했다. 하지만 대중의 관심과 학생들 참여의 상승세에도 불구하고 1932, 1933년 두 해 동안 교재의 저작권 문제로 조선일보사에서 내분이 일어나 문자보급운동이 일시 중단되었다.

1934년에서야 다시 재개된 제4회 문자보급운동에 조선일보사는 참여 학생을 '민족적 문화 전선의 용사'라고 칭하면서 더 많은 참여를 유도했다. 1934년 6월 22일 모집한 지 1주일 만에 2000여 명의 학생이 모여들어 주최측인 조선일보사 관계자들도 감격과 놀라움을 숨기지 못했다. 그 후 5일 동안 124개 학교 5078명의 전 조선 각지 학생들이 참여하는 등 괄목할 만한 성과를 거두었다.

1934년 6월 문자보급운동에 근화여자실업학교에서도 37명의 학생이 신청했다. 『조선일보』가 문자보급운동에 관한 명사들의 견해를 연재한 「문자보급을 이렇게 했으면」이라는 코너에서 차미리사는 조선에는 남자보다도 더 많은 수의 여자가 문맹이므로 단 하루라도 먼저 눈뜬 "여성이 많이 와서 문맹의 여자를 계몽시켰으면" 좋겠다고 말하며 가르치는 사람과 배우는 사람은 물론 학생들의 보호자에게도 운동을 이해하고 협조할 것을 부탁했다. 차미리사의 문자보급운동에 대한 지속적인 관심으로 보건대, 근화여자실업학교 교장으로서 학생들에게 이 운동에 참여할 것을 적극적으로 독려하고 응원했을 것이라 여겨진다.

1934년 여름, 찌는 듯한 더위를 무릅쓰고 방학 동안 근화여자실업학교 학생들이 펼친 열정적인 봉사로 농촌의 부녀자들은 말 그대로 '글 장님'에서 벗어날 수 있었다. 근화여자실업학교 학생들이 간 곳은 가깝게는 경성 시내(8명)부터 강원도(김화·양양, 2명), 경기도(양주·진위·포천, 4명), 충청도(아산·홍성·예산·영동, 5명), 경상도(마산, 1명) 평안도(안주·강서·신의주, 3명), 함경도(풍산·길주, 2명) 황해도(김천·황주, 2명) 등 다양했으며, 참여지가 아직 확정되지 않았던 학생들(10명)까지 포함한다면 전국 각지에서 문자보급운동을 전개했을 것으로 보인다.

고향의 문맹 부녀자들을 찾아

『조선일보』는 특히 근화여자실업학교의 최숙자, 김선녀, 송인숙 세 여학생이 각기 자기 고향에 가서 문자보급에 노력하여 상당한 성과를 나타냈다고 소개하고 있다. 연약한 여자의 몸으로, 더구나 여름방학 동안 가사를 도우면서 틈을 내 밤마다 농촌 부녀자들을 위해 애쓴 그들의 정성과 노력이 참으로 놀라지 않을 수 없다며 칭찬을 아끼지 않았다. 최숙자 양은 경기도 진위군 송탄면 가재리에서 7월 28일부터 8월 16일까지 20일간 가르쳤는데 글을 읽을 수 있게 된 인원이 15명에 달하였고, 김선녀 양은 김화군 김화면 읍내리에서 8월 2일부터 14일까지 12일 동안 80명에게, 송인숙 양은 황해도 김천군 월성면 당관리 교회에서 7월 19일부터 8월 15일까지 28일간 43명에게 한글을 알도록 해주었다고 한다(『조선일보』 1934년 9월 8일자). 이때 사용된 교재는 『한글원본』과 『산술교재』를 묶은 『문자보급교재』였다.

사회봉사 정신과 순결한 동포애를 바탕으로 근화의 학생들은 문자보급운동에 참여했다. 그리고 이러한 근화여자실업학교 학생들의 문맹 부녀자들을 위한 열정적 봉사는 조선여자교육회를 만들어

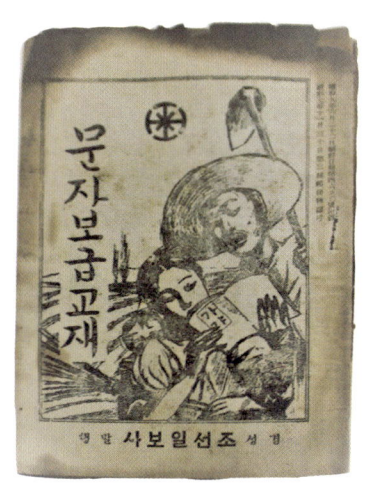

1934년 문자보급운동 교재로 사용한 『문자보급교재』
운동에 참여했던 근화여자실업학교 학생들도 이 교재로 한글을 가르쳤을 것이다.

학령을 초과한 여성, 외롭고 가난한 부인들을 모아놓고 문맹퇴치의 횃불을 들어 무식하다고 학대받는 수많은 여성에게 광명의 길을 열어주었던 차미리사의 정신과 맞닿아 있는 것이기도 했다.

하지만 문자보급운동 역시 식민권력의 감시와 탄압에서 자유롭지 못했다. 조선총독부는 경찰서, 학교에 "개인교수는 무방하나, 강습회는 불허"라는 공문을 보내 문자보급운동에 제동을 걸었고, 실제로 이 때문에 허가가 나오지 않는 사례도 여럿이었으며 집집마다 교재를 배부하다 곤욕을 치르기도 했다. 결국 조선일보사의 문자보급운동과 동아일보사가 1931년부터 시작한 브나로드 운동은 일제에 의해 1935년부터 모두 중단된다.

박현옥 덕성100년사 편찬위원회 전임연구원

특집 일제강점기 학생운동과 근화, 3·1운동에서 농촌계몽운동까지

덕성학원의 뿌리인 조선여자교육회, 근화학원은 3·1운동 정신을 계승하여 설립되었다. 민족 교육자 차미리사의 교육 아래 무궁화를 상징하는 학교 근화의 품 안에서 배움의 길을 걸은 학생들은 민족 문제와 사회문제에 침묵하지 않았다. 다음 연표를 통해 일제시기 학생운동의 맥락에서 근화학원 학생들의 발자취를 더듬어보자.

국내 학생운동 관련 주요 사건	연도	근화여학교
• 2월 8일 도쿄의 조선기독교청년회관에 600여 명이 모여 독립선언서 발표 • 3월 1일 3·1운동 시작	1919	• 9월 차미리사 종다리 예배당에서 야학 시작
• 3월 1일 배화학당 기숙사 학생들 필운대에서 3·1운동 1주년 기념 만세시위(사감 : 차미리사)	1920	• 2월 19일 3·1운동 정신을 계승하기 위해 운동 발발한 해가 지나기 전인 음력 섣달 그믐날, 조선여자교육회를 발기
• 4월 25일 순종 승하 • 6월 10일 6·10만세운동. 각 학교 학생들 시내 7곳에서 궐기 만세시위 격문 살포 학생 200여 명 검거	1926	• 4월 25일 순종 승하 소식을 들은 근화여학교 학생들 2시간 동안 통곡, 휴업 상태에 이름 • 4월 29일 근화여학교 학생들 학교에 휴교를 요청하고 돈화문 앞에서 조의 • 5월 1일 학교 휴교, 학생들은 자율적으로 참배, 교장 차미리사 조선여자교육회 대표하여 참배 • 6월 21일 6·10만세운동 관련, 근화여학교 학생 조옥화(19) 검거하여 조사
	1928	• 5월 1일 순종 승하 2년[御大祥祭日]이 되어 추모를 위해 근화여학교 학생들 휴교 후 오후 돈화문에서 참배하고자 했으나 경찰이 제지
• 11월 3일 광주학생시위, 전국적으로 확대 • 12월 10~13일 서울학생 항일 시위운동 • 7월 조선일보사 주최 제1회 문자보급운동 시작	1929	• 12월 10일 근화여학교 학생들 전위동맹의 격문 살포가 기폭제가 되어 광주학생사건 동조시위(1차 서울 지역 연합시위)
• 1월 15일 서울 시내 각급 학생 5000여 명이 궐기 여학생 135명 검거	1930	• 1월 10일 학생비밀결사 관련 근화여학교 학생 신상숙 검거하여 취조 • 1월 15일 근화여학교 학생 광주학생사건 동조시위(2차 서울 지역 연합시위), 20일까지 총 30명 검거

	1930	• 1월 30일 서울 지역 연합시위 근화여학교 주모자 3명 김귀인복, 김순례, 최성반 보안법 위반으로 구속 • 2월 6일 전연봉, 김금남, 이충신 추가 구속
	1931	• 7월 제3회 문자보급운동에 근화여학교 2명 신청
	1932	• 3월 8일 학생조직운동 비밀독서회 관련 근화여학교 교원 장보라 검거
• 6월 조선일보사 주최 문자보급운동, 124개 학교, 5078명 참여	1934	• 7~8월 제4회 문자보급운동에 근화여자실업학교 학생 37명 참여

  1926년 순종이 승하하자 근화의 학생들은 학교 당국에 휴교를 요구하며 대한제국 마지막 황제의 죽음을 애도했다. 자세한 사실은 파악되지 않지만 6·10만세운동 관련해 근화여학교 학생 조옥화(19세)가 검거되어 조사를 받는다. 조옥화는 조선여성동우회 유명 인사였던 조원숙의 동생으로, 조원숙과 함께 6·10만세운동 당시 격문 살포와 관련한 역할을 담당했을 것으로 짐작된다.
  이후 근화여학교 학생들은 광주학생운동 동조시위에 주도적으로 참여했다. 두 차례의 서울 지역 연합시위에 참여하고 주모 학생 6명은 보안법 위반으로 구속되기까지 한다. 광주학생운동 이후 일제의 감시와 탄압이 강화되자 표면적 활동이 어려워진 학생은 농촌계몽운동에 관심을 기울이거나, 비밀결사운동으로 지하화했다. 전자의 차원에서 근화의 학생들은 농촌을 계몽시키고 조선의 문자를 보급하고자 조선일보사가 주최한 '문자보급운동'에 관심을 갖고 참여했다. 특히 글을 모르는 여성들이 문맹에서 벗어날 수 있도록 노력했는데, 이는 차미리사가 3·1운동 정신을 계승하여 설립한 부인야학강습소의 취지와 매우 닮아 있다. 학생 비밀결사운동, 독서회 등과 관련하여 자세한 전모는 파악할 수 없지만, 광주학생운동 이후 근화여학교 교원이 검거되고, 장보라라는 교원을 중심으로 근화여학교 안에 학생독서회가 조직되었다는 신문 기록을 통해 당시 상황을 추측해볼 수 있을 뿐이다.
  3·1운동 정신을 계승하여 설립된 근화학원의 학생들은 6·10만세운동, 광주학생운동, 그리고 이후 농촌계몽운동과 비밀독서회로 이어지는 일제강점기 학생운동의 역사에서 저마다의 자리를 지키며 목소리를 내고 숨 쉬고 있었다. 누군가는 목숨을 걸고 누군가는 일상을 걸며.

5 태평양전쟁과 덕성여자실업학교의 소개(疏開)

안국동에서 퇴촌으로

덕성여자실업학교는 1942년 지금의 덕성여자고등학교 본관이 있는 자리에 3층 건물을 세웠다. 이어 다음 해인 1943년 3월 4년제의 갑종실업학교로 승격되면서, 학년당 세 학급씩 총 열두 학급에 학생 정원 720명의 체제를 갖추게 되었다. 덕성은 학교 주변의 민가를 사들여 50여 개의 방을 기숙사로 사용하고, 이곳에 200여 명의 학생을 수용했다. 기숙사에는 전라도, 경상도를 비롯하여 전국에서 학생들이 모여들었고, 통학길이 먼 서울의 학생들도 기숙사에 들어왔다.

1945년 해방 직전의 어느 날, '세라복'에 '단꼬쓰봉'이라 부르던 바지를 입은 덕성여자실업학교의 기숙사 학생 200여 명과 교직원들이

긴 행렬을 이루면서 경기도 광주군 퇴촌면 이석리로 향했다. 쌀 200가마와 교재, 칠판, 백묵, 학적부 등과 더불어 풍금까지 수레 가득 짐을 싣고 가는 광경은 분명 눈길을 끌기에 충분했지만, 당시로서는 그리 낯선 풍경이 아니었다.

일본의 도발로 발발한 태평양전쟁이 한창이던 1944년부터 미국은 B-29기를 띄워 일본의 주요 도시를 공습했다. 1945년 들어 조선 상공에도 B-29기의 정찰이 잦아졌다. 이에 서울과 부산, 평양 등 대도시의 기관이나 가정을 지방으로 이동시키라는 조선총독부의 지시가 있었다. 이른바 소개(疏開)가 그것이다. 소개란 '공습이나 화재에 대비하여 한곳에 집중되어 있는 주민이나 시설물을 분산시킨다'는 의미를 지닌 용어로, 태평양전쟁 시기 일본에서 군사적인 목적으로 광범위하게 활용되었다. 당시 『매일신보』의 기사에 의하면, '전시의 소개란 전력증강을 하는 데 방공활동에 걸리적거리는 것을 우선 치우자는 데 목적이 있다'고 하여, 도시 방위에 방해가 되는 존재를 제거하는 데 소개의 목적이 있음을 드러냈다.

학생들의 소개는 그 대표적인 조치였다. 황국신민화 교육이 강조되는 가운데, 1941년부터 '국민학교'로 명칭이 변경된 초등학교 학생들을 중심으로 지방으로의 소개가 추진되었고, 중등학교와 전문학교, 대학에 이르기까지 소개에 관한 방침이 나왔다.

이 소개 조치에 따라 덕성여자실업학교도 기숙사 학생과 교직원이 집단으로 이동해갔던 것이다. 각 학교별로 마땅한 장소가 제공된 것이 아니었고 가능한 한 연고지를 찾아가도록 했으므로, 덕성여자실업학교는 교장인 송금선이 소유하고 있던 근 6만 6115제곱미터(약 2만 평)의 산과 전답, 건물이 있는 경기도 광주시의 퇴촌으로 가기로 했다.

전쟁으로 인한 학교교육의 파행

전쟁으로 연속된 근대 일본의 역사는 한국의 근대사에 적지 않은 영향을 미쳤다. 1937년 중일전쟁에 이어 1941년 태평양전쟁을 도발한 일본제국주의가 총동원체제를 구축하고 전쟁을 치르는 동안, 조선인의 삶은 비정상적인 변화를 감내하도록 요구받으면서 극도로 피폐해졌다. 강제동원으로 표현되는 노동력 동원의 일환으로 학생동원이 거듭되고, 도시 지역 학생들이 농촌으로 소개되면서 그로 인해 학교교육이 파행에 이른 것이 대표적인 예이다.

일제는 1944년 10월 「학도근로령」을 발포했다. 그에 따라 각급 학교에서는 근로보국단을 조직하여 학생들을 공사 현장이나 군수공장에서 일하도록 했다. 나아가 1945년 5월에는 「전시교육령」을 공포하였으며, 7월부터 각급 학교에서는 학도대를 결성하고 정규 수업이 아닌 전쟁 수행에 필요한 직업훈련을 하도록 학생들을 내몰았다. 이 시기 중등학생과 대학생들에게는 군사교육과 노동력 동원이 학교생활의 전부가 되고 명목상의 수업조차 완전히 정지되어 있었다.

이 과정에서 초등학생, 중등학생, 대학생, 교원에 이르기까지 학교의 모든 구성원은 전쟁에 동원되는 대상일 뿐이었고, 학교는 점차 농

황민화 교육
일제 말기 초등학교 산수책에 나온 그림. 황민화 교육은 곧 학생들을 전쟁터의 군인으로 양성하기 위한 과정임을 잘 드러내고 있다. (『식민지 조선과 전쟁미술』)

장 또는 공장으로, 때로는 병영으로 바뀌어갔다. 여학생들은 학교를 공장 시설처럼 바꾸어 군복 수선 등의 업무를 담당하게 하고, 운동장 일부를 밭으로 개간하여 농작물을 가꾸게 했다. 이제 조선의 학교는 일제가 조선인을 황국신민화하기 위한 이데올로기 교육의 장이었고, 일본어를 상용하도록 가르치는 언어교육원이었으며, 군수품과 식량 생산에 필요한 노동력을 제공하는 저장고였고, 장차 군인으로 동원할 사람들을 양성하는 기관이었다.

도시에 필요치 않은 사람은 소개하라

전쟁 도중 1944년 연합군에 의한 일본 본토의 공습이 시작되자 일제는 공습에 대비해 건물과 인원을 소개하기로 결정했다. 조선에서도 1945년 3월부터 서울과 부산, 평양 등 대도시를 중심으로 소개가 진행되었다. 조선총독부에서는 먼저 당시 경성부라 불렸던 서울에서 인원 소개, 건물 소개, 물자 소개를 추진했다. 학생들을 동원해 시내의 일부 건물을 부수어 방공도로를 내거나 공터를 만들어 화재에 대비했다. 또 반드시 서울에 거주해야 할 이유가 있는 이들을 제외한 일반인들에게 연고가 있는 농촌으로 속히 소개하도록 촉구했다. '도시를 끝까지 지켜야 할 사람들만 남고 반드시 도시 살림에 필요치 않은 부녀자, 노인, 어린이, 임산부는 곧 소개할 것'을 강조했다. 이를 위해 가정마다 옷과 이불, 그릇을 먼저 소개해두도록 하고, 이재민에게 줄 이불을 만든다고 집집마다 방석을 공출해갔다. 『매일신보』에서는 매일 문답 형식의 「소개 안내」라는 기사를 내보내, 소개에 관련한 의문사항을 해설하고 두려움을 해소시킴으로써 소개 여론과 분위기를 형성하고자 했다.

무엇보다 조직적으로 진행된 것이 '국민학생'의 소개다. 조선총독부는 서울, 부산, 평양, 인천 등의 대도시에 거주하는 초등학교 3~6학년 학생을 대상으로 연고가 있는 곳으로 속히 소개하도록 지시했다. 당시 소개를 추진하던 서울의 교동국민학교 교장은 학생들을 설득하면서 '아동 자체의 마음의 무장이 절대로 필요하다. 어떠한 곤란도 다 이겨내며 영국과 미국을 격멸시키지 않으면 안 된다는 굳은 결심을 가지고 시골에 가서 몸을 튼튼히 단련시키고 생산에도 협력하겠다는 마음을 가져야 한다'고 훈시했다. 또 학부모들에게 '아이들을 어떻게 시골에 따로 떼어 두느냐고 하는 분들도 있으나 전쟁을 하는 때인 만큼 어버이와 자녀지간의 애정도 초월해서 나라를 위해서 용기 있게 소개해주기 바란다'고 말했다. 이것이 교장의 공식적인 당부였다.

조선총독부의 지시와 학교 측의 당부에도 불구하고 소개는 당국의 의지대로 진행되지 않았다. 학생들의 절반 정도를 연고지로 소개시키고자 했으나, 1945년 6월에 이르도록 서울에서는 15퍼센트, 부산에서는 20퍼센트만이 지방에 있는 지인에게 아이를 맡기고 전학시켰다. 이에 조선총독부는 1~2학년생들도 연고 소개를 하도록 하고, 3학년 이상 학생들은 병약한 아이들을 제외하고는 100명가량을 한 단위로 하여 각 지방으로 보내도록 하는 집단 소개를 추진했다. 해방 직전인 8월 초까지 서울과 인천에서 소개 대상이 되었던 아동 12만 명 중 4만 8000여 명이 지방으로 소개되었다. 학생들의 소개를 추진하면서 7월 5일부터 서울과 인천의 초등학교는 수업을 중단했다.

학생들의 전쟁 경험

중등학생들에 대한 지방 소개도 진행되었다. 조선총독부에서는 「학교소개실시요강」을 발표하여, 공습의 위험성이 큰 대도시의 중등학교 학생과 초등학교 아동에 대한 소개를 신속히 실시하도록 했다. 지방 학교로의 소개를 꺼리는 학생들을 설득하기 위해, 전쟁이 끝나고 공습의 염려가 없어지면 소개 지역 안에 있는 도시의 학교로 다시 전학할 수 있도록 우선적으로 조치하겠다는 발표도 했다. 또 건물 소개로 인해 지방으로 소개되는 학생의 경우에는 공립학교와 사립학교를 가리지 않고 전학이 가능하도록 했으며, 전학갈 학교의 종류도 제한하지 않았고, 전학갈 학교의 수용 정원이 초과되었더라도 정원에 구애받지 않고 전학을 허가하도록 했다. 서울에서 경기중학교에 다니는 학생이 지방의 공립중학교나 농업학교, 공업학교 어디든지 전학을 갈 수 있다고 구체적인 사례를 들어 설득하기도 했다.

조선총독부에서는 상대적으로 인구가 적은 충청북도와 강원도 등을 수용지로 유도했다. 그러나 수용하는 지역의 반응 역시 선뜻 동의하는 분위기는 아니었다. 각 지역마다 식량과 생활필수품이 부족하여 내핍생활을 하고 있었고, 주택이 부족하며 학교도 정원이 가득 차 있다고 볼멘 반응을 보이기도 했다. 주거 공간이 부족하니 소개되어 오는 사람들이 주택을 새로 만들 때 필요한 못 등의 재료를 준비해오라고 요구하는 지역도 있었다. 무엇보다 도시에서 소개되는 학생들이 돈을 많이 가지고 가서 지방의 학생들에게 위화감을 느끼게 하거나 지방 민심을 흐리지 않을까 염려했다.

소개된 학생들은 지방의 거주 공간이 부족했기 때문에 절과 향교 등의 시설을 숙소로 사용해야만 했다. 수용하는 지역에 학교의 시설이 갖추어져 있는지 등은 중요하게 고려되지 않았다. 전학생이 많은 경우 2부제나 3부제로 학급을 다시 편성하여 공부시키도록 했으며, 수업 내용도 전시에 필요한 것으로만 축소, 재편성했다. 아이들은 수업 외의 시간에는 새끼를 꼬거나 밭에 나가 괭이질을 하고 산에 가서 송진을 채취했다. 벼 이삭 줍기, 메뚜기 잡기 등 농사일을 돕거나 근처의 공사장에서 '근로봉사'에 참가하기도 했다. 학생들은 식량부족으로 인한 굶주림과 가족에 대한 그리움에 시달리면서 힘든 날들을 보냈다. 일제가 일으킨 전쟁을 조선의 학생들은 그렇게 경험하고 있었다.

일제의 전쟁 논리 앞에서 건물의 소개도, 학생들의 소개도 소개 당사자나 이들을 수용해야 하는 지역민의 입장과 의사는 전혀 고려되지 않았다. 일제지배하의 긴 전쟁과 그에 따른 교육의 파행, 경기도 광주군 퇴촌으로 소개되는 덕성여학교의 긴 행렬도 전쟁으로 인한 피해자들의 한 모습이었다.

1945년 8월 15일 마침내 해방이 되자 종로 한복판에 있던 덕성의 건물은 해방에 따른 새로운 국가 건설을 준비하던 건국준비위원회에서 사용하게 되었다. 이후 퇴촌에서 서울로 옮겨온 덕성여자실업학교 학생들이 다시 학교 건물로 돌아가게 되고 10월 10일 정식으로 재개교를 했다.

이상의 인천대학교 기초교육원 초빙교수

특집 인터뷰를 통해 본 전시체제기의 학교생활

1940년 7월 잡지 『여성』에는 「제복의 아가씨들은 무엇을 생각하는가」라는 제목으로 덕성여자실업학교 3학년생인 최란(1938년 입학, 1941년 졸업)을 비롯해 이화여자고등보통학교, 동덕여자고등보통학교, 정신여학교 4학년 학생들을 모아놓고 자유롭게 좌담회를 개최한 내용이 담겨 있다.

〈 우리 학교 자랑 〉

이헌구 : 우리학교를 자랑하고 싶은 점이 없습니까?

최란 : 우리 덕성은 옛날부터 교사(校舍)가 빈약해왔습니다. 그러나 교사의 빈약으로 그 학교의 결점을 말할 것은 못 됩니다. 비록 교사는 빈약하지만, 오늘의 덕성은 옛날의 근화에는 비해볼 수도 없으리만큼 모든 것이 일변하였습니다. 전교생의 마음이 한맘 한뜻으로 덕성을 향상시키고 있을 뿐 아니라 우리학교의 조회시간은 참으로 유명해서 모든 것이 조직적으로 진행되어갑니다. 우리학교의 조회가 서울 안에서는 제일가는 조회인데 장래에는 세계제일의 조회가 될 각오를 가지고 있습니다. 그리구요 기숙사생은 불과 오십 명밖에 없으나 사감 선생의 지도에 따라 실로 한 가정같이 지내옵니다. 또 체조 선생님은 운동 방면에 열심히 운동기구를 사드려서 우리

1938년 근화여자실업학교 졸업앨범에 실린 조회 모습

들의 건강을 길러주시기에 온갖 힘을 다 발이십니다. 이렇게 여러 선생님의 지도 밑에서 우리 학생들은 인격수양에 학과 외에도 도서실 출입이 빈번하지요.

〈 여행이야기 〉
이헌구 : 그럼 학과시간 이외에 재미있는 것은 무엇입니까. 여행입니까. 여행을 어디로들, 다 가 보았어요?
최란 : 우리 이제 가을에 동경으로 해서 일광(닛코)을 다녀올 예산이에요. 여러 동무와 함께 그렇게 일시에 떠나서 간다는 것이 어쩐지 그렇게 즐거워요.

〈 제복은 좋와 〉
이헌구 : 제복을 입게 된 것이 제복이 없을 때와 어떻습니까.
최란 : 조선옷이 참 좋아요 제일이에요.
이헌구 : 학교를 졸업하면 어떤 의복들을 입으시겠습니까.
최란 : 전 조선옷을 단연 입겠어요.

〈 별명도 짓는가 〉
이헌구 : 학생들이 선생님들의 별명을 짓지 않습니까.
최란 : 우리학교에서는 선생의 별명 지었다가 그게 어떻게 선생님의 귀에 가서 한번 야단을 만난 후부터는 별명을 안 지어요. 저는 '사이랑'이라고 불리어요. 그저 란이라고 부르긴 좀 섭하니까 내지 말루 사이랑 사이랑 다들 부르지요.

　　당시 덕성여자실업학교의 교사는 보통 사람들의 살림집 느낌을 주는 조그마한 기와집으로 붉고 흰 벽돌건물을 가진 다른 학교와 비교할 때 초라한 느낌을 주었고 학생들은 이 점이 못내 아쉬웠다. 하지만 전통과 역사가 깊은 학교라는 자부심과 내실 있는 실업교육 그리고 무엇보다 정다운 분위기를 가진 학교라는 점에서 학생들의 학교에 대한 애정은 남달랐다. 좌담회에서 최란 학생은 학교의 자랑으로 질서정연한 조회, 가정 같은 기숙사, 운동이나 도서관 등 과외활동을 언급했다.
　　이밖에 좌담회 내용 속에서 우리는 1940년대 학교의 분위기를 읽을 수 있다. 최란이 말한 질서정연한 조회는 식민지 시기 학교에서 매일 학과 수업 전 전교생과 교직원이 운동장에 집합하여 치러졌고 중일전쟁 이후에는 여기에 체조를 통한 체력훈련이나 체계적인 집단활동이 강조되었다. 이 밖에 전시체제기 학생들은 '근로봉사'에 동원되기도 하는데 덕성여자실업학교 학생들 역시 이를 피할 수는 없었다. 1940년 여름방학에는 군의봉제 작업에, 1944년에는 징병과 동원을 위해 인구를 파악하기 위한 국민등록정리사업에 동원되기도 했다.

군국의 어머니, 반도 여성의
책무를 외친 여성교육자들

우리의 아들을 바칩시다. 동생을, 오빠를 바칩시다

1943년 11월 15일 '전위여성격려대'라는 이름의 강사단 13명이 일제히 경성을 떠났다. 강사단에 속한 사람들은 모두 이름만 대면 다 알 만한 여성교육자들이었다. 이들은 5~7일 일정으로 전국 각지로 흩어져 부인과 여학생들을 대상으로 강연회와 좌담회를 펼쳤다. 지원병 제도와 곧 실시될 징병제를 선전하면서 그들이 부르짖은 것은 일제의 침략전쟁에 "아들을 바칩시다, 동생을, 오빠를 바칩시다"였다.

전위여성격려대에는 이화여자전문학교 교장 김활란, 성신가정여학교 교장 이숙종, 경성가정여숙(중앙여자고등학교·추계학원의 전신) 교장 황신덕, 상명실천여학교 교장 배상명, 덕화여숙 설립자 박인덕(해방 후인덕학원 설립) 등이 참여했고 덕성여자실업학교 교장 송금선도 이름을 올렸다. 이들은 모두 1930년대 후반부터 조선총독부 학무국이 주최하는 강연과 방송, 『매일신보』와 같은 조선총독부 기관지와 각종 언론매체에서 일제 식민통치를 찬양하고, 전시 총동원체제에 적극 협력할 것을 선전하는 강연과 기고 활동을 활발하게 벌였다.

1931년 만주를 침략한 후 일제는 대륙으로 침략전쟁을 확대했고 조선은 이를 뒷받침하는 병참기지가 되었다. 식민지 조선은 전쟁 수행을 위해 모든 것을 효과적으로 쥐어짤 수 있는 총동원체제라는 촘촘한 그물망으로 재조직되었다. 이렇게 무지막지한 전시 수탈과 강제동원을 정당화하려면 명분이 필요했다. 일제는 내선일체를 강조하며 일본인과 동등한 '천황의 신민'이 될 수 있는 '자격'과 '의무'를

전국 각지로 출동하는 전위여성격려대
일제의 식민통치를 찬양하고 전시 총동원체제에 협력할 것을 선전하는 강연회와 좌담회를 열기 위해 여성교육자들이 강사진을 꾸려 전국 각지로 흩어졌다. 여기에 참여한 사람들이 모두 교육계의 중진으로 성장한 것은 우리 역사의 아픈 단면이다. (『매일신보』 1941년 11월 14일자)

적극 선전했다. 그것은 곧 '천황'을 위해 기꺼이 목숨까지 바치는 길이었다. 이를 앞장서서 외치고 나선 이들이 바로 조선의 여성교육자들이었던 것이다.

전위여성격려대에 속한 여성들은 미국과 일본 유학파로 1920년대부터 교편을 잡기 시작한, 세상의 주목을 받던 '신여성'들이었다. 기독교를 배경으로 한 민족운동, 여성운동에 몸담기도 했지만 이들 대부분은 1930년대 일제가 침략전쟁을 확대하자 조선에서 실시한 황국신민화 교육에 적극 동조하면서 교육계 중진으로 성장했다. 김활란은 1936년 이화여자전문학교 부교장에 이어 1939년 교장이 되었다. 이숙종은 1936년 성신가정여학교를, 황신덕은 1940년 경성가정여숙을 설립해 교장을 맡았다. 박인덕도 1941년 덕화여숙을 설립했다. 1934년부터 이화여자전문학교 교수로 있던 송금선은 차미리사가 조선총독부의 압력에 의해 교장직을 내려놓자 1940년 덕성여자실업학교 교장이 되었다. 그들은 침략전쟁에 필요한 '인적자원'을 길러내고, 동원하고, 정신무장을 시키는 '교육자' 역할에 충실했다. 그리고 그 과정에서 교장이 되거나, 새 학교의 설립자가 되었다. 또한 해방 이후 하나같이 그때의 일들을 두고 학교를 지키기 위한 길이었다고 변명했다.

좋은 아내에서 군국의 어머니 되기

전쟁은 누구에게나 고통과 희생을 강요한다. 눈앞에서 생사가 갈리는 전쟁터가 아니더라도 식민지 조선은 일상이 곧 전쟁터나 다름 없었다. 그런 가운데 과연 여성들의 삶은 어떠했을까. 식민지배 초기 일제는 여성에게 양처(良妻), 즉 좋은 아내로서의 순종적인 여성상을 강요했다. 그러나 전시체제기에 들어서자 양처에 대한 찬양은 사라지고 어머니로서의 역할과 책무가 강조되었다.

송금선은 1941년 지원병 훈련소를 방문한 후 여자도 훈련이 필요하다고 역설하는가 하면, 징병제 실시를 '감격에 벅찬' 일이자 '2400만이 기뻐해야 할 일'로 찬양하면서 여성들도 '군국의 어머니'로 교육해야 한다고 주장했다. 배상명은 심지어 조선의 어머니들에게 '자식에게 순국정신을 길러주는 군국의 어머니'가 되라고 했다. 황신덕도 '호국의 신으로 산화한 육군이나 해군 장병의 위대한 행동 배후에는 반드시 훌륭한 어머니'가 있고 '죽음을 생각지 않는 그러한 위인들을 길러내는 어머니가 되기에 노력'해야 한다고 강조했다.

한발 더 나아간 주장도 있다. 김활란은 "지금까지 우리는 나라를 위해서 귀한 아들을 즐겁게 전장으로 보내는 내지(일본)의 어머니들을 물끄러미 바라만 보고 있었다. (…) 그러나 이제는 반도 여성 자신들이 그 어머니, 그 아내가 된 것이다. (…) 우리는 아름다운 웃음으로 내 아들이나 남편을 전장으로 보낼 각오를 가져야 한다. 따라서 만일의 경우에는 남편이나 아들의 유골을 조용히 눈물 안 내고 맞아들일 마음의 준비를 가져야 한다"라고 했다. 그녀는 나라를 위해 내 남편, 내 아들을 바치는 것이 아니라 원래 국가의 것을 잠깐 맡았던 동안 그 책임을 다할 뿐이고 국가가 다시 찾아가는 것이니 감사하고 자랑스러울 뿐이라는 섬뜩한 논리를 폈다.

이들이 강조한 여성으로서의 가치 중에 으뜸은 '모성(母性)'이었다. 여성에게는 오로지 자식을 '생산'하고 길러 나라에 바쳐야 할 책무만 있는 것이다. 같은 여성이자 인간으로서의 가치는 간 데 없고 철저히 생산하는 여성, 전력(戰力)을 책임지는 동원 대상으로만 여성을 바라보기 시작했다.

'총후부인', 워킹맘에 슈퍼우먼이 되어야

아들을, 남편을 나라에 기꺼이 바친 군국의 어머니는 이제 가족의 건강과 영양을 책임지고 가사 전반을 실용적으로 운용하는 가장이자 주부의 역할도 감당해야 했다. 이때는 병사들을 먹일 쌀부터 군마들을 먹일 건초는 물론 각종 군수물자까지 철저히 통제하고 수탈당하던 시기였다. 중일전쟁 때부터 시작된 식량 공출은 쌀의 경우 1941년 전체 생산량의 42퍼센트, 1944년에는 46퍼센트를 차지할 정도였다. 마을 단위로 책임 생산량을 할당해 농민들을 쥐어짠 결과였다.

공출은 쌀에만 국한되지 않았다. 가축은 물론 땔감, 잡초, 가마니와 새끼줄까지 무려 80여 종의 품목을 갖다 바쳐야 했다. 공출로 소를 빼앗긴 농가에서는 소 대신 사람이 멍에를 지고 농사를 짓는 비참한 광경이 벌어졌다. 일제는 물자를 강제 수탈하는 한편, 극도의 내핍생활을 강제하면서 생필품조차 배급제를 실시했다. 모든 생활이 전쟁을 위해 총동원하고 난 나머지를 또 쥐어짜야 하는 고통의 연속이었다.

국가총동원법이 조선에 적용된 1938년 이후 여성들도 근로보국의 대상이 되었다. 여성들은 더 이상 남성을 보조하는 역할이 아니라 농촌 노동력의 상당 부분을 담당해야 했고, 궁핍한 생활 속에 가족들의 끼니를 책임져야 했다. 그러니 여성들은 '오병이어(五餠二魚)'의 기적이라도 이뤄내야 할 지경이었다.

송금선의 「바른 식생활」이란 글이 있다. 우리가 '너무 덮어놓고 과식'을 하고 있단다. 특히 '아침이건 저녁이건 가장 소화하기 어려운 쌀의 찌꺼기인 백미만을 너무 먹고 있다'는 것이다. 삼시 세끼를 챙겨먹어야 한다는 것은 낡은 관념으로 '식생활이 근본적으로 잘못 되어' 있다며 아침은 걸러도 상관없고, 식사도 나물국에 쌀을 넣어 끓인 '나물죽'이나 야채만 넣은 '야채 스프' 먹기를 권장했다. 반찬도 필요 없고 시간도 얼마 걸리지 않으니 얼마나 간편하냐는 것이다. 영양 과잉에 다이어트가 일상이 된 요즘에 더 어울릴 만한 이 글은 『신시대』라는 시국잡지 1943년 6월호에 실렸다. 먹을 쌀은커녕 죽이라도 먹을 수 있는 끼니 거리를 걱정해야 할 상황에서 송금선은 '바른 식생활'을 위한 정신자세를 강조했다. '어떤 난관에 봉착하더라도 태연하게 야채면 야채만으로, 물이면 물만으로라도 영양불량에 안 걸릴 체질과 습관을 몸에' 익히라는 주문이었다.

또 다른 글에서는 부족한 배급을 충당하기 위해 '야미장(암시장)'을 보러 다니는 대신 마당에 한 포기 야채를 심고, 시간 있을 때 교외로 나가 산나물을 뜯어 먹으면 맛도 영양분도 많다고 일러준다. 주부로서 모든 물건의 배급을 국가에만 부담시키지 말고 '싸우는 부녀자'답게 어떤 곤란도 물리칠 노력을 해야 한다고 힘주어 말했다. 이 글의 제목은 「주부는 반성하자」이다. 일제 패망을 두 달 앞둔 시점에 쓴 글치고는 피눈물 나는 현실과 너무나 동떨어진 훈시가 아닐 수 없다.

여성교육자들이 주부와 여학생들을 대상으로 한 강연과 기고문에는 각종 생활개선과 물자절약의 '지혜'가 넘쳐난다. 여성들에게 하루 1시간씩 채소 재배를 하거나, 나무를 패고 방공호를 파는 등 물자 생산 확충 운동을 해야 한다고 쉴 틈 없이 선전했다. 여기에 더해 여성들에게 '필요할 경우 군수품을 만드는 공장으로, 철과 석탄을 파내는 광산에' 나갈 것을 각오하라고 목소리를 높였다. 급기야 '최후로 총을 메고 제일선에 나가 싸울 각오'를 가지고 체력을 단련해서 '때가 오면 피를 흘리기까지' 해야 한다고 했다. 침략전쟁이 길어질수록 여성들에게는 농촌뿐 아니라 군수공장, 탄광까지 그 동원 범위가 넓어졌고 더 가혹한 노동의 무게가 지워졌다. 이 시기 여성들은 '천황'에게 바칠 '황군'을 길러내는 군국의 워킹맘에, 공출 할당량을 채우기 위해 새벽부터 밤까지 근로보국하는 슈퍼우먼이 되어야만 했다.

병영이 된 학교, '천황'의 병사를 길러낸 여성교육자들

여학생들도 예외가 아니었다. 근로보국에 동원될 노동력일 뿐 아니라, 출정 병사를 환송하고 이들을 격려하고 '위로' '위문'하는 역할도 맡겨졌다. 여학생들은 체력을 단련하고 정신을 무장해 '노동 전사'로 거듭날 것을 강요받았고, 이를 집단적으로 훈련시키기 가장 좋은 기관은 바로 학교였다. 1942년 5월 징병제 실시가 발표되자 이숙종은 『매일신보』 기고문에서 학교교육의 핵심을 이렇게 말했다. "학교교육이란 단지 지식의 함양에 치중하던 과거의 폐단은 근년에 와서 정신과 육체가 일체가 된 황국신민 연성에 주력하여 그 성과를 크게 보고 있거니와 이제로부터는 더욱더 떳떳한 군인의 아내가 되고 군국의 여성이 될 강하고 품성이 아름다운 여성을 길러내기에 전 교육계는 힘써야 될 줄 압니다."

'청진동 뒷골목에서 근화학원이라는 간판을 내걸고 배움의 기회를 놓친 여성, 무지하다고 학대받던 가정부인들을 모아 문맹퇴치의 횃불을 높이' 들었던 근화학원도 총동원체제의 그물을 비켜갈 수는 없었다. 학교 이름도 '근화'에서 '덕성'으로 바꾸어야 했고, '귀머거리에 일본어도 못하는 벙어리 교장'이라며 퇴진 압력에 시달리던 차미리사는 결국 교육 일선에서 물러났다.

1940년 8월 교장으로 취임한 송금선은 '총후의 학원으로 황국신민교육의 완성을 위해' 노력하겠다는 다짐을 밝혔다. 황국신민화 교육은 군사체제화 그 자체였고, 전쟁 수행 능력을 높이기 위한 체력 단련과 정신력 배양을 중요시했다. 송금선 교장의 지도 아래 덕성의 학생들은 학교 수업 시간을 이용해 학생 전체가 체력훈련을 했으며, 학교는 겨울에도 추위에 견디는 훈련을 한다며 난로 사용을 제한했다. 더 강인한 체력과 정신력 배양을 위해서 여학생에게도 군사교련이 필요하다고 주장하기도 했다. 주장에 그치지 않고 덕성에서는 실제 전체 학생들에게 군사교련 훈련을 시행했다.

이러한 황국신민화 교육을 통해 송금선은 '학생들에게 단체적 국가 관념을 주입하는 데 진력'했다. 집단주의적인 국가 관념, 즉 '천황' 중심의 전체주의적인 국가관을 학생들에게 주입시키는 교육에 전심전력했던 것이다.

식민지의 학교는 학생들의 미래를 위한 교육의 터전이 아니었다. 특히 일제 침략전쟁이 한창일 때 학교는 전쟁에 필요한, 전쟁에 이기는 인물을 길러내는 데만 목적을 두었다. 학교는 그 이름마저 '여자특별연성소 지도자 양성기관'으로 바꾸어 전시체제에 철저히 복무하는 '병영'으로 변모했다. 그리고 어느 학교의 교장은 자신이 지키고 보호해야 할 학생들을 여자근로정신대로 선발해 일본 군수공장으로 내몰았다.

'반성' 없던 광기의 목소리

조선의 대표적인 여성교육자들은 대부분 학교 안팎에서 일본 제국주의 식민통치와 침략전쟁에 적극 협력했다. '가정보국'의 기치를 내세운 부인문제연구회, '전시정책 협력' '내선일체 달성'을 목적으로 한 관제동원기구 국민정신총동원조선연맹(국민총력조선연맹), 일본군 원호를 위한 헌납운동을 벌인 애국금차회, '대동아공영권'과 '황국신민의 의무'를 강조한 조선임전보국단의 부인대, 거리에서 채권 판매

채권가두유격대 "애국 채권 사세요"
1941년 9월 7일 각계 주요 인사 70여 명이 서울 시내 11곳에 흩어져 '채권 사세요'를 외쳤다. 저명한 사회지도자들이 '애국운동'이라는 이름으로 채권 판매를 선전하기 위해 나섰다. 왼쪽 그림은 종로 화신백화점(지금의 종로타워빌딩) 앞에서 윤치호, 이숙종 등이 오른쪽 그림은 명동성당 앞에서 이광수, 모윤숙, 신흥우 등이 1원짜리 애국 채권을 판매하는 모습이다. 송금선은 정교원, 이돈화 등과 함께 경성역에서 채권 판매에 참여했다. (『신시대』 1941년 10월호)

를 독려한 채권가두유격대, 전국순회강연단 전위여성격려대 등 다양한 전쟁 협력 단체 활동에 가담하며 전시체제기 내내 동분서주 활약했다.

아시아 민중 2000만 명을 희생시킨 일제의 침략전쟁에 협력할 수밖에 없었던 이유를 여성교육자들은 학교를 지키기 위한 불가피한 선택이었던 것처럼 회고해왔다. 학교를 지키는 것이 학생들을 위한 길인 것처럼 말이다. 그러나 이미 학교는 병력 동원의 예비 기지나 다름없었다. 각종 단체와 강연회, 기고문을 통해 여성교육자들은 가정을 책임지는 여성에게도 후방기지를 뒷받침하는 총후부인이자 군국의 어머니로서 가혹한 노동을 견디라 했고, 굶주림 속에도 가족들을 지켜낼 책무를 강조했다. 오로지 '천황'을 위한 개인의 희생을 정당화한 일제의 선전선동의 맨 앞에 이들, 조선을 대표한 여성교육자들이 있었다.

해방 후 이들은 '천황'을 위해 전쟁터로 내몬 제자들에게, 아들을 바치라던 조선의 어머니들에게 한마디의 반성도, 사과의 뜻도 전하지 않았다. 그들의 눈에는 정말 굶주린 조선의 민중과 가족을 잃고 실의에 빠진 어머니들이 보이지 않았을까. 그들의 입에서 광기에 찬 선동이 아닌, 전쟁의 참상을 고발하는 이성과 폐허 속에서도 희망을 꿈꾸는 이상을 듣지 못한 것은 우리 모두의 비극이었다. 그들은 그대로 학교의 주인으로 남았고, 그렇게 움켜쥔 권력은 세습되었다. 근대 여성교육의 선구자로 칭송받던 그들의 친일 행적은 1980년대 후반 우리사회가 학원의 민주화를 위한 싸움을 시작하면서 드러났다. 학원민주화운동이 시작된 지 30년에 가까운 시간이 흘렀지만 아직도 많은 사립학교들은 설립자 '신화' 속에 갇혀 있다. 과연 우리는 그들이 열광한 광기의 순간으로부터 얼마나 벗어난 것일까.

김승은 민족문제연구소 책임연구원

특집 전시체제기의 입학시험 문제

다음은 1941년도 덕성여자실업학교 입학시험 문제 중 국어 과목 문제의 일부이다. 이때 국어란 일본어를 말한다. 시험 문제를 통해 전시체제기의 분위기를 살필 수 있다. 일문을 한국어로 옮겨보면 다음과 같다.

금년도 입학시험 문제 국어란 덕성여자실업학교
읽는 법(讀み方)

첫째
(二) 다음 글의 밑줄이 있는 곳의 의미를 쓰시오.
(2) 전투기는 어느 샌가 편대를 풀고 (마) 자유자재의 활동으로 옮겨갔다. 각 전투기마다 (바) 적기와 뒤섞인 공중전이다. 더구나 전투 기회를 교묘하게 틈타 (사) 아니꼽게도 우리 폭격편대에 돌진하는 적기가 있다.

(四) 다음 글의 가타카나를 괄호 안에 한자로 쓰시오.
(2) 부대 장 차의 제1발을 신호(   )로, 제각기 맹렬(   )한 사격을 개시(   )했다. 주위에서 파열(   )하는 적 포탄에 개의치 않고, 성큼성큼 거리를 좁힌다.

둘째
(一) 다음 글을 읽고 다음 질문에 답하시오.
"그 아이, 빛나는 제국 해군 항공사관으로서 봉공(奉公)하여, 죽을 결심으로 호국의 귀신이 되고, 흔들리지 않고 조국을 위해 신명을 바칠 수 있음에 감사할 뿐이다."
자기 아이의 전사(戰死) 비보를 접하면서 조금도 마음을 흐트리지 않고 오히려, "사랑하는 아이의 죽음이 존귀하다"라고 감사하는 고귀한 마음에 사관의 고개는 저도 모르게 숙여졌다.
(1) 죽을 결심으로 호국의 귀신이 되었다는 것은 어떤 뜻입니까?
(2) 사랑하는 아이의 죽음이 존귀하다는 것과 감사했다는 것은 누구[誰]에 대해 어떤 기분으로 감사한 것입니까?
(3) 이 편지에는 어떤 기분이 드러나 있습니까?

(四) 다음 글의 가타카나 밑에 한자를 쓰시오.
 ⑴ 특히 세계대전에서, 신예의 무기(　)로서 위력을 발휘(　)하고부터, 각국의 연구(　)는 점점 더 진지(　)해지고, 우수한 비행기가 차례차례 탄생하여 그 진보(　)는 멈출 줄을 몰랐다.
 ⑵ 영하 30도의 암야(　)의 얼음 위에서 문자 그대로 불면불휴(　)의 감시(　)를 계속하는 경비의 신고[:고통](　)는 도저히(　) 상상조차 할 수 없을 것이다.
 ― 『매일신보』 1941년 3월 14일자

　이처럼 일제 말의 전시체제기에는 학교 국어시험 문제에서 멸사봉공의 황국신민을 형상화하거나, 전투하는 현장과 초소를 경비하는 군인들의 모습을 표현한 문장이 등장했다. 일제의 황국신민화 교육정책 강요는 덕성여자실업학교도 예외가 아니었다.

4부

해방 이후의
덕성학원

들어가며

차미리사의 활동과
그녀에 대한 기억

운현궁 양관 매입과 차미리사의 행보

1945년 해방을 맞이하자, 국내외 각지에서 활동하던 민족운동가들은 서울에 거점을 마련하고 새로운 독립국가를 건설하기 위한 본격적인 활동에 뛰어들었다. 덕성여자대학교 종로캠퍼스에 있는 운현궁 양관은 흥선대원군의 손자인 이준용이 살던 시기에 지어진 건물이지만, 해방 직후의 격변 속에서 다양한 정치사회단체들의 활동 공간으로 사용되었다. 백범 김구가 중심이 되어 조직한 단체인 한국독립당 중앙당부와 대한독립촉성국민회 등도 운현궁 양관에 사무실을 두었다.

운현궁 양관은 1948년 덕성학원이 매입한 이래 지금까지 덕성학원의 상징이자 핵심 공간이 되어 왔다. 운현궁 양관이 위치한 종로캠퍼스는 1985년 쌍문동캠퍼스가 문을 열 때까지 덕성여자대학교의 본 캠퍼스로 활용되었다.

해방 당시 덕성학원 설립자인 차미리사의 나이는 어느덧 67세가 되었지만, 여전히 그녀는 일제에 협력하지 않은 대표적인 민족운동가이자 여성운동가로서 명망과 영향력을 가지고 있었다. 해방 직후 차미리사는 한국애국부인회의 결성에 참여하는 등 기독교 우익 민족운동 계열의 인사들과 행보를 함께하다가, 1947년부터는 남북의 분단을 막고 통일정부 수립을 지향하는 중도 우파적 입장을 분명히 드러냈다. 즉 친일 우익 여성 인사들인 김활란, 최은희 등과는 차별화된 태도를 보이면서, 해방 후 새롭게 만들어질 통일국가 아래에서 자신이 평생을 바쳤던 여성교육이 더욱 확산되기를 희망했다. 차미리사의 후임으로 덕성여자실업학교의 운영을 담당했던 송금선이 해방 직후 대표적인 친일 인사로 지목되어 청산의 대상이 되었던 것과 비교하면, 차미리사의 행보는 후대의 사람들에게도 큰 시사점을 보여주고 있다.

덕성학원의 학내 민주화 투쟁

1955년 차미리사가 77세의 나이로 별세한 이후 송금선 일가가 덕성학원의 운영을 수십 년간 독점하면서, 차미리사의 선구적인 활동과 업적에 대한 기억은 점차 희미해져갔다. 덕성학원은 차미리사의 헌신적인 노력으로 성취해낸 여성 민족교육기관으로서의 정체성을 잃어버리고, 송금선 일가의 세습적인 소유물이 되어버린 채 운영되고 있었다. 그러나 1997년부터 2001년까지 전개된 덕성 구성원들의 치열한 학내 민주화 투쟁은 송금선의 아들인 박원국을 덕성학원의 운영에서 완전히 배제하는 성과를 거두었다. 그러한 과정에서 송금선의 친일행적이 낱낱이 드러나게 되었고, 송금선-박원국 일가에 의해 감추어졌던 차미리사의 행적이 정당하게 재평가받기 시작했다. 3·1운동의 가치와 정신을 계승하여 차미리사의 주도로 설립된 조선여자교육회는 덕성학원의 모태로 공식 인정되었으며, 조선여자교육회 산하 부인야학강습소가 야학을 처음 시작한 1920년 4월 19일은 덕성여자대학교의 창학 기념일로 지정되었다. 또한 2002년 차미리사는 독립유공자로 서훈되었다.

교과서에 수록된 조선여자교육회

아울러 1980년대 이래 역사학계에서 한국근현대사 연구가 활성화되고 폭넓은 연구 성과가 발표되면서, 일제강점기 대표적인 여성운동가이자 교육가로서 차미리사의 업적은 학술적으로도 인정을 받았다. 그리하여 1990년대부터는 3·1운동의 가치와 정신을 계승하여 차미리사 등이 조선여자교육회를 설립하였다는 내용이 고등학교 한국사 교과서에 수록되었다. 2000년대에는 한 단계 더 진전되어, 조선여자교육회의 설립과 운영에 차미리사가 핵심적인 역할을 했다는 내용을 서술한 교과서도 등장했다.

2020년 4월 19일은 조선여자교육회 산하 부인야학강습소가 야학을 시작한 지 100년이 되는 해이다. 창학 100년을 계기로 하여, 3·1운동의 가치와 정신을 계승한 서울 소재 유일의 4년제 대학교인 덕성여자대학교의 위상과 명예가 확고히 드높아져야 할 것이며, 일제 치하의 엄혹한 상황 속에서 민족운동과 여성교육에 평생을 바친 차미리사의 활동과 업적 또한 발전적으로 계승되어야 할 것이다.

정요근 서울대학교 국사학과 부교수

해방 이후 차미리사의
정치·사회 활동

해방과 함께 폭발한 정치·사회 운동

1945년 8월 15일 군국주의 일본이 제2차 세계대전에서 패전함으로써 조선은 식민지배로부터 해방되었지만, 그와 동시에 한반도는 38선을 경계로 분할되어 미군과 소련군이 각각 남과 북에 진주했다. 조선인들에게 미군과 소련군은 해방군으로서 환영받았고, 제2차 세계대전은 파시스트 추축국에 대한 민주주의 연합국의 승리로 인식되었다. 한국사회는 미·소의 분할점령이 드리울 암영을 인식하지 못한 채 독립된 민주국가 건설을 낙관적으로 전망하고 있었다.

식민지배로 인해 억압되었던 조선인의 정치·사회 운동은 해방과 더불어 폭발했다. 해방 직후 서울의 건국준비위원회를 비롯하여 전국 각 지역에서 자치기구가 조직되었을 뿐 아니라 수많은 정당, 사회단체가 결성되어 탈식민, 국가건설운동이 활발히 전개되었다. 일제강점기 해외에서 민족해방운동을 전개했던 세력들이 속속 귀환하는 가운데 국내에서 활동했던 민족주의, 사회주의 세력 또한 조직적으로 결집하기 시작했다.

국내 사회주의 세력은 급속하게 전국적으로 조직화면서 초기 해방 정국을 주도했고, 민족주의 세력 또한 완만하지만 세력을 규합하고 있었다. 두 세력의 대립과 갈등이 없었다고 할 수는 없으나, 각기 자신들의 조직적 기반을 확보하는 것에 주안을 두고 활동하고 있었다. 그런데 1945년 말 모스크바삼상회의에서 한국 문제 결정 소식이 『동아일보』의 왜곡 보도와 함께 전해지고, 그것을 계기로 김구와 임시정부 세력을 주축으로 남한 우익세력이 신탁통치반대운동을 대대적으로 전개하면서 해방 조선의 정치 정세는 급격하게 변화했다.

우익세력은 '신탁통치 반대', 좌익세력은 '모스크바삼상회의 결정 지지'로 나뉘면서 좌우세력의 대립과 갈등이 본격화되었다. 이후 모스크바삼상회의 결정에 따라 1946년 3월 개최되는 미소공동위원회에 대응하기 위해 좌우익 세력은 각각 '민주주의민족전선'과 '비상국민회의'로 대오를 정비하는 가운데 양측의 대립과 충돌은 더욱 격화되었다.

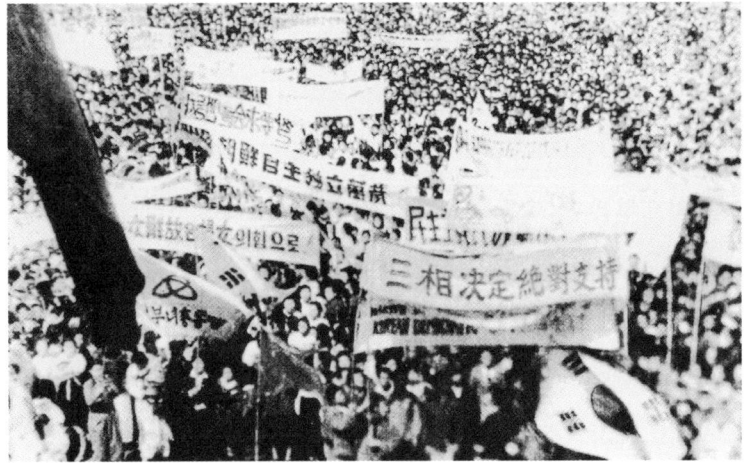

신탁통치 반대(위)와 모스크바삼상회의 결정 지지(아래)
『동아일보』의 왜곡 보도를 시작으로 해방 조선의 정치 정세는 급격하게 변화했다. 이를 계기로 민족해방운동을 전개했던 세력들 간의 대립과 충돌이 격화될 수밖에 없었다. (『백범김구전집』(위), 『대한민국50년 제2의 건국』(아래))

우파 진영에서 중도 진영으로

해방 후 정치적 격동 속에서 차미리사가 걸었던 길은 이를 밝혀줄 자료가 많지 않은 관계로 체계적으로 복원하기 어려우며, 대체적인 윤곽만을 그려볼 수 있다. 차미리사는 1945년 9월 10일 한국애국부인회 결성 당시 평의원으로 참여한 것에서 볼 수 있듯이 해방 직후 일제강점기 기독교 중심의 민족주의 계열 여성운동 세력의 조직화 과정에 함께함으로써 정치·사회 활동을 시작했던 것으로 보인다.

이후 1945년 12월 말 신탁통치 문제로 정국이 들끓기 시작하는 가운데 우익 여성단체들이 결집하여 독립촉성중앙부인단, 독립촉성애국부인회 등을 조직하자 차미리사 역시 그에 참여했다. 특히 독립촉성애국부인회는 전국적인 조직을 갖춘 대표적인 우익 여성단체였다. 신탁통치반대운동을 계기로 남한 우익세력의 전국적인 조직화가 빠르게 추진되면서 1946년 2월 대한독립촉성국민회가 결성되었고, 독립촉성애국부인회는 그와 같은 우익세력 결집의 일환으로 탄생한 것이었다.

1946년 6월 독립촉성애국부인회가 3일에 걸쳐 개최한 전국부인대회에서 차미리사는 '여성투쟁사'라는 주제로 강연을 했다. 60대 후반이었던 차미리사가 우익 여성운동 세력의 결집을 선두에서 이끌었다고 할 수는 없을 것이다. 그렇지만 일제강점기 식민지 조선의 민족주의 계열 여성운동에서 빼놓을 수 없는 인물이었을 뿐 아니라 적지 않은 여성 엘리트들이 일제 말기 식민지배에 협력했던 것에 비해 그로부터 자유로웠던 차미리사였기에 민족주의 계열 여성단체들의 결집 과정에서 그녀의 위상은 남달랐다고 할 수 있다.

1946년 중반까지 차미리사의 정치·사회 활동은 해방과 더불어 기독교 중심의 민족주의 계열 여성운동 세력이 결집하는 과정, 나아가 모스크바삼상회의 한국 문제 결정과 신탁통치 문제로 격화했던 좌우익 세력의 대립과 갈등에서 우익 여성단체들이 조직화하는 과정과 함께했다. 이후 신탁통치 문제로 좌우익 세력의 대립이 치열하게 전개되는 가운데 1946년 5월 미소공동위원회는 참가 단체의 성격 문제로 무기한 휴회되었다. 그 직후 이승만이 단독정부 수립을 주장하는 등 분단의 위기의식이 고조되자 중도우파와 중도좌파 세력을 중심으로 좌우합작운동이 전개되었다.

해방 이후 차미리사가 걸었던 정치·사회 활동의 행로는 1947년 들어 적지 않게 변화된다. 민주주의민족전선 산하 좌익 여성단체였던 조선부녀총동맹이 1947년 2월 개최한 전국대회에서 차미리사는 엘리너 루스벨트(Eleanor Roosevelt), 쑹칭링(宋慶齡), 박정애(朴正愛)와 함께 명예의장으로 선출되었다. 또한 비슷한 시기 미군정과 우익세력의 남조선과도입법의원 선거에 대응하여 민주주의민족전선에서 개최한 '지방선거 민전강령 실천대책위원회' 회의에서 차미리사는 김창준, 유영준, 홍남표와 함께 부위원장으로 선출되었다. 이와 더불어 1947년 2월 24일 김창준 등 진보적 기독교 세력이 주도하여 기독교민주동맹이 결성되었는데, 차미리사는 중앙집행위원이자 부위원장에 선출되었다. 기독교민주동맹은 결성과 함께 민주주의민족전선에 가입했는데, 이와 같은 일련의 움직임 속에서 차미리사는 1947년 3월 1일 민주주의민족전선 주최 삼일절 기념식 날 허헌, 박헌영, 여운형, 김창준, 김기전, 유영준과 함께 임시의장에 선출되기도 했다.

1947년 2월 차미리사의 변화된 행로가 어떠한 배경과 계기에서 나타났는가를 구체적으로 알려주는 자료는 확인되지 않지만, 김창준이 걸었던 길과 연관된 것으로 보인다. 3·1운동 당시 기독교계 대표자 중 1인으로서 「기미독립선언서」에 서명했으며, 일제 시기 감리교 목사이기도 했던 김창준은 신탁통치반대운동이 크게 일었던 1946년 전반기 김구와 임시정부 세력이 주도하는 대한독립촉성국민회의 선전부장을 맡는 등 중도우파의 흐름에서 활동했다. 그러나 1946년 중반 이승만 계열이 대한독립촉성국민회의 주도권을 장악하면서 김구와 임시정부를 지지하는 세력은 점차 배제되었고, 이후 대한독립촉성국민회는 이승만의 정치노선을 지지·추종하는 대표적인 우익 조직으로 변모되었다. 이와 같이 민족주의 우익세력 내부의 노선 분화와 갈등 속에서 김창준은 좌우합작운동, 10월 인민항쟁 등을 목도하면서 그동안의 노선에서 전환하여 민주주의민족전선에 합류했다. 1947년 민주주의민족전선에서는 조직 기반을 확대하고자 허헌을 중심으로 기독교, 천도교 등 종교계에 접촉했고, 이를 계기로 김창준 등은 진보적 기독교 세력을 규합하여 민주주의민족전선에 참여하고 그 의장단의 1인으로 선임되었던 것이다.

1947년 2월 이후 차미리사의 정치·사회 활동에 관한 자료는 많지 않은데, 1947년 5월 미군정 서울시 보건위생국의 후원을 받아 김활란, 최은희, 길정희 등이 주도하여 결성된 서울보건부인회에 차미리사가 위원장으로 취임한다는 소식이 신문에 실렸다. 그러나 차미리사는 해당 신문 기사에 대해 위원장 자리를 승낙한 사실이 없을 뿐아니라 누차의 교섭을 시종일관 거부했으며 자신은 서울보건부인회와 아무런 관련이 없다는 성명을 발표했다. 이를 통해 1947년 중반 차미리사는 미군정과 이승만 등 주류 우익세력과 연계되어 김활란, 최은희 등이 주도했던 여성단체의 활동에 대해 우호적이지 않았음을 확인할 수 있다.

   1947년 5월 미소공동위원회는 재개되었으나 아무런 성과를 이루지 못하고 결렬되었다. 소련의 반대에도 불구하고 미국은 한국 문제를 유엔으로 이관하여 결국 1948년 2월 유엔소총회에서 남한만의 총선거에 의한 단독정부 수립이 추진되었다. '분단'이 가시화되자 김구·김규식 등은 남북협상을 통해 민족의 분단을 막고 통일정부 수립을 이루기 위해 38선을 넘어 북으로 향하고자 하였다. 민족분단의 위기에 직면하여 김구·김규식 등이 남북협상을 추진하는 상황에서 차미리사는 협상의 성공을 기원하는 108인의 문화인 성명에 동참했다. 여러 지식인들과 더불어 차미리사는 "독립의 길이냐 예속의 길이냐 또는 통일의 길이냐 분열의 길이냐"의 기로에서 "남북 상호의 수정과 양보"를 기초로 한 "통일국가 수립"의 염원을 담아 그 뜻을 표명했던 것이다.

홍정완   연세대학교 근대한국학연구소 HK연구교수

특집 남북협상을 지지하는 108인의 성명서

남북협상을 성원함

조국은 지금 독립의 길이냐? 예속의 길이냐? 또는 통일의 길이냐? 하는 분수령상의 결정에 서 있다. 이 같이 막다른 순간을 당하여 식자적(識者的) 존재로 자처하는 우리는 민족의 명예를 위하여, 또는 문화인의 긍지를 위하여 민족 대의의 명분과 국가자존의 정로(正路)를 밝히어 진정한 민족적 자주독립의 올바른 운동을 성원코자 하는 바이다.

3·1선언에도 명단(明斷)된 바와 같이 우리는 원래부터 '자유민주독립국'이다. 때로 성쇠의 기복은 있었다 하더라도, 자유민으로서의 자재(自在)한 문화와 독립국으로서 일관한 역사는 장류(長流)와도 같이 내리 한 줄기로 흘렀던 것이다. 공동사회의 단일민족으로서 고락을 같이한 한 개의 생활을 향유하였던 것이다. 그러기에 일제 퇴각을 전제로 한 카이로의 3국 선언도 여단을 내리어 우리의 전일적 자주독립을 보장하였고 포츠담 4국 회담도 이를 추인하여 국제헌장의 위신을 세계에 널리 알렸던 것이다. 그런데 그 후로 오늘의 해방된 조국의 자태는 과연 어떠한가

미·소 양군의 각별한 남북 분주(分駐)가 이미 비극의 씨를 뿌리며 양단 정치의 무리가 강행되었고 다시금 일전(一轉)하여 반신(半身) 4년의 궁경(窮境)에 이르러 우리 자신이 스스로 남정북벌(南征北伐)의 극흉(極凶)을 순치(馴致)하려고 하니 '민족'을 일컫는 공존의 태도가 과연 이 길이겠는가? 자주를 부르는 독립의 방략이 과연 이것이겠는가? 과거에의 탈각(脫却)으로서 재건될 우리 민주국가는 첫째도 민주적 자주독립이요, 둘째도 민족적 자주독립이다. 남북이 통합된 전일체의 자주독립이요, 본연의 자태에 돌아가는 자가적(自家的) 자립인 것이니 이것은 우리의 본질적 명제일 뿐만 아니라 이것은 우리의 총의적 염원일 뿐 아니라, 외력의 침략이 부정되고 민족자결의 원칙이 확립된 국제민주주의의 노선과도 합치되는 것이다. (…)

선진(先陣)의 남북 지도자여 후군의 육속(陸續)을 믿고 오직 전진하시라 참된 자유와 자주, 참된 민의와 민주! 역사의 순류(順流)를 향하여 드높게 북을 울리자!

탁치(託治) 없는 완전한 자주독립 이같이 아슬아슬한 고비에서 우리는 민족의 '진정한 소리'를 들었다. 민족 자체의 '자기 소리'를 들었다. 자결의 원칙과 공존의 도의와 합작의 실익을 위한 구국운동의 일보로서 '남북협상의 거족적 호령 소리'를 들었다. 남방의 제의를 들었고 북방의 호응을 들었다 치면 응하는 동고(同鼓)의 북소리를 들은 것이다. (…)

자력주의와 민본주의의 젊은 새 나라를 수립하기 위하여 첫째로, 미·소 무력의 제압을 부인하자! 양군의 동시 철퇴를 실제적으로 가능케 할 기본 토대를 짓기 위하여 우선 우리는 우리 자신

의 체제를 단일적으로 정비 강화하자!

이 길은 오직 남북협상에 있다. 남북통일을 지상적 과제로 한 정치적 합작에 있다. 남북상호의 수정과 양보로서 건설되는 통일체의 새 발족에 있다. 이번의 협상운동을 지지하고 성원하는 우리의 염원과 의욕도 여기에 있는 것이다.

자주독립을 달성할 때까지 후속을 위한 3·1선언의 고사를 인용하거니와 '최후의 일각까지 최후의 일인까지' 남북협상의 대도(大道)를 추진하여 통일국가의 수립을 기필(期必)하자.

1948년 4월 14일 서울서 108 유지는 자서(自署)함
이순택 이극노 소의식 이병기 손진태 유진오 배성용 유재호 이준열 이홍종 정구영 윤행중 박은성 김일출 박은용 채정근 송석하 박용덕 이민희 조동필 홍기문 정인승 정희준 문동표 이관구 임학수 오기영 신영철 오승근 양연식 김시두 김기림 유응호 김성진 김양하 정순택 박준영 김용암 정계성 허하백 홍성덕 박동길 최문환 박계주 이부현 고승제 이건우 장기원 허 규 최원진 박용구 김병제 유 열 김무삼 이달영 김성수 고경흠 염상섭 백남교 장추화 이 하 이의식 김봉집 하윤도 이재완 정래길 김계숙 최연우 신 모 안기영 정진석 성백선 최재위 라세진 정지용 강진국 안건제 정열모 김태화 백남진 양재하 장현칠 손명현 오건일 홍승만 박 철 윤태웅 이준하 황영모 유두찬 전원배 김재을 이염효 신의향 허 준 고병국 김석환 김분옥 박태원 김진억 이갑운 송지영 백석황 이만준 신남철 곽 경 오진섭 **차미리사**

– 『새한민보』 1948년 4월 14일자

1948년 4월 14일, 남한 지역에서의 단독선거를 앞두고 「남북협상을 성원함」이라는 제목의 문화인 108인 성명서가 발표되었다. 차미리사를 비롯하여 남한 문인계의 중견층 108명은 5·10선거가 분단을 항구화시킬 것이라고 우려하면서 김규식과 김구의 남북협상이 이를 막을 마지막 기회라고 판단하고, 이를 지지하는 성명서를 냈다. 문화인들은 단독선거 실시와 단독정부 수립은 민족의 분단을 현실화, 고착화하는 것이므로 단호히 반대한다고 선언했다. 독립운동가, 문학인, 학자, 언론인, 법조인 등 문화인 108명이 서명한 이 남북협상지지 성명은 3·1독립선언서의 정신을 계승한 것으로, 탁치없는 완전한 '자주독립'과 '통일국가 수립' 이라는 민족의 염원을 담고 있다. 남북이 하나가 되는 완전한 통일조국을 염원했던 차미리사도 분단정부 수립을 저지하려는 문화인들의 움직임에 기꺼이 동참했다.

'도깨비집' 운현궁 양관에서 시작된 덕성여자대학교의 첫걸음

운현궁 양관 건축

덕성여자대학교 종로캠퍼스에는 많은 관광객이 드나들며 사진 촬영을 하곤 한다. 2016년 겨울에 방영된 드라마 「도깨비」 때문이다. 939세의 불멸의 미청년 김신(공유 분)이 저승사자와 동거하는 곳, 도깨비는 여주인공 은탁(김고은 분)이 위험에 처할 때마다 그를 '세상에서 가장 안전한' 곳으로 부른다. 이곳이 바로 사적 257호인 운현궁 양관이다. 덕성여자대학교는 바로 이 운현궁 양관에서 첫걸음을 내디뎠다.

운현궁은 조선의 26대 국왕인 고종의 탄생지이자 흥선대원군이 개혁의 웅지를 품고 조선에 마지막 숨결을 불어넣으려 했던 곳이다.

운현궁의 주인은 흥선대원군 → 이재면(李載冕, 고종의 형) → 이준용(李埈鎔, 이후 이준(李埈)으로 개명) → 이우(李鍝)로 이어지는데, 대부분 역사책에 나오는 인물들이다.

운현궁 양관은 1912년에서 1915년 사이에 지어진 것으로 보인다. 정확한 기록이 없어 추정일 뿐이다. 설계자는 일본인 건축가 가타야마 도쿠마(片山東熊)였다. 당시 일제는 조선인 유력 인사들에게 작위를 주었는데, 대한제국 황실 직계는 왕족(王族), 의친왕(義親王) 등 방계는 공족(公族)이라 부르고 저택을 지어주었다. 양관의 경우 이왕직(李王職)에서 건축공사를 감독했고, 다 지어진 후에는 이준공저(李埈公邸)라고 불렸다. 왕족과 공족에게는 서울에 본저(本邸)를, 도쿄에 별저(別邸)를 주어 일본에서 교육받도록 했다. 운현궁 양관에는 일본 황실의 상징인 국화(菊花)가 전면 가운데에 보이고 꼭대기에 주인이던 이준 공가(公家)의 상징인 이화(李花)가 함께 보이는데, 당시 운현궁 주인 이준용 및 일제하 조선 왕족과 공족들의 처지를 보여주는 장식이다. 국화 가문 안에 있는 이화 가문이라 할까.

운현궁 양관은 당시 유행한 네오바로크 양식이다. 이 양식으로 지은 건물로는 서울 대학로 한국방송통신대학교 내에 있는 경성공업전습소(京城工業專習所), 서울대학교 의과대학에 위치한 대한의원 본관, 옛 서울 역사 등이 있다. 운현궁 양관은 배흘림기둥, 아치, 석조와 모르타르칠(mortar coating), 피라미드형 지붕과 중앙돔형 지붕, 샹들리에와 벽난로 등도 갖추고 있어 근대 건축 사적으로도 중요한 곳이다.

2층 건물인 양관의 연면적은 약 793제곱미터(240평)이다. 양관에는 부엌과 화장실이 없는데 이는 양관이 접객과 연회의 용도로만 사용되었음을 뜻한다. 지금은 사라졌지만 운현궁의 노락당과 연결되는 통로가 양관 측면, 지금의 화장실 자리에 있었다. 노락당에서 음식을 조리해 양관으로 가져와 연회를 베풀었고, 대소변은 운현궁에서 해결했다. 즉 운현궁과 양관은 떼려야 뗄 수 없는 관계였던 것이다. 양관을 운현궁 양관이라 부르는 이유이기도 하다.

양관의 주인들

양관의 주인은 몇 차례 바뀌었다. 흥선대원군의 손자인 이준용이 첫 주인이었다. 이준용이 양관의 망실(望室, 덕성여자대학교 종로캠퍼스 입구의 초소로 알려진 곳)에 올라 밖을 조망하고 독서를 했다는 기록이 남아 있다. 뒤이은 주인은 그의 아들 이우였다. 이우는 의친왕 이강(李堈)의 차남으로 1917년 이준용이 아들이 없이 사망하자 그를 양자로 입적했다. 이우는 10세 때 일본으로 건너가 생활했고 일본 육군사관학교를 졸업했다. 박영효의 손녀딸 박찬주와 혼인해 대부분은 도쿄의 저택에서 생활했고 휴가차 귀국했을 때 잠시 운현궁 양관을 이용했다. 히로시마 주둔 일본군 참모본부에 배속되었던 이우는 1945년 8월 일본 히로시마 원폭으로 사망했다.

운현궁 양관은 해방 공간의 격변을 함께 겪었다. 당시 서울에 소재한 여러 양관은 대부분 친일파들이 건축, 소유하고 있었는데, 해외에서 활동해온 임시정부 인사들의 귀국에 맞춰 저택이나 단체의

운현궁 양관
1947년 5월에 촬영한 것으로 정문 좌우로 '한국독립당 중앙당부'(왼쪽)와 '대한독립촉성국민회'(오른쪽)의 현판이 걸려 있다. ⓒJohnny Florea

사무실로 사용할 수 있도록 했다. 이승만의 돈암장과 이화장, 김구의 경교장, 김규식의 삼청장과 같은 식이다. 이때 운현궁 양관은 임시정부 주석인 김구의 정치 기반이었던 한국독립당 중앙당부와 대한독립촉성국민회의 사무실로 사용되었다. 김구는 해방 후 귀국하여 1949년에 암살되기 전까지 경교장을 숙소로 사용했는데, 그의 기반이 된 단체들이 운현궁 양관에 자리하고 있었다.

> 서울의 기온이 갑자기 영하 20도로 강하하는 혹한이 12월 10일 하오 4시 사양이 비치는 운현궁 내의 독립촉성국민회 위원장실에서 열린 국민회중앙간부회의에 임석한 김구선생 …
>
> —『동아일보』1946년 12월 12일자

> 이승만 박사 숙소인 돈암장은 집주인 장진섭(한국민주당 재무부장)씨가 앞서부터 방매하려고 명도를 간청하여 왔다고 하는데, 그동안 이 박사는 신 저택을 물색해오던 중 구왕궁사무소의 승인을 얻어 현재 한독당 중앙당부 사무소로 사용하고 있는 운현궁 양관을 사용하기로 한독당과도 양해가 성립되어 근간 수리에 착수하리라 한다.
>
> —『경향신문』1947년 8월 3일자

『경향신문』 기사에서 보듯 이승만의 거처로 한때 운현궁으로 검토되기도 했다. 물론 최종적으로는 이화장으로 결정되었다. 양관에는 이들 유력단체만이 아니라 우익청년단체인 대동청년단, 국민대학기성회, 출판사인 한보사, 농사개량원 등의 단체가 머물기도 했다. 그만큼 운현궁 양관은 해방 공간의 정치적 격변만큼이나 여러 인물들의 손때를 거쳤다.

해방과 전쟁의 소용돌이에 휩쓸린 덕성여자대학교

1948년 정부 수립 직후 운현궁 양관이 매물로 나왔다. 운현궁은 당시 경제적 어려움에 처해 있었다. 대학교 설립에 대한 꿈을 갖고 있던 덕성학원에서 급히 돈을 마련하여 운현궁 양관을 매입했다. 1948년 11월 30일이었다. 당시로서는 거금인 3600만 원을 들여 약 7603제곱미터(2300여 평)의 대지와 2층 양관을 손에 쥐었다. 이후 양관을 새로 수리하고 정원을 꾸미는 데도 적지 않은 돈이 쓰였다.

그러나 곧바로 대학 설립으로 이어지지는 못했는데, 미군정하에서 그동안 미뤄왔던 친일파 청산이 추진된 여파 때문으로 보인다. 1948년 9월 반민족행위자를 조사, 처벌하기 위한 반민족행위특별조사위원회(반민특위)가 설치되었지만 1년 만에 해체되었다. 덕성학원 교장 송금선은 반민특위가 해체될 무렵인 1949년 8월 출두해 일제강점기의 친일행위에 대한 조사를 받았다. 친일파 청산 노력이 이승만 정권에 의해 친일행위자에 대한 공소시효 종료와 반민특위의 해체로 귀결되지 않았다면 그녀와 덕성학원의 미래가 달라졌을지도 모른다. 물론 이에 대한 기록은 덕성학원사와 각종 회고록에는 보이지 않는다. 이 시기에 관해서는 운현궁 양관 매입 과정과 국회에서 있었던 운현궁 소유 토지 매입 논란을 중심으로 서술되어 있을 뿐이다.

친일청산이라는 파고를 다행히 면한 덕성학원은 1950년 5월 17일 교육부로부터 2년제 덕성여자초급대학의 인가를 받았다. 덕성학원사에는 이날 47명의 학생이 참석하여 개교식을 했다고 한다. 그러나 초기 국문학과 교수로 있었던 오준영의 기록에 따르면, 인가를 받고 서둘러 교수진과 칠판 등 강의 시설을 갖춘 것이 6월 26일이다. 이미 한국전쟁의 기운이 고조되던 상황에서 개교식은 할 수도 없었다는 것이다.

덕성여자대학교의 운명은 전쟁의 소용돌이에 그대로 휩쓸려 들어갔다. 덕성여자대학교는 1951년 피난지 부산 용두동에 터를 잡고서야 비로소 수업을 개시했다. 학생 수는 20명 내외였고 대부분 덕성여자고등학교 출신들이었다. 이런 중에 1952년 4월부터는 서울 운현궁에 분교를 설치할 수 있었다. 그러나 당시 운현궁 양관이 미군 첩보부대(K.L.O) 사령관실로 사용되어 양관을 이용할 수 없게 되자 정문 가까이에 있던 행랑채에 4개 강의실을 두어 수업을 진행했다. 야간 초급대학이었다. 국문학 전공과 영문학 전공, 그리고 가정과에 가정학 전공과 기예학 전공을 각각 설치했다. 1952년 3월 4년제 대학 승인이 났고, 1955년에 봄부터는 2부 대학이 설치 운영되었다. 1955년이 되어서야 비로소 미군으로부터 양관을 이양받을 수 있었다.

운니동캠퍼스에서 꿈꾸는 덕성의 미래

이후 덕성여자대학교는 약학관, 가정관 등의 건물을 신축했고 또한 주변 가옥을 매입해 공간을 확장해 나갔다. 이런 조건에서 학과 증설과 학생 수 증가가 뒤따랐다. 1972년부터 쌍문동 종합대학계획이 구상된 가운데 1984년까지 각 학과들이 순차적으로 쌍문동으로 이전했고, 운현궁 양관이 위치한 종로캠퍼스에는 2부 대학과 덕성여자대학교 부설 평생교육원이 자리하게 되었다. 야간대학, 평생교육원은 덕성학원의 모태인 근화여학교가 배움에서 소외된 여성들을 학생으로 받아들이고 실업교육으로 여성해방을 꿈꾸려 했던 교육정신을 온전히 계승하는 터전이었다고 할 것이다.

덕성학원은 안국동의 덕성여자중학교, 덕성여자고등학교, 운니동의 운현유치원, 운현초등학교 그리고 쌍문동의 덕성여자대학교로 이루어져 있다. 운현궁 양관은 덕성여자대학교의 산실이었고, 현재 덕성학원의 중추이자 상징적인 공간이다. 덕성 100년을 맞아 덕성의 과거와 미래에 대한 여러 가지 상상을 해볼 기회를 가져봤으면 한다. 운니동캠퍼스와 양관을 이용해 학생들과 시민들을 대상으로 한 다양한 교육 프로그램을 만들어보면 어떨까. 현재 운현궁 양관에는 덕성학원 재단사무국과 덕성100년사 편찬위원회가 자리 잡고 있다.

은정태 덕성100년사 편찬위원회 전임연구원

3장

차미리사가 사후 반세기 만에
독립유공자가 된 까닭은

독립유공자 포상은 민주화운동의 성과

2002년 2월 22일 필자는 차미리사 선생을 독립유공자로 서훈해줄 것을 국가보훈처에 신청했다. 그동안의 연구 성과를 바탕으로 「독립유공자 공적조사서」에 차미리사가 활약했던 독립운동의 주요 활동사항을 간략하게 요약하고, 독립유공자와 유족과의 관계는 '없음'이라고 기재했다. 그해 8월 15일 광복 57주년을 맞아, 정부는 차미리사를 순국선열과 애국지사 208명과 함께 포상하기로 결정하고, 그 결과를 필자에게 통보했다. 차미리사 선생은 사후 47년 만에 민족의 독립을 위해 노력한 공적을 인정받아 독립유공자(건국훈장 애족장)가 된 것이다. 국가보훈처가 밝힌 포상 이유는 다음과 같다.

> 차미리사 여사는 일제의 압력에도 굴하지 않고 항일민족계몽운동을 전개한 여성 독립운동가이다. 미국으로 건너가 1905~1910년까지 한인교육기관인 대동교육회·대동보국회 회원으로 활동하며 '대동'신문 발간에 기여하였고, 귀국하여 배화학교 사감으로 3·1운동을 겪으면서 학생들에게 민족의식을 고취시켰다. 1920년 조선여자교육회를 설립해 순회강연을 통한 민족의 실력양성을 역설하였고, 1923년 근화학원(槿花學院)을 설립해 민족교육과 무궁화사랑운동을 전개했으며, 1940년 조선총독부의 압력에 의해 덕성여자실업학교 교장 직에서 물러났다. ― 국가보훈처 보도자료, 2002년 8월 12일

차미리사가 독립유공자로 서훈된 것은 민주화운동의 성과물이었다. 덕성학원 민주화운동은 해직교수 복직운동이 좌절된 이후 한동안 침체되었다가 1997년 들어 무서운 힘으로 폭발했다. 필자가 해직된 1997년부터 박원국 이사장 연임이 좌절된 2001년까지 4년 동안 덕성여자대학교는 교육부 특별감사 두 차례(1997, 2001), 국회 교육위원회 국정감사 네 차례(1997, 1999, 2000, 2001)를 받았으며, 관선이사가 세 차례(1997, 1999, 2001) 파견되었다. 또한 같은 기간 동안 직무 대행을 포함해 이사장 7명, 총장 5명이 교체되었다. 그만큼 1997년부터 2001년 사이에 전개된 덕성학원 민주화운동은 치열했다.

덕성의 민주화운동은 빼앗긴 권리를 되찾으려는 권리투쟁이었다. 이사장이 지닌 무소불위의 절대화된 권력에 맞서 인간으로서의 존엄성을 지키려는 싸움이었다. 어느 사립대학보다도 낮은 급여와

열악한 근무조건, 끊임없이 발생하는 부당한 해직, 비싼 등록금에 비해 턱없이 부족하고 낙후된 교육시설, 무분별한 학부제 시행 등의 암울한 교육환경에 맞서, 덕성여자대학교의 교수, 학생, 직원들은 빼앗긴 교육권·학습권·노동권을 되찾기 위해 일어섰다. 비타협과 불복종의 정신으로 가열차게 민주화운동을 벌인 결과, 덕성인들은 2001년 『오마이뉴스』가 뽑은 '올해의 인물'에 선정되었다. 상패에는 이렇게 쓰여 있었다.

덕성학원 민주화운동
1997년 10월 1일 비상총회를 마친 후 가두진출하려다 학교 정문 앞에서 전투경찰과 대치하는 모습.
(개인소장)

24시간 1인 릴레이 시위, 무기한 천막 농성과 단식, 그리고 집단 삭발…. 학생, 교수, 교직원이 따로 없었다. 여기에 졸업생들도 큰 힘을 보탰다. 2001년 덕성여자대학교 민주화 투쟁에서 이들이 보여준 모습은 분규를 겪고 있는 모든 사립학교에 하나의 모범이자 희망으로 자리매김 되고 있다.

덕성 구성원의 강인한 단결력과 불굴의 투지로 '최후의 일인, 최후의 일각'까지 싸운 결과, 2001년 10월 말 관선이사가 파견되었고, 박원국 이사장의 교수 부당 해임으로 시작됐던 학내분규는 정상화의 단초를 마련할 수 있었다.

덕성의 친일 잔재 청산 작업

덕성 구성원들의 권리투쟁은 잘못된 역사를 바로잡고 잊혀졌던 설립자를 되살리려는 '기억투쟁'으로 확장되었다. 2000년 '덕성여대 뿌리찾기 대토론회'를 계기로, 그해 10월 차미리사 초상화 봉정, 2001년 8월 차미리사 연구논문 발표, 2002년 6월 차미리사 기일 추모행사 및 동상 건립 등을 진행했다. 그리고 2002년 차미리사가 독립유공자로 서훈이 되자, 2003년 2월 교정에 연보석(年譜石)을 설치하고, 2004년 1월 개교기념일을 조선여자교육회 산하 부인야학강습소에서 야학을 시작한 4월 19일로 바꾸었다.

설립자가 독립유공자로 포상됨으로써 덕성학원은 3·1운동 독립

정신을 계승하여 설립된 민족사학임이 공식 인정되었다. 덕성학원은 조선 여성의 손으로, 조선 여성의 해방을 위해 설립한 '순 조선적인' 교육기관이었다. 이는 외국인 선교사나 남성 유지에 의해 설립되거나 조선총독부의 지원을 받아 운영된 여타 학교와는 구별되는, 덕성만이 가지고 있는 자랑스러운 전통이다.

그리고 국가보훈처가 "1940년 조선총독부의 압력에 의해 덕성여자실업학교 교장 직에서 물러났다"라고 적시한 것처럼, 차미리사는 외압에 의해 교장에서 쫓겨난 것이지 송금선을 후계자로 삼아 학교를 물려준 것이 아니라는 사실 또한 분명히 밝혀졌다. 그러나 덕성학원을 운영해온 박씨 일가와 그를 추종하는 세력들은 이 점을 애써 외면했다. 대학을 사회의 공기(公器)가 아니라 개인의 소유물로 간주하는 낡고 그릇된 관념에 사로잡혀 있었기 때문이다.

새천년 들어 덕성 구성원들이 차미리사를 복권하는 일에 매진한 까닭은 이러한 그릇된 현실기억에 맞서기 위한 것이었다. 사학의 공익적인 전통을 되살리는 동시에 우리 사회에서 강인한 생명력을 발휘하고 있는 친일 잔재를 청산하려는 작업이었던 것이다.

민족 사학의 전통 회복

우리나라 사립학교는 근대교육을 통한 민족의식 고취와 국권회복을 그 이념적 기반으로 하여 출범했다. 19세기 말 서구 열강의 침입으로 국권이 빼앗길 위기에 처하자 애국계몽운동의 일환으로 교육구국운동이 활발하게 일어났다. 이들은 침탈당한 주권을 회복하기 위해 산업과 교육을 진흥해야 한다고 믿었다. "근일 국권회복을 논하는 자로서 학문 교육을 말하지 않는 자들이 없다"라는 지적처럼, 당시 구국을 논하는 자들은 거의 모두가 교육의 중요성을 주장했다. 사립학교에서 인재양성·실력양성·애국계몽을 위한 교육을 실시했지만, 최고의 이념은 비운에 빠진 조국과 고통에 허덕이는 민족을 구하고 외세를 몰아내고 자주독립 국가를 건설하는 데 있었던 것이다.

그러나 해방 이후 민족사학이라는 말 대신 비리사학·부패사학이라는 용어가 상용화되다시피 했다. 이는 많은 사학들이 봉건적 혈연성과 폐쇄성에 의거하여 운영되면서 사유화·세습화되었기 때문이다. 이처럼 암담한 사학 현실에서 그것도 지난 수십 년간 분규사학의 대명사처럼 불려왔던 '동토의 왕국' 덕성여자대학교에서 설립자를 복권시키고 독립유공자로 포상까지 받았다는 사실은 실추된 사학의 명예를 되찾는 계기가 되었다는 점에서 의미가 컸다. 전국순회 강연을 통해 모은 돈으로 순 조선적인 학교를 건립한 차미리사에 대한 복권은 족벌세습, 친인척 비리, 만성적인 학내분규로 얼룩진 대학 역사에 새로운 획을 긋는 이정표가 되는 일이었다.

한상권 덕성100년사 편찬위원회 위원장

특집 덕성의 기념일

두 기념일

현재 덕성여자대학교의 개교기념일은 4월 19일이다. 그전까지 5월 17일을 개교기념일로 기리고 있었다. 이날은 한국전쟁 직전인 1950년 5월 17일 덕성여자초급대학이 개교한 날이다. 2004년 덕성여자대학교는 개교기념일을 4월 19일로 변경하기로 결정했다. 덕성여자대학교의 학내 민주화운동 성과와 독립운동가 차미리사의 발견이 그 계기가 되었다. 덕성학원의 자기정체성을 재확립하는 과정의 산물로서, 이때부터 덕성여자대학교는 '창학 ○○주년'이라는 표현을 사용해왔다.

그런데 덕성여자대학교를 제외하고 덕성여자중학교와 덕성여자고등학교, 운현초등학교, 운현유치원 등 덕성학원의 다른 산하기관들은 10월 10일을 개교기념일로 삼고 있다. 2004년 1월 덕성학원에서는 4월 19일 안과 10월 10일 안을 두고 여론을 수렴했다. 대학과 같이 유치원과 초·중·고등학교 모두 그 기념일을 통일시킬 것인가의 문제였다. 결국 산하기관 각자가 판단하기로 결론내렸다. 오랜 기간 10월 10일을 개교기념일로 지켜온 전통이 크게 작용한 것이다.

10월 10일의 유래

하나의 공동체에서 어떤 날을 기념할 것인가는 그 공동체의 정체성과 밀접한 관련이 있다. 이른바 '건국절' 논란에서 알 수 있듯이 기념일 제정은 그만큼 뜨거운 이슈이다. 국가의 역사관이 담겨 있기 때문이다.

그러면 10월 10일의 유래는 무엇일까? 1945년 10월 10일과 관련된다. 이날은 덕성여자중학교와 덕성여자고등학교가 학교를 되찾은 날이기 때문이다. 1945년 8월 해방이 되자 여운형이 이끌던 건국준비위원회 등 다수의 정치단체가 지금의 서울 북촌에 자리 잡았다. 풍문여자고등학교에는 건국준비위원회 사무실과 치안대 조직이 있었고, 덕성여중고에는 조선인민공화국 경성시 인민위원회가 열리기도 했다. 당시 덕성여중고는 일제 말의 소개정책으로 경기도 광주 퇴촌에 수백 명의 학생들이 내려가 있었고 해방이 되었지만 곧바로 돌아올 수 없었다. 10월 10일은 건국준비위원회와 인민공화국이 사용하던 덕성여중고를 되찾은 날이다.

그런데 최은희는 『씨뿌리는 여인』에서 10월 10일을 1921년 10월 10일부로 조선여자교육회가 조선총독부에 학교 인가 신청서를 제출하여 각종학교 인가를 받은 날이라 했다. 그러나 이에 대한 근거는 없다. 1921년경 조선총독부의 인가 사항은 '조선여자교육회'를 '조선여자교육협회'로 변경하는 문제였다. 게다가 당시 여자교육협회라는 야학 운영 조직의 이름은 있었으나 학교로서 근화학원이라는 명칭은 1923년 3월에야 등장했다.

대체로 최은희의 설명은 해방 후 학교를 돌려받은 날인 10월 10일에 의미를 부여하고자 일제시대의 동일 날짜를 찾아 덧붙여 설명한 것에 불과하다. 게다가 일제강점기 내내 4월 19일에 진행한 기념행사 기록은 적지 않으나 10월 10일에 대한 기념행사는 전혀 없었다.

『덕성칠십년사』에서는 "1945년 8월 15일 해방이 되자 곧 건국준비위원회가 학교 건물을 사용하였다. 그러므로 정식으로 학교를 개교한 것은 1945년 10월 10일이었다. 이날을 개교기념일로 정하여 축하하기로 하였다"라고 되어 있다.

어떻게 할 것인가

덕성학원의 창학기념일은 4월 19일이다. 조선여자교육회가 부인야학강습소를 연 날이다. 산하기관의 설립 기준일을 각자 기념한다면 덕성여자대학교는 5월 17일, 덕성여중고는 4월 19일, 운현초등학교는 3월 4일, 운현유치원은 1월 6일이 된다. 덕성 창학을 기념하고자 한다면 응당 4월 19일로 통일해야 할 것이고, 그 기념행사의 주관은 덕성학원이 되어야 할 것이다. 산하기관의 자율성을 존중한다면 오히려 덕성여중고만이라도 더더욱 4월 19일을 기념일로 잡아야 할 것이다. 덕성 100년을 맞아 덕성학원 창학기념일로 기념행사의 통일성을 확보하는 것은 여러 과제 가운데 하나이다.

한국사 교과서 속의
차미리사와 조선여자교육회

조선여자교육회가 최초로 실린 교과서

한국사는 고등학교 교육과정의 필수 과목이며, 대학수학능력시험에도 필수 과목으로 지정되어 있을 만큼 중요한 위상을 갖고 있다. 따라서 고등학교 한국사 교과목의 내용이나 관점은 우리나라 대학생과 시민들의 일반적인 한국사 이해 수준에 큰 영향을 끼친다. 전국민적인 촛불혁명으로 탄핵된 박근혜 정부가 지난 2015년에 고등학교 한국사 교과서의 국정화를 강행했던 것도 그만큼 고등학교 한국사 교육이 갖는 중요성을 인식했기 때문이었다.

1973년 박정희 유신정권은 한국사를 객관적이고 일관적으로 서술하겠다는 명분 아래, 고등학교 국사 교과서의 국정화를 단행했다.

그러나 국정 국사 교과서의 발행은 다원성을 강조하는 민주주의 사회에 전혀 적합하지 않은 제도이다. 과거 권위주의 시대의 국정 국사 교과서는 반공 이데올로기의 주입이나 독재권력 찬양의 도구로 충실히 활용되었다.

1980년대 학계의 연구 역량이 높아지고 한국사회의 민주화가 진전되면서, 일제강점기의 역사에 대해서도 다양한 연구가 진행되었다. 여성들의 지위 향상과 실력양성을 위한 여성교육운동도 대표적인 분야 중 하나이다. 그 과정에서 여성교육을 위하여 치열한 삶을 살았던 차미리사의 생애와 활동이 본격적으로 세상에 알려지게 되었다. 차미리사가 결성하고 설립한 조선여자교육회와 부인야학강습소가 오늘날 덕성학원과 덕성여자대학교의 뿌리가 된다는 사실도 명백한 진실이 되었다.

1996년 고등학교 입학생부터 적용된 제6차 교육과정의 국정 국사 교과서는 '조선여자교육회'의 이름이 최초로 등장한 역사 교과서이다. 3·1운동에 참여했던 여성들의 경험이 1920년대 초에 조선여자교육회 등 여성의 교육과 계몽을 위한 여성단체의 결성으로 이어졌다는 내용이 서술되어 있다. 차미리사가 결성한 조선여자교육회가 3·1운동의 성과물이었음이 분명하게 언급된 것이다.

교과서 서술에서 확고해진 조선여자교육회의 위상

2002년 고등학교 입학생부터 적용된 제7차 교육과정에서는, 국정

국사 교과서에 일제강점기의 여성교육운동이 지닌 중요성이 더욱 강조되었다. 조선여자교육회가 단순한 여성교육단체가 아니라, 1920년대를 대표하는 민족교육 계몽단체로 비중 있게 다루어진 것이다. 또한 제7차 교육과정에서는 고등학교 필수 교과목인 국사 이외에, 한국근현대사라는 교과목이 사회과 선택 과목으로 신설되었다.

한국근현대사 교과목은 학생들에게 민주시민의 덕목과 자질을 갖추도록 하는 것에 기본 목표를 두고, 19세기 후반 이래 한국의 근대사와 현대사의 역사적 흐름을 집중적으로 다루었다. 따라서 차미리사가 활동했던 일제강점기 역사를 다루는 내용과 그 비중이 국정 국사 교과서에서보다 훨씬 증가했다. 한국근현대사 교과목의 신설은 민주주의 정착에 대한 사회적 요구가 강화되고 성평등에 대한 인식이 높아지는 시대적 분위기 속에서 이루어졌다. 그리고 그 밑바탕에는 일제강점기 등 한국 근대사와 해방 이후 현대사에 대한 교육을 강화해야 한다는 사회적 공감대가 형성되어 있었다.

한국 근현대사 교과서는 기존 국사 교과서와는 달리, 국정이 아니라 검정의 방식으로 발행되었다. 검정 교과서는 정부에서 정한 기준이나 지침에 따라 민간 출판사에서 편찬하되, 정부의 심사를 통과한 교과서이다. 검정 한국근현대사 교과서는 6곳의 민간 출판사에서 발행했는데 그중 5종에 조선여자교육회가 서술되어 있다. 조선여자교육회를 1920년대 초반에 결성되어 강연회와 토론회 개최, 야학과 강습소 운영 등의 여성교육을 수행한 대표적인 여성교육운동 단체라고 소개했다. 일제강점기에 조선여자교육회가 갖고 있던 여성교

금성출판사 발간 『고등학교 한국근현대사』 표지

| 자료 2 | 조선 여자 교육회

조선 여자 교육회는 1920년 4월 배화 여학교 사감인 김미리사를 중심으로 창립되었다. 조선 여자 교육회는 창립 직후 여자 야학교를 설립하여 조선어와 산술 등을 가르치고, 여러 차례 토론회와 강연회를 개최하는 등 여성 계몽에 힘을 쏟았다. 1921년 여름에는 3개월여에 걸쳐 전국 60여 곳을 순회하는 대대적인 강연회를 개최하였다. 강연의 주요 주제는 조선 여자 교육회의 취지에 대한 설명과 함께, 여성 교육과 사회 활동의 중요성, 남녀 평등, 생활 습관의 개선 등이었다. 조선 교육회와 마찬가지로 총독부 당국의 인가를 받지 못하다가 1922년 1월 조선 여자 교육 협회라는 이름으로 함께 인가를 받았다.

금성출판사 『고등학교 한국근현대사』 교과서의 조선여자교육회 자료육운동 단체로서의 독보적인 위상과 영향력이 교과서에 그대로 반영된 것이다. 5종 중 하나인 금성출판사 교과서에서는 조선여자교육회의 활동 내용을 별도 자료로 만들어 특히 비중 있게 다루었다.

또한 조선여자교육회를 언급한 교과서 5종 중 2종에는 조선여자교육회의 창립 인물로 차미리사(김미리사)가 언급되었다. 차미리사의 실명이 일제강점기를 대표하는 여성교육운동가로서 고등학교 교과서에 드디어 명시된 것이다. 2000년대에 이르러 차미리사와 조선여자교육회는 일제강점기 여성교육운동의 중심적인 존재로 뚜렷하게 인식되기 시작했다.

수구 보수 정권의 등장과 여성교육운동의 서술 축소

2011년 고등학교 입학생부터는 제7차 교육과정 대신 「2009 개정 교육과정」이 적용되었다. 이명박 정부에 의해 만들어진 「2009 개정 교육과정」에서는 한국근현대사 교과목을 폐지하고 국사 교과목에 통합시켜 교과목의 명칭을 한국사로 변경했다. 그리고 정부의 검정을 받은 6종의 민간 출판사 제작 한국사 교과서가 고등학교 현장에서 사용되었다. 1973년부터 시작된 국정 국사 교과서 제도가 완전히 사라진 것이다.

그러나 이전보다 일제강점기 역사에 대한 분량이 축소되었다. 새로운 한국사 교과목은 기존의 국사 교과목과 한국근현대사 교과목을 통합한 것이기 때문에, 이전에 한국근현대사 교과목이 별도로 존재하던 때와 비교하여 일제강점기가 포함된 한국 근대사의 분량이 축소될 수밖에 없었다. 당연히 여성교육운동에 대한 비중도 작아졌고, 조선여자교육회에 관한 서술은 이전보다 현저하게 줄어들었다. 6종의 한국사 교과서 중 절반인 3종만이 조선여자교육회를 언급했다. 그나마도 여성의 계몽과 지위 향상을 위한 단체였다는 사실만 간략하게 기록한 것이 전부였다. 조선여자교육회를 중요한 비중으로 다루었던 제7차 교육과정의 한국근현대사 교과서 서술과는 큰 차이를 보인다. 인권 존중과 성평등의 가치가 중시되는 민주주의 사회의 보편적 기준에서 보면, 시대적 흐름에 맞지 않는 퇴행적인 교과서라 하지 않을 수 없다.

박근혜 정부 출범 이후 2014년 고등학교 입학생부터 적용된 「2011 개정 교육과정」에서는 한국사 교과서 내에서 근대 여성교육운동의 비중과 중요성이 더욱 줄어들었다. 이명박 정부 이래 한국근현대사 교육을 홀대하는 역사교육의 흐름이 그대로 이어진 셈이다. 최초의 여성 대통령이 당선되었음에도 불구하고, 한국사 교과서에서 근대 여성교육에 관한 서술이 축소되는 역설적인 상황을 맞이하게 되었고, 민주주의적 가치에 역행하는 역사 인식의 어두운 측면이 더욱 도드라졌다. 그러한 가운데에서도 8종의 검정 한국사 교과서 중, 4종에서 조선여자교육회(조선여자교육협회 포함)를 언급하고 있다. 다만 이전보다 일제강점기의 서술 분량과 비중이 상당히 축소된 까닭에, 조선여자교육회가 중심이 된 일제강점기 여성교육운동에 관한 내용은 간략해질 수밖에 없었다. 그러나 긍정적인 변화가 없는 것은 아니었다. 조선여자교육회를 언급한 4종의 교과서 중 2종에서는 조선여자교육회가 근화여학교를 설립했음을 명기했다. 그중 1종의 교과서에는 차미리사가 조선여자교육회를 결성하고 직접 근화여학교를 설립했다는 내용이 포함되어 있다. 조선여자교육회 활동의 성과로 근화여학교가 세워졌다는 사실이 고등학교 한국사 교과서에 처음으로 언급된 것이다.

일제강점기를 포함한 한국 근대사와 현대사 비중의 축소는 박근혜 정부 역사교육 정책의 주요한 특징 중 하나이다. 그런데도 기존의 한국사 교과서에서 언급하지 않았던 내용, 즉 근화여학교의 설립이 조선여자교육회의 주요 활동이었다는 사실이 교과서에 실렸다는 점은 중요한 의미를 지닌다. 덕성여자대학교의 뿌리가 차미리사와 조선여자교육회, 나아가 3·1운동에 있었음이 고등학교 한국사 교과서에서 공식적으로 인정된 것이기 때문이다.

한국 근대 여성교육의 선구자, 차미리사

2015년 10월, 박근혜 정부는 올바른 하나의 역사관을 가르치겠다는 명분으로 중·고등학교 역사 교과서 국정화를 결정했다. 다원주의를 생명으로 하는 민주주의 사회에 부적합한, 시대착오적인 발상이었다. 대다수 역사학자를 비롯하여 많은 시민들이 역사 교과서 국정화 반대 행렬에 나섰다. 결국 박근혜 대통령의 탄핵과 더불어 박근혜 정부의 국정 한국사 교과서는 2017년 5월 최종적으로 폐기되었다.

　박근혜 정부의 국정 한국사 교과서는 일제강점기 친일행위를 옹호하고 박정희 독재권력을 미화하는 내용을 담고 있다. 일제에 협력했던 친일파에 관한 서술을 숨기거나 왜곡하기도 했다. 친일파의 후예나 친일파 옹호 세력이 해방 이후에도 한국사회에서 강력한 기득권을 지니면서 권위주의 정권의 핵심 지지층으로 존재해왔던 것과 무관하지 않다. 게다가 박근혜 정부의 국정 한국사 교과서는 조선여자교육회조차도 언급하지 않았다. 조선여자교육회가 1990년대 이래 근대 여성교육운동의 대표 단체로 꾸준히 교과서에 실렸던 점을 고려하면, 여성교육과 여성운동에 관한 교과서 서술에 있어서 엄청난 퇴보가 진행된 것이다.

　2020년 고등학교 입학생부터는 새로운 검정 한국사 교과서로 고등학교 한국사 교육이 이루어진다. 이 검정 한국사 교과서는 2018년 7월에 교육부에서 확정 발표한 「2015 개정 역사 교육과정」의 지침에 따라 편찬되는 교과서이다. 「2015 개정 역사 교육과정」에는 '일제강점기에 청년·농민·노동·여성·소년·형평 운동 등 다양한 대중운동이 전개되었음을 인식한다'는 내용이 '일제 식민지 지배와 민족운동의 전개'라는 대주제 단원의 성취 기준 해설로 제시되어 있다. 그리고 '일제강점기에 도입된 근대 문물의 내용과 근대 의식의 확산이 도시와 농촌에서 어떤 변화를 가져왔는지 제시하고, 여성운동을 비롯한 사회운동의 전개 과정을 설명한다'는 내용이 집필 기준으로 포함되어 있다. 따라서 「2015 개정 역사 교육과정」에 따르면,

그동안 교과서에 축소 기술되었던 한국 근대사와 현대사의 서술 비중이 높아지고, 일제강점기 여성운동도 이전보다 상세히 기술될 것이다. 당연히 차미리사가 주도한 조선여자교육회의 활동도 훨씬 강조될 것이다.

하지만 교과서 서술에 포함되는 것만으로 차미리사와 조선여자교육회의 역사적 중요성이 다 채워질 수는 없다. 차미리사는 일제강점기 조선총독부 권력이나 친일세력과 야합하지 않고, 뜻있는 민중과 여성들의 후원을 바탕으로 조선여자교육회를 결성했으며 근화여학교를 설립했다. 한국 근대 여성교육운동의 선구자인 차미리사의 활동이 교과서 서술을 넘어서서 일반 시민에게 널리 알려지고, 그 활동이 갖는 역사적 중요성이 정당하게 평가받기 위해서는 덕성여자대학교 구성원의 관심과 노력이 필요하다. 3·1운동 100주년을 맞이하여 덕성여자대학교 스스로가 3·1운동의 가치와 정신을 계승하여 설립된 현존 유일의 민족사학임을 널리 알리는 데에 적극적으로 나서야 할 것이다.

정요근 서울대학교 국사학과 부교수

이 책에 참여한 필자들(가나다순)

강서영

이화여자대학교 의류학과 박사과정. 국립대구박물관과 이화여자대학교박물관 담인복식미술관에서 연구원으로 근무했다.

김경일

한국학중앙연구원 사회과학부 교수. 서울대학교 사회학과에서 박사학위를 받았다. 주요 저서에 『여성의 근대, 근대의 여성』, 『근대의 가족, 근대의 결혼』, 『신여성, 개념과 역사』 등이 있다.

김승은

민족문제연구소 책임연구원. 식민지역사박물관 학예실장. 고려대학교 한국사학과에서 박사과정을 수료했다. 주요 저서에 『거대한 감옥, 식민지에 살다』(공저), 『군함도, 끝나지 않은 전쟁』(공저) 등이 있다.

김정신

연세대학교 연구교수. 연세대학교 사학과에서 박사학위를 받았다. 주요 논문에 「16~17세기 조선 학계의 중국 사상사 이해와 중국 문헌」, 「기축옥사(己丑獄事)와 조선후기 서인(西人) 당론(黨論)의 구성, 전개, 분열」 등이 있다.

박현옥

덕성100년사 편찬위원회 전임연구원. 중앙대학교에서 교육학 석사, 역사학 석박사과정을 수료했다. 주요 논문에 「일제하 역사교과서와 식민지 지배 이데올로기: 『보통학교 국사』와 『초등국사』를 중심으로」, 「제2차 조선교육령기 사립 중등학교의 정규학교 승격운동과 식민지 근대의 학교 공간」(공저) 등이 있다.

유미

홍익대학교 공연예술대학원 초빙교수. 런던대학교 로열 센트럴 스쿨 오브 스피치 앤 드라마 (University of London, Royal Central School of Speech and Drama) 졸업 후, 국립극단 등 연극과 뮤지컬 보이스 연출로 활동하였으며, 현재 음악극을 제작하는 창작집단 브이(VOICE2)의 대표를 맡고 있다.

은정태

덕성100년사 편찬위원회 전임연구원. 서울대학교 국사학과 박사과정을 수료했다. 한국 근대 정치사와 도시사를 공부하고 있다. 주요 저서에 『쟁점 한국사: 근대편』(공저), 『제국과 변경』(공저) 등이 있다.

이경민

사진아카이브연구소 대표. 중앙대학교에서 「한국 근대 사진사 연구」로 박사학위를 받았다. 한국 사진사 연구와 근현대 사진아카이브 구축을 위해 노력하고 있다. 주요 저서에 『경성, 사진에 박히다』, 『제국의 렌즈』, 『박정희 시대의 사진표상과 기억의 소환』 등이 있다.

이기훈

연세대학교 사학과 교수. 국학연구원 부원장. 서울대학교 국사학과에서 박사학위를 받았다. 한국 근대 청년의 문화와 사상, 사회운동을 연구하고 있다. 주요 저서에 『무한경쟁의 수레바퀴』, 『근대적 일상과 여가의 탄생』(공저) 등이 있다.

이병례

순천대학교 인문학술원 연구교수. 성균관대학교 사학과에서 박사학위를 받았다. 식민지 시기 노동사와 일상사를 연구하고 있다. 주요 논문에 「일제하 전시 기술인력 양성정책과 한국인의 대응」, 「아시아-태평양전쟁기 '산업전사' 이념의 형상화와 재현」, 「1930년대 초반 식민지 조선의 경제공황과 일상의 균열」 등이 있다.

이상의

인천대학교 기초교육원 초빙교수. 연세대학교 사학과에서 박사학위를 받았다. 일제 말기의 조선인 강제동원에 대해 연구하고 있다. 주요 저서에 『일제하 조선의 노동정책 연구』, 『강제동원을 말한다: 일제강점기 조선인 피징용 노무자 미수금 문제』(공저) 등이 있다.

이준식

독립기념관 관장. 연세대학교에서 한국사회사 전공으로 박사학위를 받았다. 연세대학교 연구교수, 친일반민족행위자재산조사위원회 상임위원, 성균관대학교 초청교수, 민족문제연구소 연구위원, 근현대사기념관 관장 등을 역임했다.

장신

한국교원대학교 한국근대교육사연구센터 특별연구원. 성균관대학교 동아시아학과 박사과정을 수료했다. 조선총독부의 사상전향 정책에 대해 연구하고 있다. 주요 논문에 「미우라 히로유키의 조선사 인식과 『조선반도사』」, 「유교청년 이유립과 환단고기」, 주요 저서에 『제국 일본의 역사학과 '조선'』(공저) 등이 있다.

정요근
서울대학교 국사학과 부교수. 서울대학교 국사학과에서 박사학위를 받았다. 덕성여자대학교 사학과에서 전임강사, 조교수, 부교수를 역임했다. 역사 지리에 기초한 디지털 역사학에 관심을 갖고 있으며, 중·고등학교 역사교육에 관한 몇 편의 글을 썼다.

조미은
성균관대학교 초빙교수. 성균관대학교 사학과에서 박사학위를 받았다. 서울특별시시사편찬위원회 연구원을 지냈고, 친일반민족행위자재산조사위원회에서 근무했다. 주요 저서에 『조선시대 서울 사람들』(공저) 『재조선 일본인 학교와 학생』 등이 있다.

조윤영
호서대학교 강사. 이화여자대학교에서 음악학 전공으로 박사학위를 받았다. 한국 근대 음악사를 연구하고 있다. 주요 논문에 「조선인 중심의 음악회장, 경성(京城) 기독교청년회관」 「왜 식민지조선 음악가들은 관현악단을 만들고자 했는가: 경성방송(JODK)관현악단의 출현과 그 의의」 「식민지조선 음악단체 중앙악우회(中央樂友會) 정체성 연구」 등이 있다.

한상권
덕성100년사 편찬위원회 위원장. 덕성여자대학교 사학과 교수. 서울대학교 국사학과에서 박사학위를 받았다. 친일인명사전편찬위원회 부위원장, 덕성여자대학교 차미리사연구소 소장, 한국역사연구회 회장 등을 역임했다. 주요 저서에 『차미리사 평전』 『거리에서 국정교과서를 묻다』(공저) 등이 있다.

한해정
덕성여자대학교 사학과 강사. 고려대학교 사학과에서 박사학위를 받았다. 덕성100년사 편찬위원회 전임연구원을 지냈다. 주요 논문에 「베를린(Berlin) 시립도서관의 초기역사」 「1차 세계대전에 관한 독일-프랑스 공동 역사교과서 분석」 주요 저서에 『도시화와 사회갈등의 역사』(공저) 등이 있다.

홍정완
연세대학교 근대한국학연구소 HK연구교수. 연세대학교 사학과에서 박사학위를 받았다. 식민지와 분단, 전쟁을 겪으며 전개되었던 한국 근현대사를 '사상사'의 관점에서 해명하고자 연구하고 있다. 주요 논문에 「정부수립 전후 한국 정치학계의 학문동향과 이념 지형」, 주요 저서에 『함께 움직이는 거울, '아시아'』(공저) 등이 있다.

참고문헌

신문과 잡지

『황성신문』,『중외일보』,『대한매일신보』,『동아일보』,『매일신보』,『조선일보』,『기독신보』
『경향신문』,『서울신문』,『조선중앙일보』,『민중일보』,『공업신문』
『독립신보』,『자유신문』,『여성신문』,『부인신문』,『중앙신문』,『한성일보』
『조광』,『별건곤』,『삼천리』,『신가정』
『신생활』,『신여성』,『여자시론』,『중앙』
『여성』,『신동아』,『부인』,『윤치호 일기』
『Korea Mission Field』

자료

백우용,『二十世紀靑年女子唱歌』, 경성: 廣文書市, 1922
경기도,『京畿道の敎育と宗敎』, 1936
덕성여자대학교 박물관 소장,『제3회 근화여자실업학교 졸업앨범』, 1938
조선총독부,『조선제학교일람』, 1940
덕성50년사 편찬회,『덕성오십년사』, 서울: 덕성학원, 1970
덕성60년사 편찬위원회,『덕성육십년사』, 서울: 덕성여자대학 출판부, 1985
덕성70년사 편찬위원회,『덕성칠십년사』, 서울: 덕성여자대학교 출판부, 1996
한상권 편,『차미리사 전집 Ⅰ』, 서울: 덕성여자대학교 차미리사연구소, 2009
한상권 편,『차미리사 전집 Ⅱ』, 서울: 덕성여자대학교 차미리사연구소, 2009

단행본

최은희,『씨뿌리는 여인』, 청구문화사, 1957
박화성,『열매익을 때까지』, 청구문화사, 1965
최은희,『조국을 찾기까지 - 한국여성활동 祕話(하)』, 탐구당, 1973
김재인 외,『한국여성교육의 변천과정 연구』, 서울: 한국여성개발원, 2000
김경일,『여성의 근대, 근대의 여성』, 푸른역사, 2004
박은숙,『갑신정변연구』, 역사비평사, 2005
이윤진,『일제하 유아보육사 연구』, 혜안, 2006

한상권, 『차미리사 평전: 일제강점기 여성해방운동의 선구자』, 푸른역사, 2008
한규무, 『광주학생운동』, 독립기념관 한국독립운동사연구소, 2009
장규식, 『1920년대 학생운동』, 독립기념관 한국독립운동사연구소, 2009
이영석, 『영국 제국의 초상』, 푸른역사, 2009
이만규, 『다시 읽는 조선교육사』, 살림터, 2010
유민영, 『한국근대연극사 신론: 상권』, 태학사, 2011
유민영, 『한국근대연극사 신론: 하권』, 태학사, 2011
전경옥 외, 『한국 근현대 여성사, 정치·사회 1』, 모티브북, 2011
양승국, 『한국 근대 연극 비평사 연구』, 서울대학교출판문화원, 2012
김성민, 『1929년 광주학생운동』, 역사공간, 2013

논문

민병욱, 「김정진의 「15분간」 연구」, 『문창어문논집』 26, 1989
서연호, 「해설: 구소청의 〈날아가는 공작〉」, 『한국극예술연구』 3, 1993
유민영, 「학생극의 융성과 쇠퇴: 학교극의 발생과 소멸」, 『공연예술연구소논문집』 2, 1996
한상권, 「일제강점기 차미리사의 민족교육운동」, 『한국독립운동사연구』 16, 2001
_____, 「조선여자교육회의 전국순회 강연활동과 성격」, 『한국민족운동사연구』 43, 2005
_____, 「일제강점기 차미리사의 교육활동과 교육이념」, 『德成女大論文集』 35, 2006
_____, 「차미리사의 근화여학교 설립과 여학교연합바자회 참가」, 『인문과학연구』 11, 덕성여자대학교 인문과학연구소, 2007
_____, 「차미리사의 교육이념-근화여학교 교훈을 중심으로-」, 『인문과학연구』 12, 덕성여자대학교 인문과학연구소, 2009
양승국, 「윤백남 희곡 연구: 「국경」과 「운명」을 중심으로」, 『한국극예술연구』 16집, 2002
강이수, 「일제하 근대 여성 서비스직의 유형과 실태」, 『페미니즘연구』 5, 2005
신용하, 「1930년대 문자보급운동과 브,나로드 운동」, 『韓國學報』 31, 2005
안형주, 「차미리사 연구」, 『인문과학연구』 11, 덕성여자대학교 인문과학연구소, 2007
박현숙, 「미국 신여성과 조선 신여성 비교 연구: 복식과 머리 모양을 중심으로」, 『미국사연구』 28, 2008
백두산, 「윤백남 희곡 연구: 문예운동과의 관련양상을 중심으로」, 서울대학교 국어국문학과 석사학위논문, 2008
신지영, 「신체적 담론공간을 둘러싼 사건성: 1920년대 연설·강연會에서 1930년대 좌담會로」, 『상허학보』 27, 2009
장규식·박현옥, 「제2차 조선교육령기 사립 중등학교의 정규학교 승격운동과 식민지 근대의 학교공간」, 『중앙사론』 32, 2010
류시현, 「광주학생운동과 전국적 공감의 감성」, 『호남문화연구』 49, 2011
이송희, 「한국 근대사 속의 여성 리더십」, 『여성과 역사』 15, 2011
김성은, 「1920~30년대 차미리사의 현실인식과 여자교육활동」, 『중앙사론』 36, 2012

이민영, 「윤백남의 연극개량론 연구」, 『어문학』 116, 2012
안홍선, 「식민지시기 중등 실업교육 연구」, 서울대학교 교육학과 박사학위논문, 2015
이명실, 「일제강점기 실업보습학교 제도 연구」, 『한국교육사학』 37권 4호, 2015
조윤영, 「남성의 시선으로 만들어진 여성의 노래: 백우용의 『이십세기청년여자창가』(二十世紀靑年女子唱歌)를 중심으로」, 『음악학』 28, 2015
_____, 「음악을 통해 근대여성을 꿈꾸다: 차미리사와 근화여학교의 음악활동」, 『인문과학연구』 27, 덕성여자대학교 인문과학연구소, 2018
박정애, 「식민지 조선 여성들의 배움 열망과 근화여학교」, 『인문과학연구』 22, 덕성여자대학교 인문과학연구소, 2016
이정선, 「일제시기 차미리사의 여성 인식과 여성교육관」, 『인문과학연구』 22, 덕성여자대학교 인문과학연구소, 2016
임나영, 「해방 이후 차미리사의 민족국가 건설운동」, 『인문과학연구』 22, 덕성여자대학교 인문과학연구소, 2016
한해정, 「서양과 한국의 근대여성운동, 그리고 근화여학교」, 『인문과학연구』 27, 덕성여자대학교 인문과학연구소, 2018.

이 책에 사용된 이미지는 저작권을 가지고 있는 분들의 허락과 도움을 받아 게재한 것입니다. 저작권자를 찾지 못하여 게재 허락을 받지 못한 일부 이미지에 대해서는 저작권자가 확인되는 대로 게재 허락을 받고 통상의 기준에 따라 사용료를 지불하도록 하겠습니다.

3·1운동 100년, 덕성 100년

초판 1쇄 발행 2019년 2월 11일
초판 2쇄 발행 2019년 2월 22일

기획·편집 덕성100년사 편찬위원회
지은이 강서영 김경일 김승은 김정신 박현옥 유미 은정태 이경민 이기훈 이병례 이상의 이준식 장신 정요근 조미은 조윤영 한상권 한해정 홍정완
차미리사 일러스트 김시현

펴낸곳 민연
펴낸이 방학진
출판등록 제2018-000004호
주소 서울시 용산구 청파로 47다길 27, 3층 (청파동2가 서현빌딩)
전화 02-969-0226
홈페이지 www.historybank.kr
전자우편 minjok815@gmail.com
인쇄 디자인 내일

ⓒ덕성100년사 편찬위원회 2019

ISBN 978-89-93741-30-8(03900)

• 이 책은 저작권법에 따라 보호를 받는 저작물이므로 이 책의 전부 혹은 일부를 재사용하려면 반드시 덕성100년사 편찬위원회의 서면 동의를 받아야 합니다.

• 이 도서의 국립중앙도서관 출판예정도서목록(CIP)은 서지정보유통지원시스템 홈페이지(http://seoji.nl.go.kr)와 국가자료종합목록시스템(http://www.nl.go.kr/kolisnet)에서 이용하실 수 있습니다. (CIP제어번호 : CIP2019002774)